教育评估文库

ZHONGGUO JIAOYU PINGGU SHIGAO

中国教育评估史稿

上海市教育评估院　组织编写

孙崇文　伍伟民　赵　慧　著

高等教育出版社·北京

HIGHER EDUCATION PRESS · BEIJING

内容简介

本书是迄今为止国内学界第一部完整地梳理中国教育评估发展脉络的专著,全书共计三编十一章。书中紧扣中国古代、近代及当代教育评估发展历程中的关键作了重点渲染,展现了科举和官学、书院等中国传统教育制度及其评估方式的风貌;介绍了近代中国教育史上新学及其新的教育评估方式的引进、近代新学制的建立与教育评估制度化的演进、20 世纪 20 年代轰轰烈烈的"教育测量运动"的开展以及以陶行知为代表的中国教育改造运动及其教育评估实践活动的探索;辑录了教育评估在当代中国的恢复与发展等史实,揭示了教育评估在中国的独特发展及其服务与服从于探索中国特色教育发展之路的使命与要求。本书可以作为师范高校教育学专业学生学习的参考。

图书在版编目(CIP)数据

中国教育评估史稿/孙崇文,伍伟民,赵慧著.

北京:高等教育出版社,2010.1

(教育评估文库/上海市教育评估院组织编写)

ISBN 978 – 7 – 04 – 028578 – 9

Ⅰ.①中… Ⅱ.①孙…②伍…③赵… Ⅲ.①教育评估 – 教育史 – 中国 Ⅳ.①G449 – 092

中国版本图书馆 CIP 数据核字(2009)第 243468 号

| 策划编辑 | 孔全会 刘金菊 | 责任编辑 | 王建强 | 封面设计 | 王 雎 |
| 版式设计 | 范晓红 | 责任校对 | 王 雨 | 责任印制 | 韩 刚 |

出版发行	高等教育出版社	购书热线	010 – 58581118
社　　址	北京市西城区德外大街 4 号	咨询电话	400 – 810 – 0598
邮政编码	100120	网　　址	http://www.hep.edu.cn
总　　机	010 – 58581000		http://www.hep.com.cn
		网上订购	http://www.landraco.com
经　　销	蓝色畅想图书发行有限公司		http://www.landraco.com.cn
印　　刷	中原出版传媒投资控股集团 北京汇林印务有限公司	畅想教育	http://www.widedu.com
开　　本	787 × 1092　1/16	版　　次	2010 年 1 月第 1 版
印　　张	12	印　　次	2010 年 1 月第 1 次印刷
字　　数	230 000	定　　价	25.00 元

本书如有缺页、倒页、脱页等质量问题,请到所购图书销售部门联系调换。

物料号　28578 – 00

《教育评估文库》编委会

建立科学的教育评估理论

——《教育评估文库》总序

教育评估不外乎由家庭、社会、政府或是由受教者、育人者、专家学者,或是对学生、教师、设施、课程等的微观性评估,或是对教育过程、教育内容、教育效果、教育策略等的宏观性评估。其范围之广与教育步步相应。就评估本身而言,又涉及评估标准、评估人员、评估方法、评估技术、评估结果、评估自身估计等诸多内容,并涉及了许多学科和技术。但评估不外乎是运用各种合理的手段对教育的各方面进行评估,以发现优良之举,找出不足之处,继而以公布排名、分级或评估分析报告的形式让公众知晓,以供选学之用;让教育方得知,以改进教学;让政府了解,以供决策之依据。

教育的重要性决定了人们对教育评估的关注度。目前,世界上许多国家都有专门的评估机构,国际上还成立了国际高等教育质量保障组织联盟(INQAAHE),亚太地区也成立了教育质量保障组织联盟(APQN),每年召开会议研讨教育评估的开展。

教育管理结构科学化决定了世界上大部分国家和地区教育管理和服务的"1 + 3"形式,即政府教育主管部门加上教育科学研究、教育评估和教育考核。我国许多省市自 20 世纪 90 年代中期开始就形成了这样的科学框架,并发挥了很好的作用。

教育本身的开放性和当今国际交流的发展要求每个国家和地区的教育要参与到相应的国际活动中去,并提出有价值的建议,共同提高教育水平。教育评估也是如此。

上海市教育评估院成立于 2000 年,前身是成立于 1996 年的上海市高等教育评估事务所。现在,上海市教育评估院已发展为拥有基础教育评估所、职成教评估所、高等教育评估所、医学教育评估所和综合教育事务评估所共五大评估所的从事各级各类教育评估的专门机构。为适应教育评估的发展与提升,上海市教育评估院除了参与评估、参与国内外交流外,还意在教育评估的理论和应用研究上建立更系统的内涵,于是决定出版《教育评估文库》。

《教育评估文库》是教育评估理论和应用研究成果的汇集,它包含了教育评估的基础内容,如《中国教育评估史》等一系列著作;也包括了涉及教育评估应用技术的汇编,如"教育评估标准"、"教育评估规程"等;还包括教育评估的专业理论,如"跨境教育认证"等;并涉及了评估本身评价的《教育评估的可靠性研究》等著作;当然也可包含对境外著作的翻译。总之,它涉及了教育评估的基础理论、专业基础、专业科学、应用技术等多个方面。我们的期望是一册又一册地出版,不断丰富文库。

《教育评估文库》将是众多学者的知识贡献,我们非常热忱地欢迎各方学人参与文库建设,共同托起教育评估的辉煌。

教育犹如奔腾不息之江,前浪不止,后浪又涌;教育又如连绵的山脉,一峰才登,又见高山。作为一名教育人,为此事业而奉献,无限欣慰;为此而建树,无限光荣。人们将永远感谢为教育而为的人,当然也包括为教育评估而为的人。以此为序,愿教育评估成功!

张伟江

上海市教育评估院　院长

2009 年 3 月

前　言

　　呈现在大家眼前的这部书稿,凝集了许多人的心血,其最终成书首先要感谢上海教育评估院的鼓励与支持。2007 年,上海教育评估院募集百万科研经费,面向全国启动"教育评估科学研究十大课题"公开招标工作。其中,"中国教育评估史"这一课题深深地吸引了我们的眼球。

　　作为国内最早开展高等教育评估研究与实践的机构之一,20 世纪 80 年代中期起笔者所在的上海教育科学研究院高等教育研究所(其前身是隶属于上海市高教局的上海高等教育研究所)就开始了高等教育评估理论研究与实践,并承办了中国高等教育评估研究会的会刊——《中国高教评估》杂志的编辑工作至今。所以,教育评估研究在我们所有着比较长的研究历史,也有着比较好的基础,而我们也一直希望能够继续加强教育评估理论的相关研究,并使之成为高教所的研究品牌与特色。有鉴于此,作为高教所所长的谢仁业研究员及时通报了这一课题信息,并安排我着手组织人员去承接这一课题。非常幸运的是,我们在组建课题组的过程中得到了我院党委副书记伍伟民研究员的大力支持。伍伟民研究员,华东师范大学古籍整理研究所研究生毕业,有着扎实的古文功底,熟谙中国传统学术,他的加盟使我们得以最终搭建起一个老中青结合的研究团队,并使我们的研究团队更具竞争力。

　　上海教育评估院最终把这项课题研究任务交给了我们,并对我们寄予了很高的期望,上海教育评估院张伟江院长更是亲自联系我们课题组,并始终给我们以关心和指导。这让我们感动之余,也平添了不小的压力。确实,自接受这项课题研究任务起,课题组就无时不真切地感受到莫大的压力。检索国内现有的研究,涉猎教育评估史研究的成果可谓寥寥,中国教育评估史研究堪谓国内学界待垦的一块处女地,研究的难度不言而喻。

　　课题组多次就中国教育评估的内涵、起源及其特点等组织研讨,通过研究逐步理清思路,明确研究范围及其框架。最后,我们决定采用专题研究的方法,结合时间序列进行论述,整部书稿共计三编十一章,分别记述了中国古代、近代及当代教育评估发展的主要历程。古代编在探究中国古代教育评估发展的源起之后,分别按官学、私学和科举制度演进等三条主线研究和分析了教育评估实践的不同轨迹与特点。近代编则从中西交汇的视角出发牢牢地把握住了基督教学校在华发展及其教育评估实践、中国近代学制建设过程中教育评估的制度化演进以及20世纪20年代盛极一时的"教育测量运动"与陶行知等中国学人积极探索中国特色教育评估理论与实践等重大事件。当代编则全面梳理了中国当代教育评估恢复发展的全过程,并展望了其未来的发展。

以时间顺序为经,结合专题开展研究,有助于我们从整体上把握中国教育评估发展历史的重点,并对其中一些关键问题进行集中的阐述与初步的探究,提出了诸如"五射"是中国历史上第一个明确出现的量化评估指标等重要观点。通过研究,我们力图体现出中国教育评估实践与中国教育事业发展之间的内在关联性,并试图提出中国教育评估建设的方向应该服务与服从于建设中国特色的教育发展模式的使命这样一个命题。事实上,21世纪中国教育评估的发展同样也应该瞄准这一方向,这也正是我们所要极力展现的主题。

当然,由于我们是第一批涉足中国教育评估史研究的"吃蟹者",所涉猎的资料可能还不尽完整,一些观点也不很成熟,现就一孔之见求教方家。幸运的是,我们的研究得到了张伟江、杨德广、谢仁业、熊庆年和江彦桥等专家学者的指导与帮助,在课题结题会上专家们对我们的研究坦诚地提出了中肯的意见和建议,这也成为我们进一步调整和修订书稿的依据。除此之外,评估院的李亚东副院长和郭朝红、杨琼、俎媛媛等同志也对我们书稿的完成提供了诸多的帮助,在此一并表示衷心的感谢。

需要说明的是,这部书稿是我们课题组成员共同完成的,考虑到个人的专长我们做了一定的分工:古代编由伍伟民独立撰写,近代编由孙崇文独立撰写,而当代编则由赵慧独立撰写,最后全书由孙崇文总审。

孙崇文

二〇〇九年九月于沪上

目　录

第三编 中国当代教育评估的复苏与创新

第一编
中国古代教育评估的萌芽与发展

华东师范大学陈玉琨教授在其《教育评价学》一书中曾借用美国学者格朗兰德的关于教育评价的定义,得出了一个关于"评价＝测量(量的记述)或非测量(质的记述)＋价值判断"的公式,并对教育评价作了如下的定义,即教育评价是:"对教育活动满足社会和个体需要的程度做出判断的活动,是对教育活动现实的(已经取得的)或潜在的(还未取得,但有可能取得的)价值做出判断,以期达到教育价值增值的过程"①。据此,本课题组将此次研究的教育评估的内涵初步界定为:价值判断加技术方法。

教育评估是建立在教育测量基础上的一门以量化为主要特点的现代的教育学科。从中国古代教育史来看,没有现在我们所谓的教育评估。中国古代教育是中国传统文化的一部分,深受中国传统文化和传统思维的影响。中国传统文化和传统思维的特点是:强调总体把握、重视定性,关注和合,欣赏直觉和顿悟;忽视定量,缺乏分析,轻视体系和实证。这样,中国古代教育固然缺乏在教育测量基础上的教育评价,但是在实际的教育实践中对各种教育活动提出的有关标准和作出的价值判断,还是存在的。这些有关标准和价值判断以各种形式呈现,我们认为,这就是中国古代教育评估的实践萌芽和发展轨迹。

中国古代教育史料往往散见于政治、经济、学术等材料之中,集中呈现的不多。同样道理,中国古代教育评估实践的有关史料更少。因而本课题组只能不惮其烦,广搜博引,披沙拣金,从中国古籍中提取有关教育活动、教育成果、学生、教师、学校评价的若干资料,予以集中并从教育评估角度略加分析,试图在第一编中梳理出中国古代教育评估实践的线索,力求探索其规律。我们的研究表明,认识中国古代教育评估实践大致有三条线索可寻:一是官学,二是科举考试,三是私学。官学作为国家举办的学校,教育教学比较正规,教师履行职责的情况、学生的学习进度和质量以及官学培养人才的目标是否达到等等,都会自然地纳为教育评估的主要内容。考试是衡量学生学习成果的一个重要手段,有着比较具体的标准和量化的各种指标,是中国古代教育评估最主要的方法。相对而言,私学起源较早,其教学方式的灵活和宽松,使得学校对学生的评估不太规范;而社会对于教师和学校的声誉,倒是比较关注。尤其是宋代书院兴盛以后,元明清三朝私学都对当时的社会政治产生了较大影响,反过来社会各阶层对私学的评价也日益增多,这是中国古代教育评估的一个重要方面。

纵观中国古代教育评估,大致可以归结为如下一些特点:一、无教育评估概念和理论,有教育评估实践和片段思想。这种实践,大多是无意识的。教育评估实践是为教育管理服务的,目的是管好学校和学生,所以只是作为一种对于教育教学的管理办法和对于教师学生人物品题的形式出现。二、教育评估实践着眼于个体,历代提出的对于教学机构的要求和衡量学生学业的标准大多是就事论事的,缺乏普

---

① 参阅陈玉琨著:《教育评价学》,人民教育出版社1999年版,第7～8页。

适性。三、因而这种教育评估与教育的发展并非同步,更非直线,而是有进有退,当然总的趋势逐渐丰富、逐渐完备。四、受中国传统文化的影响,对于人物的评估,很早就用"德才并重"的标准。五、教育评估与官员选拔关系密切。众所周知,科举制度在中国历史上持续了一千三百多年,以科举制度为核心的中国教育评估在中国传统社会里居于举足轻重的地位,就个体而言直接关系其前途与命运;而就社会而言,则是社会流动的筛选器和社会的稳定装置,影响与决定着社会结构的变化与稳定,其作用概莫大焉。

第一章 教育制度的草创与教育评估的萌芽

先秦时期是中国教育的孕育期,各种教育制度都在草创阶段,官学、私学的兴起以及随之而来的无自觉意识的教育评估都是实践的产物。虽然不成熟,但是开启了后代的各类教育及其评估的源流,所以教育评估也要从头说起。

第一节 教育的雏形与商代及以前教育评估的孕育

教育在远古时代作为一种人类传授生存技能和知识的活动,应该与人类形成几乎同步进行。时在远古,史迹难考,但是教育活动肯定存在,从古代传说中可见一斑。

"上古之世,人民少而禽兽众,人民不胜禽兽虫蛇。有圣人作,构木为巢,以避群害,而民悦之,使王天下,号之曰有巢氏。民食果蓏蚌蛤,腥臊恶臭而伤害腹胃,民多疾病。有圣人作,钻燧取火以化腥臊,而民说之,使王天下,号之曰燧人氏"①。

从传说中可以看到,有巢氏发明构木为巢,使人安居,避免禽兽的伤害;燧人氏发明钻燧取火,可以熟食,使人减少疾病,因而受到百姓的欢迎。可见有巢氏、燧人氏教会了大家筑巢、取火,这无疑是教育活动。有教育,就有对于教育的评估。"说之,使王天下"则是对这教育活动的结果做出的社会评价。"说"通悦,欢悦的意思,这里可以当作欢迎、满意来理解。百姓认为教育成功,十分满意,由此拥戴有巢氏、燧人氏为王。也可以说,"说之,使王天下"是对筑巢、取火的肯定。那么,筑巢、取火离不开圣人的教和百姓的学,也是教学的结果,仍然可以归结为对教育的肯定。

除了生产生活方面的教育,上古时代还进行着伦理、军事和祭祀等方面的教育。《史记·五帝本纪》记载"(舜)举八元,使布五教于四方,父义,母慈,兄友,弟恭,子孝,内平外成。"说的是舜推举八位贤人到四方进行教化,其内容是"父义,母

---

① 语出《韩非子·五蠹》。

慈,兄友,弟恭,子孝"五教。这就是后来封建社会所提倡的"五伦"的前身,规范了每个人作为社会角色的基本责任,也可以说是提出了做好父、母、兄、弟、子的标准,教育的结果是"内平外成"。这就是伦理教育。《史记·五帝本纪》又记载"炎帝欲侵陵诸侯,诸侯咸归轩辕。轩辕乃修德振兵……教熊罴貔貅貙虎,以与炎帝战于阪泉之野。"张守节《史记正义》认为"教熊罴貔貅貙虎"就是"言教士卒习战,以猛兽之名名之,用威敌也。"这就是军事教育。伦理教育的"内平外成"既可以看作是教育结果,也可以看作是当时人的社会评价。军事教育总要有所考核,可惜如何考核没有提及。所以这些资料也反映了中国上古教育评估的萌芽,当然上古的教育活动的具体情况及其评估都是模糊的。

夏代去上古未远,其教育情况比起上古社会清楚一些。从现有的古籍记载来看,可以粗知已经有了学校。《孟子·滕文公上》云:"设为庠序学校以教之。庠者,养也。校者,教也。序者,射也。夏曰校,殷曰序,周曰庠。学则三代共之,皆所以明人伦也。"孟子认为,夏代已有学校,其功能是养老。虽然夏代学校的名称及具体的教学内容诸说不一,但是学校的存在应该是历史事实。有教育就会有教育评估,不过年代久远,史料缺乏,这方面的材料至今尚是空白。当代学者的说法,也都是推测之词。《中国教育制度通史》第一卷提到"校,是夏代学校的又一名称……在这里奴隶主贵族及其子弟不仅受到内容相当广泛的军事训练,而且还要经过相当严格的各项考试。"[①]因为没有给出有关的文献证据,"相当严格的各项考试"便是推测之词,当然这推测是合乎逻辑的。考试就是一种测量,也就是说,对"校"内的军事训练的结果有所评价。这样推测下来,可以说夏代已经有了比较明显的教育评估的萌芽。

到了商代,有了明确的文字记载,教育活动的情况逐渐清晰。商代的学校有庠、序、学和瞽宗。前三者夏代就有,后者是商代新出现的。不管学校名称和场所有什么不同,其教育内容主要是学礼乐和习武。学礼乐的内容是学习祭祀和乐歌,习武的主要内容是学习射箭。此外已经有了读、写、算的教学活动,并明确出现了教师。既有教学,又有教师,就有教学是否成功、教师是否称职的问题。这样必然会产生教育评估的需要。《尚书·多士》云"惟殷先人,有典有册",但商代史料除了先秦古籍的记载之外,只有甲骨卜辞和青铜器上的铭文。甲骨卜辞和青铜器上的铭文大多简略,虽说也发现有涉及学校教育的史料,但至今尚未发现对教育进行评价的有关信息。对比上古时代和夏代的教育评估的萌芽状态情况来看,商代的教育更为发达,也应该有教育评估的实践,但是具体情况不详,只能付之阙如。

---

① 李国钧、王炳照主编:《中国教育制度通史》第1卷,山东教育出版社2000年版,第47页。

西周康王时期记载学校教育的大盂鼎铭文

第二节 "学在官府"与周代教育评估的萌芽

各版本《中国教育史》一致认为:西周时期,学在官府、政教合一。也就是说,教育由官府施行,教师由官员担任。官府、官员有中央和地方之分,相应的学校制度也分为"国学"与"乡学"。国学、乡学又分为大学与小学,大学、小学应该是指学习程度的不同。

"十月事讫,父老教于校室。八岁者学小学,十五者学大学。其有秀者移于乡学,乡学之秀者移于庠,庠之秀者移于国学,学于小学。诸侯岁贡小学之秀者于天子,学于大学。其有秀者命曰进士,行同而能偶别之以射,然后爵之。

6

士以才能进取,君以考功授官"①。

这段文字主要讲学生学习的进程和考核:从乡学到国学,从小学到大学。对于乡学、国学、小学、大学,古今学者有各种不同的说法,本文不拟涉及。需注意的是多次出现了"秀者",即学生中的优秀者。既是优秀者,就要有优秀者的标准,按此标准进行考核,然后选拔。大学中的优秀者命名为进士,再在进士中以"射"进行考核,优秀者授以官爵。

《礼记·王制》提到选拔的程序:"命乡论秀士,升之司徒,曰选士。司徒论选士之秀者而升之学,曰俊士。升于司徒者,不征于乡;升于学者,不征于司徒,曰造士。""大乐正论造士之秀者以告于王,而升诸司马,曰进士。""司马辨论官材,论进士之贤者以告于王,而定其论。论定然后官之,任官然后爵之,位定然后禄之。"大意是,乡里评论出的优秀人士,送到司徒那里就称为选士,随后再逐级选送成为俊士或造士,再选为进士。司徒、大乐正既是官员又是教师,选拔就是教育活动中的考核评价。这里没有提到具体的评价标准,但是教育评估活动的萌芽已经出现。

西周对教育提出了一个"必时"的要求,即规定了一年中一定的时间段内必须教学的内容,并涉及地点和教师,也可以算是一个对于教学的评价标准。

"凡学世子及学士,必时。春夏学干戈,秋冬学羽籥,皆于东序。小乐正学干,大胥赞之。籥师学戈,籥师丞赞之。胥鼓南。春诵夏弦,大师诏之。瞽宗秋学礼,执礼者诏之。冬读书,典书者诏之"②。

此段文字中的动词"学"是使动用法,可以理解为"教",也是一种反训。在东序,春夏学干戈,是习武;秋冬学羽籥,是学乐。不仅仅如此,在瞽宗,则是春诵夏弦,秋学礼,冬读书,都是学文。教师都是官员。

西周的教育评估已经具备了对学生考评的内容。笔者所见到的有限的关于中国古代教育评价的文章都提到了《礼记·学记》中对于学生管理和考核的内容③。《礼记·学记》记载:"古之教者,家有塾,党有庠,术有序,国有学。比年入学,中年考校。一年视离经辨志,三年视敬业乐群,五年视博习亲师,七年视论学取友,谓之小成;九年知类通达,强立而不反,谓之大成。"明确地规定了入学以后,一年看学生对经文断句和理解的水平,三年看学生学习态度和同学关系,五年看学生学习内

① 语见《春秋公羊传·宣公十五年》注。

② 语见《礼记·文王世子》。

③ 陈玉琨、李如海:《我国教育评价发展的世纪回顾与未来发展》,《华东师范大学学报(教育版)》2000年第1期。

李亚东、张行:《教育评价发展的历史轨迹及其规律》,《江苏教育》2000年第3期。

刘尧:《中国教育评价发展历史述评》,《北京工业大学学报(社科版)》2003年第3期。

容是否广博和对师长的态度,七年看学生对于学习的内容能否有自己的见解和择友标准,九年看学生能否触类旁通,坚持原则。考评的内容都是从学习知识和培养品德两方面着眼,应该说我国的教育在两千多年前就有了明确的德、智并重的观念,以此作为对学生教育评估的内容,是十分可贵的。这是我国教育的优良传统。

西周对于教学的成果也有了初步的评估标准。当时学生学习的科目主要是"六艺"。

> "保氏:掌谏王恶,而养国子以道,乃教之六艺:一曰五礼,二曰六乐,三曰五射,四曰五驭,五曰六书,六曰九数"①。

我们现在的理解,"五礼"大约相当于教授伦理制度、相关的行为规范;"六乐"大约是教授音乐舞蹈;"五射"下文详论;"五驭"大约教授驾驶车马的技术;"六书"指教授文字书写与理论,相当于《说文解字》的"象形、指事、形声、会意、转注、假借";"九数"大约教授九项计算方法。

六艺各有标准,从教育评估角度看,值得特别提出来介绍的是"五射"。按照郑玄的解释,"五射"有明确的标准,分为:一曰"白矢",要求射出的箭要穿透箭靶,露出箭头。二曰"参连",要求第一箭射出后,后三箭接连射出。三曰"剡注",要求箭头入靶,箭羽高翘。四曰"襄尺",要求君臣同射时,不得并立。臣子须退后一尺。五曰"井仪",要求射出的四箭在靶上形成井字形状②。现代的教育评估学是建立在教育测量基础上的,测量的基础应该是量化指标。那么"五射"可以说是中国教育评估史上明确出现的第一个量化指标。

有了指标就能区分高下,《礼记·射义》记载:"是故古者天子之制,诸侯岁献贡士于天子,天子试之于射宫。……而中多者,得与于祭。……而中少者,不得与于祭。"用射中多少来作为能否参与祭祀的条件,而祭祀在古代是国家大事之一,所谓"国之大事,在祀与戎"③,可以看作是重大的价值判断了。这样,"五射"具备了量化指标和价值判断的作用,在西周已经有了近乎现代意义上的教育评估的萌芽了。当然,这只是一个无意为之而又巧合的有意味的个案。

第三节 "学在四夷"与春秋战国时期教育评估的初啼

西周末年,幽王被杀,镐京被毁。平王东迁洛阳之后,历史进入了春秋时代。当时诸侯势力强大,互相攻伐争霸。周王室衰微,只能依靠强大的诸侯在表面上维

---

① 语见《周礼·地官》。
② 《周礼注疏卷十四》,《十三经注疏》,中华书局1980年版,第731页。
③ 《春秋左传正义·成公十三年》,《十三经注疏》,中华书局1980年版,第1911页。

持对全国的统治。整个社会动荡变化,出现了"礼崩乐坏"的局面,西周时学在官府的体系,渐渐崩溃。孔子云"天子失官,学在四夷"①"礼失而求诸野"②。于是在学术扩散和"士"阶层崛起的基础上,私学开始兴起,彻底改变了西周的教育制度,形成了百家争鸣的学术繁荣和教育创新时代。

　　谁办的私学是有史以来的第一家?至今无法考证。学术界一般看法,认为孔子比较早。孔子办学规模大,学生多,成就特出,所谓"弟子盖三千焉,身通六艺者七十有二人"③,对后世影响深远;一部《论语》,现在又成为"国学热"中的经典。所以孔子作为首批办私学的杰出代表,开创了中国教育史的新纪元,则是学术界的共识④。

孔子讲习图

　　孔子一生办学,有实践,有理论,形成了儒家教育思想体系。经过两千年来的发展,儒家教育思想可以说是博大精深。其中与本文有关的,主要是他的教学内容。按照《中国教育通史》的观点,孔子的教学分为文学、品行、忠诚、信实四方面,六艺为主要科目,六经为主要教材⑤。孔子的教育教学因为有《论语》的传世而给

　　① 《春秋左传正义·昭公十七年》,《十三经注疏》,中华书局1980年版,第2084页。
　　② [汉]班固撰:《汉书·卷三十艺文志》,中华书局1962年版,第6册1746页。
　　③ [汉]司马迁撰:《史记·卷四十七孔子世家》,中华书局1959年版,第6册第1938页。
　　④ 毛礼锐、沈灌群主编:《中国教育通史》第1卷,山东教育出版社1985年版,第161页。
　　⑤ 毛礼锐、沈灌群主编:《中国教育通史》第1卷,山东教育出版社1985年版,第226页。

后人留下了可贵的资料,从中也可以看出教育评估的内容,以下数例,以见一斑。

综观各种中国教育史,对于孔子教学的种种特点,大致都归纳为因材施教、循序渐进等。从教育评估史角度来看,不乏有趣的素材。因材施教的前提,便是对学生的评估,了解他们不同的个性和情况,才能有针对性地教育。大家熟知的例子"闻斯行诸"便是经典的一例。

> "子路问:闻斯行诸?子曰:有父兄在,如之何其闻斯行之?冉有问:闻斯行诸?子曰:闻斯行之。公西华曰:由也问闻斯行诸,子曰有父兄在;求也问闻斯行诸,子曰闻斯行之。赤也惑,敢问。子曰:求也退,故进之;由也兼人,故退之"①。

孔子面对子路、冉有提出的同样问题,回答绝然相反,是因为他了解子路好胜心强,脾气急躁;冉有性情谦让,行动谨慎,所以要对他俩矫枉过正。如果没有对学生个性深入的评估,孔子的答案就无法理喻了。循序渐进也涉及评估,如果缺乏对前一阶段学习成果的评估,后一阶段的学习就会方向不明。

《论语·宪问》中也有一段记载孔子师徒关于君子标准的讨论。"子路问君子。子曰:修己以敬。曰:如斯而已乎?曰:修己以安人。曰:如斯而已乎?曰:修己以安百姓。修己以安百姓,尧舜其犹病诸!"子路三问怎样才是君子?孔子三答是一层高一层。先答,以恭敬的态度加强自我修养;子路不满足,说,这样就够了吗?再答,加强自我修养使亲友有安宁的生活;子路还不满足,又问,这样就够了吗?孔子最后回答,加强自我修养,使天下百姓得到安宁。孔子此时估计子路可能仍旧不满足,所以抬出尧舜来,说他们也难以做到。言下之意,子路能够做到修己以安人已经很好了。此段内容没有明写孔子对子路教育结果的评估,但是从三问三答中,可以清楚地体会到孔子对每一问答的评估。

孔子重视对学生的人格教育。《论语·先进》有一段脍炙人口的文字。

> "子路、曾皙、冉有、公西华侍坐。子曰:'以吾一日长乎尔,毋吾以也。居则曰:不吾知也!如或知尔,则何以哉?'子路率尔而对曰:'千乘之国,摄乎大国之间,加之以师旅,因之以饥馑;由也为之,比及三年,可使有勇,且知方也。'夫子哂之。'求!尔何如?'对曰:'方六七十,如五六十,求也为之,比及三年,可使足民。如其礼乐,以俟君子。''赤!尔何如?'对曰:'非曰能之,愿学焉。宗庙之事,如会同,端章甫,愿为小相焉。''点!尔何如?'鼓瑟希,铿尔,舍瑟而作,对曰:'异乎三子者之撰。'子曰:'何伤乎?亦各言其志也。'曰:'莫春者,春服既成。冠者五六人,童子六七人,浴乎沂,风乎舞雩,咏而归。'

---

① 《论语注疏卷十一》,《十三经注疏》,中华书局1980年版,第2500页。

夫子喟然叹曰：'吾与点也！'三子者出，曾皙后。曾皙曰：'夫三子者之言何如？'子曰：'亦各言其志也已矣。'曰：'夫子何哂由也？'曰：'为国以礼，其言不让，是故哂之。''唯求则非邦也与？''安见方六七十如五六十而非邦也者？''唯赤则非邦也与？''宗庙会同，非诸侯而何？赤也为之小，孰能为之大？'"

从我们现在的教育分类角度来说，这是德育中的理想教育。子路、曾皙、冉有、公西华四人在孔子的启发鼓励下，谈了各自的志向，孔子一一予以评论，有赞同欣赏的，有不以为然的。

孔子以六艺、六经教学生。前人对六艺、六经具体内容的理解有分歧，但都认同《诗经》是其中之一。《论语·阳货》中提到："子曰：小子！何莫学夫诗？诗，可以兴，可以观，可以群，可以怨。迩之事父，远之事君。多识于鸟兽草木之名。子谓伯鱼曰：女为周南召南矣乎？人而不为周南召南，其犹正墙面而立也与？"《周南》、《召南》是《诗经·国风》中的前两部分，用来指代《诗经》。《论语·子路》也提到"子曰：诵诗三百，授之以政，不达；使于四方，不能专对；虽多，亦奚以为？"孔子要学生和儿子孔鲤学习《诗经》，从正反两方面来谈学习《诗经》的重要性和必要性。从正面说，学习《诗经》可以兴、观、群、怨，即在文学欣赏和创作时有助于产生联想（提高艺术水平），在生活中可以观察政治得失，可以增进群体感情，可以学到讽刺批评时政的艺术；有益于培养近侍奉父辈、远侍奉君主的道德情感；还可以增加博物知识，认知动植物的名称。从反面说，不学习《诗经》就像面壁而立一样，没有出路。又进一步指出，学习《诗经》目的是使用，在行政和出使时不能融会贯通地运用《诗经》，读得再多，也是没有用处的。这既是孔子强调学习《诗经》的重要性和必要性，又是对《诗经》教学目标的评价。

《论语》中还提到了当时社会人士对孔子的评价。孔子作为"夫子"，人们对他的评价也可以看作是对一位著名教师的评估。《论语·微子》记载了其中的二则：

"长沮、桀溺耦而耕，孔子过之，使子路问津焉。长沮曰：'夫执舆者为谁？'子路曰：'为孔丘。'曰：'是鲁孔丘与？'曰：'是也。'曰：'是知津矣。'问于桀溺，桀溺曰：'子为谁？'曰：'为仲由。'曰：'是鲁孔丘之徒与？'对曰：'然。'曰：'滔滔者天下皆是也，而谁以易之？且而与其从辟人之士也，岂若从辟世之士哉？'耰而不辍。子路行以告。夫子怃然曰：'鸟兽不可与同群，吾非斯人之徒与而谁与？天下有道，丘不与易也。'"

"子路从而后，遇丈人，以杖荷蓧。子路问曰：'子见夫子乎？'丈人曰：'四体不勤，五谷不分。孰为夫子？'植其杖而芸。子路拱而立。止子路宿，杀鸡为黍而食之，见其二子焉。明日，子路行以告。子曰：'隐者也。'使子路反见之。至则行矣。子路曰：'不仕无义。长幼之节，不可废也；君臣之义，如之何其废之？欲洁其身，而乱大伦。君子之仕也，行其义也。道之不行，已知之矣。'"

这两则评论都是从隐者的立场出发，对孔子作为教师做出了或暗或明的否定评估。两则记载的主角都是子路，然而隐者批评的对象明确指向他的老师——孔子。第一则中两位隐者一位用讥讽的口气说他（既然周游列国拜访君主）应该知道渡口在哪儿。另一位则说，正处乱世，与其周游列国，避开各个无法合作的国君，还不如隐居，避开这个社会。这两则都是从政治角度批评孔子，认为有道德者不应该在这个乱世带着弟子跑来跑去争取从政。第二则是直接批评孔子"四体不勤，五谷不分"，谁是你的老师？言下之意，他不配当教师（以下是子路用孔子的话，指出隐者的问题，并表明孔子"知其不可而为之"的态度）。

以上略举数例，可见《论语》不愧是中国教育史的名著，其中还记载了中国教育评估的早期史料。

春秋时期与儒家同为显学的还有墨家。墨家也重视教育，在孔子之后创办了私学，其弟子大多数是农民与手工业者。墨子收徒严格，传说其大弟子禽滑厘跟从墨子三年，辛苦劳作，手足生胝，脸晒黑了，才得以成为学生。墨子对教育的功能有着清醒的认识，并通过比喻作出了确切的评估。

"吴虑谓子墨子曰：'义耳义耳，焉用言之哉？'子墨子曰：'籍设而天下不知耕，教人耕，与不教人耕而独耕者，其功孰多？'吴虑曰：'教人耕者，其功多。'子墨子曰：'籍设而攻不义之国，鼓而使众进战，与不鼓而使众进战而独进战者，其功孰多？'吴虑曰：'鼓而进众者，其功多。'子墨子曰：'天下匹夫徒步之士少知义，而教天下以义者功亦多，何故弗言也？若得鼓而进于义，则吾义岂不益进哉！'"①

大意是，当时鲁国南方有个能干的人叫吴虑，冬天制陶、夏天种地，自比为舜。他认为义（仁义、道义）是不需要用言语表达的，只要有余力帮助别人、有余财分给别人，这样实践就行了。墨子反对，打了两个比方，一个是耕种，一个是作战，说明个人做得再好，也不如教大家和鼓动（击鼓动员）大家一起干为好。天下一般人对于义知道得很少，所以需要教育。这是墨家对教育功能的肯定。

《韩非子·外储说左上》有则记载："墨子为木鸢，三年而成，蜚一日而败。弟子曰：'先生之巧，至能使木鸢飞。'墨子曰：'不如为车輗者巧也。用咫尺之木，不费一朝之事，而引三十石之任，致远力多，久于岁数。今我为鸢，三年成，蜚一日而败。'惠子闻之曰：'墨子大巧，巧为輗，拙为鸢。'"大意是，墨子技术精巧，花了三年

---

① 语见《墨子·鲁问》。

时间做成了一只木头老鹰，可以飞行一天。他的学生说，先生的手真巧，能够使木头的老鹰飞。墨子说，不如做的车辖精巧。因为车辖只要用一尺长短的木头，花费一早上的时间就能做成，而能够承担三十石的重量，运送到远处去，可用许多年。现在我做的老鹰，用了三年时间，飞了一天就掉下来。惠子听到了这件事，评论说"墨子技术非常精巧，体现在做车辖上；他的笨拙体现在做木鹰上。"这则故事中墨子、惠子表明了对于技术精巧的价值判断，对学生进行了教育。即有实用价值而且花费少、用得久的技术，才是真正精巧的技术。

至于以老子为首的道家，主张"道法自然""无为之治"。虽然老子有弟子，如传说中的尹喜等，他也说过"人之所教，我亦教之"①，道家实际上也存在教育活动，但由于其推崇"圣人处无为之事，行不言之教"②的主张，反对人为桎梏，不会主观上设定标准来规范和评价教育。所以《老子》中很少正面涉及教育的内容，至于教育评估的史料更付之阙如。有关的史料，只能看作当时人们对道家教育的评估。

《史记·老子韩非列传》中有一段孔子与老子的问答：

> "孔子适周，将问礼于老子。老子曰：'子所言者，其人与骨皆已朽矣，独其言在耳。且君子得其时则驾，不得其时则蓬累而行。吾闻之，良贾深藏若虚，君子盛德容貌若愚。去子之骄气与多欲，态色与淫志，是皆无益于子之身。吾所以告子，若是而已。'孔子去，谓弟子曰：'鸟，吾知其能飞；鱼，吾知其能游；兽，吾知其能走。走者可以为罔，游者可以为纶，飞者可以为矰。至于龙，吾不能知其乘风云而上天。吾今日见老子，其犹龙邪！'"

孔子到洛阳向老子请教"礼"。老子回答说，讲"礼"的那些人，人死骨烂，只有他们的言论还在。（礼无非是）君子在合适的时机可以有作为，没有合适的时机就隐居。我听说，好的商人把好东西藏起来不张扬；君子道德高尚，容貌却不像聪明人的样子。抛弃你的骄气和各种欲望、修饰的姿态与过度的志向，这些都不利于你的自身。我能告诉你的，就是这些。孔子离开后，告诉学生说，我知道鸟为什么能飞，鱼为什么能游，兽为什么能跑；跑的游的飞的，我都可以掌控它。但是我不知道龙是怎样乘风驾云上天的，老子就像龙啊。这段话，说明孔子对于老子的教诲无法把握，可能是道家的学说玄妙；也可能是道家的学说主张谦退，与孔子的积极用世的主张格格不入。不管如何，"无法把握"则是孔子对于老子，扩大来说，是儒家对于道家教育的一种评估。

战国时期社会生产进一步发展，各种学派的思想更为活跃，号称"九流十家"，每家都著书立说，广招弟子，因而私学更加发达。"九流十家"中，对后世最有影响

---

① 朱谦之撰：《老子校释》第42章，中华书局1984年版，第176页。
② 朱谦之撰：《老子校释》第2章，中华书局1984年版，第10页。

的是从春秋时期延续下来的儒、墨、道三家,此外,后来居上的是法家。从教育评估史角度来看,儒家出了孟子和荀子,道家出了庄子,法家出了商鞅和韩非子,都有著作传世,可以采撷有关资料,而墨家思想无多大发展,只能存而不论。

诸子百家图

儒家在战国时代的代表者是孟子和荀子。孟子是孔子孙子子思的学生的学生。他的私学规模不小,有记载说,孟子周游天下时"后车数十乘,从者数百人"。在学术上他继承发展了孔子的思想,对于教育同样重视,有着一整套理论。从教育评估角度看,孟子重视教学的标准,由此出发,提倡主动教学。《孟子·尽心下》:"梓匠轮舆,能与人规矩,不能使人巧。"大意是,木匠和制作车轮的工匠能够教给学生规矩,但是不能使他们巧干。《孟子·尽心上》:公孙丑曰"道则高矣,美矣,宜若登天然,似不可及也。何不使彼为可几及而日孳孳也?"孟子曰"大匠不为拙工改废绳墨,羿不为拙射变其彀率。君子引而不发,跃如也。中道而立,能者从之。"

大意是，孟子的学生公孙丑问，圣人之道是很高很美的，但是要得道就像登天那样，似乎不可能。为何不能降低标准，便于人们可以达到，从而激励人们天天努力呢？孟子回答说，杰出的工匠不会为了刚开始学习的人笨拙，而改变工艺的规矩；后羿（传说中的射箭高手）不会为了刚开始学习的射手笨拙，而改变射中的标准。君子教学生射箭，拉开弓（摆好正确的姿势）而不发箭，引导学生跃跃欲试。（学道也是这样）符合道的标准才能学成，有能力者才能得道。撇开孟子关于学习圣人之道的本意不论，从他作的比喻来看，孟子坚持教育标准的稳定性，反对修改标准的态度是十分坚定的。标准是评估的重要基础，从这个角度可以说，孟子在先秦的教育评估萌芽时期，已经无意中贡献出一份可贵的思想。

荀子是孟子之后儒家的又一代表人物。虽然，他的思想已经吸收了一些墨、道、法家的成分，但仍被尊为一代大儒，在宋代以前，一直与孟子齐名，《史记》把他与孟子合写在一篇列传内。荀子在中国教育史上有着重要的地位，《史记》称"荀卿最为老师"①，他曾经三次担任齐国稷下学宫的祭酒（相当于现在的院长），晚年在楚国兰陵讲学著书。他培养出李斯、韩非这样的法家代表人物和浮丘伯、毛亨、张苍等著名的经师。从教育评估史角度看，荀子对人才的培养提出了明确的标准。《劝学篇》云"学恶乎始？恶乎终？曰：其数则始乎诵经，终乎读礼；其义则始乎为士，终乎为圣人。"大意是，学习的次序从读经典开始，到学礼为止。而学习的目的，开始是培养士，最终是成为圣人。《儒效篇》中又提到士与圣人之间的君子，并给出了简单的标准："彼学者，行之，曰士也；敦慕焉，君子也；知之，圣人也。"大意是，通过学习经典，并且能够实践的，是士；能够实践并且更加努力的，是君子；全部掌握了经典而能够通晓天下事物之理的，是圣人。荀子还在《哀公篇》中提出了庸人、士、君子、贤人和大圣的具体的标准，因为与教育关系不大，此不详论。

荀子又提出俗人之外，儒分三等："故有俗人者，有俗儒者，有雅儒者，有大儒者。不学问，无正义，以富利为隆，是俗人者也。"②大意是，不学习，无知识，没有正义，只以财富利益为重的，是俗人。"呼先王以欺愚者而求衣食焉；得委积足以掩其口，则扬扬如也；随其长子，事其便辟，举其上客，亿然若终身之虏而不敢有他志：是俗儒者也。法后王，一制度，隆礼义而杀诗书；其言行已有大法矣，然而明不能齐。法教之所不及，闻见之所未至，则知不能类也；知之曰知之，不知曰不知，内不自以诬，外不自以欺，以是尊贤畏法而不敢怠傲：是雅儒者也。法先王，统礼义，一制度；以浅持博，以古持今，以一持万；苟仁义之类也，虽在鸟兽之中，若别白黑；倚物怪变，所未尝闻也，所未尝见也，卒然起一方，则举统类而应之，无所拟作；张法而度之，则晻然若合符节：是大儒者也。"③大意是：打着效法上古先王的旗号用来骗

① ［汉］司马迁撰：《史记·卷七十四孟子荀卿列传》，中华书局1959年版，第2348页。
② ［清］王先谦撰：《荀子集解·卷四儒效篇第八》，中华书局1988年版，第138页。
③ ［清］王先谦撰：《荀子集解·卷四儒效篇第八》，中华书局1988年版，第139～140页。

人，为自己谋取衣食，一旦得逞，就扬扬自得，谄媚权贵，卖身投靠，若被权贵收留，则甘于一辈子当奴才，这样的人是俗儒。这是荀子所不齿的。俗儒之上是雅儒，他们不打先王的招牌，知道效法周代文王、武王等后王来统一制度，尊崇礼义而重视学习经典，言行合乎礼法。不过他们比较保守，对于礼法没有涉及，对自己没有见闻的新事物和新问题，不能触类旁通。但是他们有实事求是的态度，能够尊贤守法，不轻慢也不傲慢，这样的人是雅儒。最高的是大儒，他们效法周代文王、武王等后王（原文作"先王"，误。历代注释都指出，应为"后王"）来统一礼义制度，把握事物的原理，以浅知博、以古知今、以一知万；能够践行仁义，即使在鸟兽中也卓然不群；对于从未见闻的奇怪事物，能够触类旁通应付，没有凝滞，按照原理来推测，完全符合实际情况，这样的人是大儒。荀子的教育目标及其标准在先秦的教育评估实践中有着鲜明的特色。

法家的学说是一整套法治政治思想，其中也涉及对教育的看法。有的内容也多少可以作为教育评估史的资料。《商君书·定分》有一个比喻："今先圣人为书而传之后世，必师受之，乃知所谓之名；不师受之，而人以其心意议之，至死不能知其名与其意。故圣人必为法令置官也，置吏也，为天下师，所以定名分也。"大意是，以前的圣人著书，流传后世，必须要老师来传授给学生，才能知道书中的文句和含义。如果不要老师来传授，各人以自己的想法来讲解，那么到死也不能正确地知道的书中的文句和含义。所以圣人必定给法律设置法官、法吏，做天下人的老师，就是为了确定名分。商鞅用这个比喻，说明"以法为教、以吏为师"的必要性；从教育评估的角度来看，则是肯定了教师作用：即只有教师才能把正确的知识传授下去。因而，又提出了"以法为教"中如何配置教师的标准："天子置三法官：殿中置一法官，御史置一法官及吏，丞相置一法官。诸侯郡县各为置一法官及吏，皆此秦一法官。郡县诸侯一收宝来之法令，学问并所谓。"①大意是，天子设置三个法官：天子办公的朝廷设置一法官，御史衙门中设置一个法官及法吏，丞相衙门中设置一个法官。天子给诸侯郡县各设置一个法官及法吏。这些法官法吏都听命于朝廷的法官（法令由他解释）。诸侯郡县一接到朝廷发来的法令，就学习这个法令条文。这样的教师配置标准，有利于法律的统一和严格执行。

法家追求天子集权，用法律来统一天下，当然包括统一当时的各种思想，从而反对传授诸子百家学说的"私学"，虽然法家学说的传授也是一家学说，也是"私学"之一。《韩非子·诡使》中谴责私学"而士有二心私学、岩居窨路、讹伏深虑，大者非世，细者惑下。上不禁，又从而尊之，以名，化之以实，是无功而显，无劳而富也。如此，则士之有二心私学者，焉得无深虑、勉知诈、与诽谤法令以求索，与世相反者也。凡乱上反世者，常士有二心私学者也。"大意是，读书人（不忠心于朝廷而）专心办私学，隐居山中，依靠地处偏僻，深思熟虑后宣扬自己的一套。在大的

① 高亨撰：《商君书注译·定分》，中华书局 1974 年版，第 188 页。

方面,诽谤当世时政;在小的方面,迷惑搞乱弟子的思想。但是帝王不禁止,反而尊崇他们,用名声来代替事实,使得办私学者没有功劳反而显赫,没有劳作反而富有。这样这些专心办私学的人怎能不深思熟虑、更加狡诈,用诽谤法令来求取名利?一切都是与当世的法律相反的。凡是犯上作乱的,常常是专心办私学的人。韩非子出于"以法为教、以吏为师"的指导思想,反对私学。而从教育评估的角度来看,这是法家对私学所作的一种政治否定的价值判断。

道家在战国时期的代表者是庄子。《庄子》在"顺其自然"、"无为而治"方面走得更远,比《老子》更加消极。他认为自然的一切都是美好的,人为的一切都是不好的。因此,不要以人的有目的的活动去对抗自然命运,不要以得之自然的天性去殉人为的价值。所以庄子从根本上反对进步,反对教育。庄子以相对主义作为认识论基础,他认为,感觉经验是相对的,理性思维也是如此。认识是否正确,没有确定的客观标准可言,所以他反对一切标准和价值判断。《庄子》里有他从各个角度(大部分是隐晦的)谈对教育的看法,但是没有涉及教育评价方面的内容,这也是顺理成章的。

综上所述,先秦时期的教育评估萌芽随着教育实践活动的开始和发展同时出现。用现代教育评估的理论来看,评估的标准大多是模糊的。上古时期,以教育对于生产和生活的实际效果为主,价值判断十分简单。进入文明社会,价值判断一般以统治阶级的价值为标准,教育评估的标准也以官方的价值为标准。但是也不尽然,文明社会已是阶级社会,价值有时至少分为两极;尤其是在春秋战国时期,"礼崩乐坏",社会思想文化呈现多元化的情况下,由于评估主体的不同而大相径庭,如对孔子的评价。评估的对象主要是学校和学生,这与当时的教育形式主要是官学有关。当时教育评估的实践是从属于教育管理的,教师大多是官员,本身便是评估的主体,因而学校和学生成为评估的主要对象。只有产生了私学以后,对于教师的评估才有必要。评估的结构中只有评价对象的子系统,其他都说不上。评估的功能只有鉴定这一项,其作用是为了强化管理,更好地培养选拔人才。总之,先秦时期的教育评估行为是自发的、无意识的,其价值判断是就事论事不成系统的。个别例子(如"五射")符合"测量(量的记述)或非测量(质的记述) + 价值判断"的定义,也是纯属巧合而且粗浅。一门学科的形成,开始时大致都要经过这样的过程,也无足深怪。从秦代起,为厘清中国古代的教育评估的实际发展,拟分为官学、考试和私学三条线索展开。

第二章 官学制度的型塑和教育评估实践

　　中国古代教育的最主要形式是官学。官学是朝廷举办的,只此一家,对于它办学质量的评估并不迫切。官学内的教师和学生众多,就有教得好不好、学得好不好的比较,客观上需要对于教师,尤其是学生的资格、业绩进行评估,留下的史料相对较多。这是中国古代教育评估的重要内容之一。

第一节　秦代官学的建立及其评估实践

　　秦始皇在公元前 221 年俘虏了战国中最后一国的齐国国王田建,统一了天下,建立了中央集权的大一统的王朝。到公元前 206 年他的孙子秦王子婴投降刘邦,这大一统的秦王朝一共才存在 15 年。秦代时间虽短,但是在思想、政治、制度、文化等方面给中国历史留下了深刻的印记。秦代的教育继承了先秦法家的教育传统,主导思想仍然是"以法为教、以吏为师",反对私学。在当时"大一统"思潮席卷下,这也是十分自然的。秦始皇三十四年(公元前 213 年),在为秦始皇祝寿的宴会上,发生了"师古"还是"法今"的辩论。以丞相李斯为代表,对"师古"论进行了驳斥,他说:

　　　　"古者天下散乱,莫之能一,是以诸侯并作,语皆道古以害今,饰虚言以乱实,人善其所私学,以非上之所建立。今皇帝并有天下,别黑白而定一尊。私学而相与非法教,人闻令下,则各以其学议之,入则心非,出则巷议,夸主以为名,异取以为高,率群下以造谤。如此弗禁,则主势降乎上,党与成乎下。禁之便。臣请史官非秦记皆烧之。非博士官所职,天下敢有藏诗、书、百家语者,悉诣守、尉杂烧之。有敢偶语诗书者弃市。以古非今者族。吏见知不举者与同罪。令下三十日不烧,黥为城旦。所不去者,医药卜筮种树之书。若欲有学法令,以吏为师。"①

　　李斯的主张得到秦始皇的首肯,于是采用了两大举措:焚书和以法为教、以吏

---

　　① 〔汉〕司马迁撰:《史记·卷六秦始皇本纪》,中华书局 1959 年版,第 255 页。

为师。焚书打击了传授诸子学说的私学,受伤最大的是儒学。这样,影响到文化教育,事实上秦代教育只剩下官学了,就是法律教育,也只能"以法为教、以吏为师"了。《史记·秦始皇本纪》记载"赵高故尝教胡亥书及狱律令法事",就是一例。法律教育是需要的,但是以法律教育替代了一切文化教育,走向极端,其结果是可怕的。汉初人总结秦朝灭亡的教训,也说到这一点。贾谊《新书·保傅》就提到秦始皇派赵高当太子胡亥的师傅"而教之狱。所习者,非斩劓人,则夷人之三族也。故今日即位,明日射人,忠义者谓之诽谤,深为计者谓之妖言,其视杀人若草菅然。岂胡亥之性恶哉?其所以习道之者,非理故也。"①指出,一直只受法律的教育,就会习惯于用刑法对待人,造成学生畸形的心理和扭曲的人格,对残暴的行为不以为然,并非他的本性如此。这是对于秦代法律教育的一个明显的教育评估。

秦代对于作为官吏后备者的"学僮"的教育,有一定的要求。《汉书·艺文志》记载,"汉兴,萧何草律,亦着其法,曰:'太史试学僮,能讽书九千字以上,乃得为吏。又以六体试之,课最者乃得为吏。吏民上书,字或不正,辄举劾。'六体者,古文、奇字、篆书、隶书、缪篆、虫书,皆所以通知古今文字,摹印章,书幡信也"。

汉初,萧何制定法律时基本上继承了秦朝的法律文书的规定,《史记·萧相国世家》记载"沛公至咸阳,诸将皆争走金帛财物之府分之,何独先入收秦丞相御史律令图书藏之"。萧何作为秦朝的一个富有经验和能干的吏,有心人早做了准备。所以"其法"也是秦代已在实施的法律。可见选拔官吏时的标准,也就是教育学僮的标准。而这个标准有量化指针,"讽书九千字以上,乃得为吏""以六体试之,课最者乃得为吏"。大意是,学僮能够读书读出九千字以上,可以作吏;能够认识、书写六种文字,其中最好的,才能选拔为吏。从现在的教育评估角度来看,这是一则对于学生教育的有代表性的史料。

同时,对于学僮的管理也有了一些规定。云梦秦简《秦律杂抄·除弟子律》中提到"当除弟子不得,置任不审,皆耐为侯。使弟子赢律及治之,资一甲;决革,二甲。"大意是,学僮应该按时毕业和安排职位,如果应毕业而不给毕业,安排职位不妥,有关人员要受到剃光头发胡须,服劳役一年的处罚。使唤学僮过多,超过规定;或者笞打他们,就要罚一副铠甲的款;如果打伤皮肉,罚款加倍。② 这是对于教育管理的评估。

秦代时间不长,不过特别强调"以法为教、以吏为师",法律法令细密繁多,这样有关教育评估方面的量化指针也多。虽然,秦代不可能在主观上有教育评估的意识,但是客观上在中国古代教育评估实践中留下了宝贵的资料。

---

① [汉]贾谊撰:《新书·卷五保傅》,台湾商务印书馆影印《文渊阁四库全书》版,第 695 册第 422 页。

② 此处采用了俞启定先生在《中国教育制度通史》第一卷第二编第一章中的成果。

1975年湖北云梦睡虎地出土的秦代竹简

第二节 两汉官学的发展及其评估实践

两汉的教育比较正规和发达,为中国古代教育的格局奠定了基础。西汉初兴,天下尚未太平,统治思想重黄老,经过了几十年时间,国家的学校教育尚未提上议事日程。到汉武帝时,作为国家学校的太学才于史有据地建立起来。

《文献通考》明确指出"汉兴,高帝尚有干戈,平定四海,未遑庠序之事。至武帝,始兴太学。"①《汉书·武帝本纪》记载,元朔五年"夏六月,诏曰'盖闻导民以礼,风之以乐。今礼坏乐崩,朕甚闵焉。故详延天下方闻之士,咸荐诸朝。其令礼官劝学,讲议洽闻,举遗举礼,以为天下先。太常其议予博士弟子,崇乡党之化,以厉贤材焉。'丞相弘请为博士置弟子员,学者益广。"

学者认为,"为博士置弟子员"就是"汉代立太学的开端"。② 太学由太常管辖,太常既是朝廷的机构又是此机构首长的名称。太学的教师由五经博士担任,学生则为博士弟子,教学内容就是五经。这样,奠定了以后历朝历代官学的基本格局。最初,太学的学生人数不多,仅博士弟子50人。后逐渐扩大,"昭帝时举贤良文学,增博士弟子员满百人,宣帝末增倍之。元帝好儒,能通一经者皆复。数年,以用度不足,更为设员千人……成帝末,或言孔子布衣养徒三千人,今天子太学弟子

---

① [元]马端临撰:《文献通考·卷四十学校一》,中华书局1986年版,第381页。
② 俞启定、施克灿著:《中国教育制度通史》第1卷,山东教育出版社2000年版,第326页。

少,于是增弟子员三千人。岁余,复如故。"①到了西汉末,王莽掌权,又大力发展太学,学生人数达到顶峰,据《太平御览》卷 534 引《三辅黄图》记载,"五经博士领弟子员三百六十,六经三十博士,弟子万八百人"。在两千年前,太学的规模之大,可能是世界之最了。

汉代讲经画像砖

成为博士弟子,需要具备一定的资格,经过一定的程序。

> "为博士官置弟子五十人,复其身。太常择民年十八以上、仪状端正者,补博士弟子。郡国县官有好文学、敬长上、肃政教、顺乡里、出入不悖,所闻,令、相、长、丞上属所二千石。二千石谨察可者,常与计偕,诣太常,得受业如弟子。"

《汉书·儒林传》明文规定了要成为博士弟子所需要的年龄、相貌仪态等方面的条件。在京都,博士弟子由太常挑选;在地方上,挑选博士弟子的程序更为繁琐,先经过县一级官员按照学习态度、品德行为的要求挑选,后送到郡的长官处考察,

---

① [汉]班固撰:《汉书·卷八十八儒林传》,中华书局 1962 年版,第 11 册第 3596 页。

最后选送到太常处,才可能当上博士弟子。

当上博士弟子后,需要对他们进行考核:"一岁皆辄课,能通一艺以上,补文学掌故缺;其高第可以为郎中,太常籍奏。即有秀才异等,辄以名闻。其不事学若下材,及不能通一艺,辄罢之,而请诸能称者。"①明确了一年要考核,能够掌握一经以上的,就可以做官,当文学掌故这个官位有空缺时,可以补官;其中的优秀者,可以当郎中。而学习不好,学了一年还不能通一经的,就要罢免他的博士弟子资格,另外挑选称职的来补充。这是汉武帝时大臣公孙弘当学官时提出的建议,被皇帝批准,成为法令。可以说是汉代的第一条教育评估史料。

东汉的太学仍然受到朝廷的重视。在经历了西汉末年的动乱以后,汉光武帝刘秀即位不久,就在洛阳兴建太学。东汉翟酺向顺帝上书,回顾了西汉以来太学兴衰的过程。

"孝文皇帝始置一经博士,武帝大合天下之书,而孝宣论《六经》于石渠,学者滋盛,弟子万数。光武初兴,愍其荒废,起太学博士舍、内外讲堂,诸生横巷,为海内所集。明帝时辟雍始成,欲毁太学,太尉赵熹以为太学、辟雍皆宜兼存,故并传至今。而顷者颓废,至为园采刍牧之处。宜更修缮,诱进后学"②。

大意是,西汉时太学兴盛,汉宣帝还在石渠阁(皇家藏书处)与学者讨论《六经》。东汉初,太学荒废,光武帝大兴土木,重建太学。明帝时又增设了辟雍。后来太学又荒废,需要重建。顺帝采纳了他的建议,"遂起太学。更开拓房室,学者为酺立碑铭于学云"。③ 此时太学规模也不小,"顺帝更修黉宇,增甲乙之科。梁太后诏大将军下至六百石,悉遣子入学。自是游学增盛,至三万余生。古来太学人才之多,未有多于此者"④。不过,规模大、人数多,没有有效的管理和财力的支持,反而成了太学衰败的主要原因,"是汉儒风之衰,由于经术不重。经术不重,而人才徒侈其众多;实学已衰,而外貌反似乎极盛。于是游谈起于太学,而党祸遍天下。人之云亡,邦国殄瘁,实自疏章句、尚浮华启之。"⑤加上到了东汉末年,军阀混战,汉代的太学遭到了极大的破坏。

太学之外,还有专门为皇亲国戚子弟开办的贵族学校和东汉创立的传授书法辞赋的专业学校——鸿都门学。贵族学校始于汉明帝,"永平九年,为四姓小侯开立学校,置《五经》师(原注:四姓为外戚樊氏、郭氏、阴氏、马氏,诸子弟以非列侯,

---

① [汉]班固撰:《汉书·卷八十八儒林传》,中华书局1962年版,第3594页。
② [宋]范晔撰:《后汉书·卷四十八翟酺传》,中华书局1965年版,第1606页。
③ [宋]范晔撰:《后汉书·卷四十八翟酺传》,中华书局1965年版,第1606页。
④ [清]皮锡瑞著:《经学历史》四《经学极盛时代》,中华书局2008年版,第114页。
⑤ [清]皮锡瑞著:《经学历史》四《经学极盛时代》,中华书局2008年版,第114页。

北京国子监的辟雍

故曰小侯。)"①,教育史上统称"四姓小侯学"。这样的皇亲国戚学校似乎没有一直办下去,因为几十年以后,安帝元初六年(公元119年)邓太后以"四姓小侯学"为样板再次办贵族学校。"太后诏征和帝弟济北、河间王子男女年五岁以上四十余人,又邓氏近亲子孙三十余人,并为开邸第,教学经书,躬自监试。尚幼者,使置师保,朝夕入宫,抚循诏导,恩爱甚渥。乃诏从兄河南尹豹、越骑校尉康等曰:吾所以引纳群子,置之学官者,实以方今承百王之敝,时俗浅薄,巧伪滋生,《五经》衰缺,不有化导,将遂陵迟,故欲褒崇圣道,以匡失俗。传不云乎:'饱食终日,无所用心,难矣哉!'今末世贵戚食禄之家,温衣美饭,乘坚驱良,而面墙术学,不识臧否,斯故祸败所从来也。永平中,四姓小侯皆令入学,所以矫俗厉薄,反之忠孝。先公既以武功书之竹帛,兼以文德教化子孙,故能束修,不触罗网。诚令儿曹上述祖考休烈,下念诏书本意,则足矣。其勉之哉!"②她在诏书中特别提到"永平中,四姓小侯皆令入学",可见是以此为本,"开邸第,教学经书,躬自监试"是重新开办的。教学的内容主要是《五经》。考虑到"五岁以上、尚幼者"想必也有识字、写字的蒙学成分。这样的学校后来也渐渐成为一种制度,是西晋国子学等贵族学校的前身。

"鸿都门学。初,灵帝好学,自造《皇羲篇》五十章,因引诸生能为文赋者,

---

① [元]马端临撰:《文献通考》卷28《选举考一》,中华书局1986年版,第386页。

② [宋]范晔撰:《后汉书·卷十上邓皇后纪》,中华书局1965年版,第428页。

本颇以经术相招。后诸为尺牍及工书鸟篆者,皆加引招,遂至数十人。"①

"光和元年,遂置鸿都门学,画孔子及七十二弟子像。其诸生皆勅州郡三公举用辟召,或出为刺史、太守,入为尚书、侍中,乃有封侯赐爵者。士君子皆耻于为列焉。"②

两则史料足以证明鸿都门学创立于汉灵帝时,就其学校性质而言,则似乎以学习文学、书法和美术为主,是后代艺术专修学校的起源。学生出路不错,但因为所学的不是经学,故被人看不起,因此甚至有官员要求取消鸿都门学。灵帝时的尚书令阳球上书奏罢鸿都门学,理由是"未闻竖子小人,诈作文颂,而可妄窃天官,垂象图素者也。今太学、东观足以宣明圣化。愿罢鸿都之选,以消天下之谤。"③结果是"书奏不省",皇帝不理睬,看来鸿都门学还是办下去了。

除了中央办的太学、四姓小侯学、鸿都门学外,地方上的官学有郡国学和县学。汉代地方行政分为郡、县两级,郡如果封给皇子,则称为国,所以郡国并称。国家在地方办学,古已有之,上文已经提到过。汉代郡国办学校,开始于汉武帝时的文翁。

"文翁,庐江舒人也。少好学,通《春秋》,以郡县吏察举。景帝末,为蜀郡守,仁爱好教化。……又修起学官于成都市中,招下县子弟以为学官弟子……数年,争欲为学官弟子,富人至出钱以求之。由是大化,蜀地学于京师者比齐鲁焉。至武帝时,乃令天下郡国皆立学校官,自文翁为之始云。"④

文翁担任蜀郡太守后,看到蜀郡比较落后,遂选拔聪明、有才能的小吏送到京都去学习,学成回来当作骨干使用。然后,又在当地办起了官学,招收蜀郡下属各县的子弟入学。办学很有成效,蜀郡人"争欲为学官弟子,富人至出钱以求之"。当时,人们甚至用"由是大化,蜀地学于京师者比齐鲁焉"等赞赏的话语充分肯定了文翁办学的成功,堪称教育评估史上第一次对于地方学校教育的评估。汉武帝看到办学有利于统治,于是下令全国都开办郡国官学。文翁确实为地方办学做出了开创性的贡献,成为后代的典范,唐代大诗人王维在《送梓州李使君》诗中就写到"文翁翻教授,不敢倚先贤"就是赞扬文翁创新教化,成为在四川普及道德文化的前辈。

①　[元]马端临撰:《文献通考》卷28《选举考一》,中华书局1986年版,第387页。
②　[宋]范晔撰:《后汉书·卷六十下蔡邕列传》,中华书局1965年版,第1998页。
③　[宋]范晔撰:《后汉书·卷七十七酷吏列传》,中华书局1965年版,第2499页。
④　[汉]班固撰:《汉书·卷八十九循吏传》,中华书局1962年版,第3625~3626页。

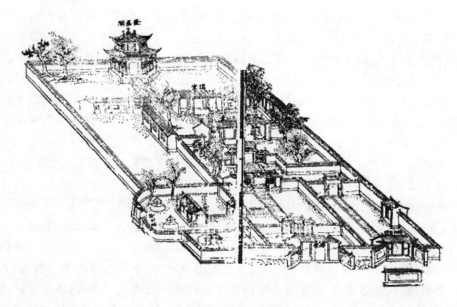

清代绘制的文翁石室图

县学则要迟到汉平帝时王莽摄政时才刚刚提上议事日程。"安汉公奏车服制度,吏民养生、送终、嫁娶、奴婢、田宅、器械之品。立官稷及学官:郡国曰学,县、道、邑、侯国曰校,校、学置经师一人;乡曰庠,聚曰序,序、庠置《孝经》师一人。"①安汉公即王莽,他托古改制,颁布一系列新的制度,其中就提到了郡国以下的官学。可见,西汉虽然由朝廷下令地方办学,但是限于地方财力等条件的束缚,没有普遍举办的记载。

东汉的郡县官学在前期比较兴盛,甚至发现边陲地区也有兴办学校的资料。"栾巴字叔元……四迁桂阳太守。以郡处南垂,不闲典训,为吏人定婚姻丧纪之礼,兴立学校,以奖进之。虽干吏卑末,皆课令习读,程试殿最,随能升授。政事明察。"②记载了栾巴在西南地区办学并鼓励官吏就读的情况,而且对此有"政事明察"的评估结论。直到汉末,还有人在兵荒马乱中坚持办学。"融到郡……稍复鸠集吏民为黄巾所误者男女四万余人,更置城邑,立学校,表显儒术,荐举贤良郑玄、彭璆、邴原等。"③孔融就是其中之一。当然,随着东汉的灭亡,郡县官学也不复存在。

东汉继承了西汉对太学及郡县国学的考核,质帝本初元年"夏四月庚辰,令郡国举明经,年五十以上、七十以下诣太学。自大将军至六百石,皆遣子受业,岁满课试,以高第五人补郎中,次五人太子舍人。又千石、六百石、四府掾属、三署郎、四姓

---

① [汉]班固撰:《汉书·卷十二平帝纪》,中华书局1962年版,第355页。
② [宋]范晔撰:《后汉书·卷五十七栾巴列传》,中华书局1965年版,第1841页。
③ [宋]范晔撰:《后汉书·卷七十孔融列传》,中华书局1965年版,第2263页。

小侯先能通经者,各令随家法,其高第者上名谍,当以次赏进。"①这条史料包含了三个信息,首先,"令郡国举明经,年五十以上、七十以下诣太学"是关于选举制度的,各地方推举出来的年龄五十到七十的明经们去太学当教师,可以说是人尽其材,作了合适的安排。其次,是对通过考试的学生进行选拔。官学学生都是俸禄在六百石以上官员的子弟,入学后每年举行一次学业考试,成绩在前五名的可以当候补郎中,后五名的则当候补太子舍人。最后,是对官员进行考试,内容与太学生一样,都要求读通一门经学,先通过考试,取得高分的,记入名册,按照排名次序给予奖赏和升官。此条史料,把选举制度和教育评估的紧密关系展示得很清楚了。

对于太学生的考试任用,有更加详细的规定。桓帝"建和初,诏诸学生年六十以上比郡国明经试,次第上名,高第十五人、上第十六人为中郎,中第十七人为太子舍人,下第十七人为王家郎。永寿二年诏复课试诸生补郎舍人。其后复制:学生满二岁试通二经者,补文学掌故;其不能通二经者,须后试复随辈试之,通二经者亦得为文学掌故。其已为文学掌故者,满二岁试能通三经者,擢其高第为太子舍人;其不得者,后试复随辈试,第复高者亦得为太子舍人。已为太子舍人,满二岁试通四经者,推其高第为郎中;其不得者,后试复随辈试,第复高者亦得为郎中。满二岁试能通五经者,推其高第补吏,随才而用;其不得者,后试复随辈试,第复高者亦得补吏。"②此史料,把考试的等第与任用的职位直接挂钩。有意思的是,当时已经注意到允许不及格者再次补考,而且一旦通过考试,则可以享受同等待遇,相关内容在中国古代教育评估实践中还是第一次出现。

第三节 魏晋南北朝官学的演变及其评估实践

魏晋南北朝是一段混乱的历史时期,如果从东汉末黄巾起义算起,大约有 400 年时间。在此期间,政治动荡,战乱频仍,除了西晋三十多年全国基本上统一之外,先是三国鼎立,后是南北分隔。在这种情况下,教育不可能像汉代那样大一统地成规模有体系地进行了。但是乱世中人要生存、要发展,还是需要教育的。在短时间的稳定中,也有国家办学和私人办学,只是学校的规模小、难持久而已。

三国时期,魏国在黄初五年(224)于首都办起了太学,比较正规,设立了五经博士。蜀国也办过太学,史载有许慈、胡潜、许勋等人担任过博士③。吴国景帝曾下诏办太学,但是实际上没有结果。地方官学只见零星记载。相对而言,魏国的教育史料更丰富些。

① [宋]范晔撰:《后汉书·卷六质帝纪》,中华书局 1965 年版,第 281 页。
② [元]马端临撰:《文献通考·卷四十学校一》,中华书局 1986 年版,386~387 页。
③ [晋]陈寿撰:《三国志卷·四十二蜀书.许慈传》,中华书局 1982 年版,第 1023 页。

"魏文帝黄初五年,立学于洛阳。时慕学者始诣太学为门人。满二岁试通一经者为弟子,不通者罢遣。弟子满二岁试通二经者补文学掌故;不通者听随后辈试,试通二经亦得补掌故。满三岁试通三经者擢高第,为太子舍人。不第者随后辈复试,试通亦为太子舍人。舍人满二岁试通四经者擢其高第,为郎中;不通者随后辈复试,试通亦为郎中。郎中满二岁试通五经者擢高第,随才叙用;不通者随后辈复试,试通亦叙用"①。

对照上文引证的汉桓帝时太学对学生考试任用的相关规定,几乎如出一辙,我们很容易就清楚地看出魏国太学制度与东汉太学制度之间的渊源关系,显然魏国太学制度基本上沿袭东汉。这则史料可能也是三国时期唯一有价值的教育评估史料了。

西晋东晋朝廷办有传统的太学,还有专门为贵族子弟办的国子学。太学的性质与汉代一样,国子学则是在汉代的"四姓小侯学"基础上建立的。与"四姓小侯学"不同的是,它是高等教育,不招收蒙童;学生的来源比皇亲国戚扩大,规定具有一定品级的官员子弟也可以入学,这是为了适合"九品中正制"选举制度的需要。对学生入学资格有明确的评估——"官品第五以上得入国学。……太学之与国学,斯是晋世殊其士庶,异其贵贱耳。然贵贱士庶,皆须教成,故国学、太学两存之也。"②可惜,这些贵族子弟不争气,"晋孝武帝太元十年正月,立国子学。学生多顽嚣,因风放火,焚房百余间。是后考课不厉,赏黜无章,有育才之名,无收贤之实。"③这是后人对两晋国子学的评论,倒是价值判断明确的教育评估结论。

南北朝时,整个形势比东晋和五胡十六国时稳定一些,因而官学有所发展。先说南朝,宋文帝刘义隆在位 30 年,"元嘉二十年(443)立国学,二十七年废。(原引:帝雅好艺文,使丹阳尹庐江何尚之立玄学,太子率更令何承天立史学,司徒参军谢元立文学,散骑常侍雷次宗立儒学,为四学。)"④这四学,除了儒学外,相当于汉代的鸿都门学,都是专科性质的学校。宋文帝重视儒学,除了几次去儒学馆视察并且赏赐外,还去国子学视学。元嘉二十三年"九月己卯,车驾幸国子学,策试诸生,答问凡五十九人。冬十月戊子,诏曰:'庠序兴立累载,胄子肄业有成。近亲策试,睹济济之美,缅想洙泗,永怀在昔。诸生答问,多可采览。教授之官,并宜沾赉。'赐帛各有差。"⑤可惜北伐失败,以后就无力再办了。齐代只有武帝萧赜在位 11 年,时间较长,有机会复兴国子学。他任命精通五经的王俭担任国子祭酒,振兴儒

① [宋]郑樵撰:《通志·卷五九选举略二》,台湾商务印书馆影印《文渊阁四库全书》版,第 374 册第 228 页。

② [梁]萧子显撰:《南齐书·卷九礼志》,中华书局 1972 年版,第 1 册第 145 页。

③ [梁]沈约撰:《宋书·卷三十二五行志三》,中华书局 1974 年版,第 3 册第 935 页。

④ [元]马端临撰:《文献通考·卷四十一学校二》,中华书局 1986 年版,第 390 页。

⑤ [梁]沈约撰:《宋书·卷五文帝本纪》,中华书局 1974 年版,第 1 册第 94 页。

学,"由是衣冠翕然,并尚经学,儒教于此大兴。"①"大兴"之类也是史书上常用的话,不能当真,齐武帝萧赜死后,也就人亡政息。梁代一共55年,武帝萧衍在位44年,在办学上有所作为。"天监四年,置五经博士各一人,又置胄子律博士。五年,置雅集馆,以招远学。"②他又去国子学视察,考核学生,天监九年三月己丑、十二月癸未两次"驾幸国子学"。③陈代有周宏正、王元规、王伯固升迁为国子祭酒的记载,可见国子学也在兴办。总之,正如近代学者柳诒徵在《南朝太学考》中所说"南朝国学,时有兴废,而典学官师,相承设置"。

南朝的专门学校有上文提到的宋文帝的"四学"、梁武帝的"五馆"。此外,还有宋明帝泰始六年(470)"立总明馆,征学士以充之。置东观祭酒、访举各一人,举士二十人,分为儒、道、文、史、阴阳五部学"④,可见南朝的官学已经多元化了。

对于南朝的官学,宋明帝时的周朗提出了自己的看法:"欲为教者,宜二十五家选一长,百家置一师,男子十三至十七,皆令学经;十八至二十,尽使修武。训以书记图律,忠孝仁义之礼,廉让勤恭之则;授以兵经战略,军部舟骑之容,挽强击刺之法。官长皆月至学所,以课其能。习经者五年有立,则言之司徒;用武者三年善艺,亦升之司马。若七年而经不明,五年而勇不达,则更求其言政置谋,迹其心术行履;复不足取者,虽公卿子孙,长归农亩,终身不得为吏。其国学则宜详考占数,部定子史,令书不烦行,习无糜力。凡学,虽凶荒不宜废也。"⑤在周朗设想中,提到了教师的编制数、学生的年龄和所学的科目、对学生的考核和任用;可贵的是,强调了考核结果面前人人平等的原则,"复不足取者,虽公卿子孙,长归农亩,终身不得为吏"。另外还强调了即使遇到困难年岁,也要坚持办学的理想。其中考核的指标和内容,也是对当时官学的一种教育评估。

北朝的官学,与南朝相比,更加注重儒学教育。这与北朝的统治者大多是少数民族,急切地希望在封建文明高度发达的中原地区站稳脚跟,因而大力学习典章制度、礼仪文化有关。从十六国到北周的统治者都重视办学,不过由于各个国家存在的时间长短不同,因而办学的实际情况也不同。其中北魏立国148年,统一北方95年,社会相对稳定,教育也比较发达。作为中央的官学,就有太学、国子学、皇宗学和四门小学,教学内容都是儒家经典。之所以分为四个学校,在于招收的学生门第身份有贵贱之别。

更有特色的是北魏形成了正式的郡县官学制度,这是中国教育史上的一件大事。献文帝时的大臣高允提出了郡县建立官学方案"'请制大郡立博士二人、助教四人、学生一百人,次郡立博士二人、助教二人、学生八十人,中郡立博士一人、助教

---

① [唐]李延寿撰:《南史·卷二十二王俭传》,中华书局1975年版,第3册第595页。
② [元]马端临撰:《文献通考·卷四十一学校二》,中华书局1986年版,第390页。
③ [唐]姚思廉撰:《梁书·卷二武帝纪中》,中华书局1973年版,第1册第49、50页。
④ [唐]李延寿撰:《南史·卷三宋明帝纪》,中华书局1975年版,第1册第82页。
⑤ [梁]沈约撰:《宋书·卷八二周朗传》,中华书局1974年版,第7册第2093页。

二人、学生六十人，下郡立博士一人、助教一人、学生四十人。其博士取博关经典、世履忠清、堪为人师者，年限四十以上。助教亦与博士同，年限三十以上。若道业夙成，才任教授，不拘年齿。学生取郡中清望、人行修谨、堪循名教者，先尽高门，次及中第。'显祖从之。郡国立学，自此始也。"①此方案把郡县分为大、次、中、小四等，规定了各自的教师学生数额和入学的条件，以及招生的次序。严格说，在此以前的郡县官学制度，不是学校制度，只是学官制度，因而地方官学的兴废与地方长官的个人意志有关，使得地方官学的举办不正常。

高允的方案执行以后，地方官学的举办走上了正规之路。这方案规定了教师和学生的数额、条件和招生次序，也是一种对于学校的考核标准，可以说，是中国古代教育评估史上对于学校评估的第一个文件。

魏晋南北朝近四百年，南北分裂，战乱频仍，王朝频繁更替，社会长期得不到安定。官方成体系、有规模的教育不多，官学不能与两汉相比。但是在相对稳定的时期中，一些有作为的统治者，尤其是少数民族的帝王，还是十分重视教育，因而出现了一些办得比较成功的官学，而且有所创新，如郡县官学制度的确立。从教育评估的角度来看，也有所继承和发展：继承了汉代对于学生考核使用的一套制度，并且更加严格；发展了对于人才评价的量化标准——九品中正制；出现了对于学校的评估标准——郡县官学制度。可见，不管社会如何动荡，教育由其内在规律的推动，还是在继承和发展，不过规模和进步的速度受到影响罢了，教育评估也随之变化和发展。

第四节　科举制度影响下唐及以后官学发展及其评估实践

科举制度是在隋唐时期创立的，在唐代前期对于有着悠久历史传统的官学影响不大。到了唐代中后期，科举制度对于官学的影响逐渐增强，以至于明清两代的官学基本上都笼罩在科举的阴影之下，评估官学办得成功与否，取决于科举考试的结果。

唐代官学仍然分为中央和地方两级，到了玄宗朝，官学制度基本完备。中央官学有国子学、太学、四门学，主要学习儒家经典。"唐太宗以儒学多门，章句繁杂，诏国子祭酒孔颖达与诸儒撰定五经义疏，凡一百七十卷，名曰《五经正义》……永徽四年，颁孔颖达《五经正义》于天下，每年明经据此考试。自唐至宋，明经取士，皆遵此本。"②这样，官学中儒学的教材统一了。从教育评估角度说，这是一件大事，从此对于考试有了明确的统一的内容标准。

国子学、太学要求能够通二经以上，四门学要求通一经，才有入仕资格。学生

---

①　［北齐］魏收撰：《魏书·卷四十八高允传》，中华书局 1974 年版，第 1078 页。
②　［清］皮锡瑞：《经学历史》七《经学统一时代》，中华书局 2008 年版，第 198 页。

都是官员子弟,区别在于家长的官职高低,大致是三品以上的官员子弟入国子学、五品以上子弟入太学、七品以上官员子弟和平民中的优秀者入四门学①。还有专科性质的学校,招收八品以下官员子弟和平民中有专业知识者。书学以学习书法为主,算学以学习计算为主,律学以学习律令为主,以上这些学校都是由国子监管辖。此外,不属国子监管辖的中央官学中还有为皇亲国戚举办的弘文馆和崇文馆,学习内容同国子学;专科有崇玄学,学习道家经典;医学学习医药的知识和技艺,招收相关的专业人士。有趣的是,后来为了适应进士科考试的需要,还设立了广文馆,招收预备参加进士科的考试者,学习的内容就是进士科考试的内容。这大约是专门为了应付某项考试而设的、如现在高复班之类的滥觞。

地方官学,基本上是州县乡三级,教学内容主要是儒学和医学。学生的来源,是地方官员和平民的子弟。开元七年(719年)起,"又敕州县学生年二十五以下、八品子若庶人二十一以下通一经及未通经而聪悟有文辞、史学者,入四门学为俊士。即诸州贡举省试不第,愿入学者亦听。"②即其中有特长或好学者,可以进入中央官学的四门学为俊士。"四门学,生千三百人,其五百人以勋官三品以上无封、四品有封及文武七品以上子为之,八百人以庶人之俊异者为之。"③可见,四门学是官民子弟共同的学校,也是地方官学与中央官学沟通的唯一渠道。

进入官学一般不需考试,凭出身资格申请,经有关官署审核批准,即可入学。入学后考试比较严格。以经学学校为例,有旬试、岁试和毕业试三类。官学仿照官署,一旬放假一天。在每次放假前一天举行考试,就是旬试。又有月试,先即是每月末的旬试;后取消了旬试,只保留月末的考试,即为月试。旬试的内容分为读经和讲经,"读者千言试一帖,帖三言,讲者二千言问大义一条,总三条通二为第,不及者有罚。"④读经者须读经三千字,每千字要做一道帖经题,每题填三字。讲经者须讲经六千字,每二千字回答一道问答题。填充、问答各是三道题,通过二道为合格,不合格者要受处罚。岁试相当于现在的学年大考,"岁终,通一年之业,口问大义十条,通八为上,六为中,五为下"⑤。岁考主要是问答,共十道题。答对八道以上为上、六道以上为中、五道以下为下。毕业试是学生参加科举考试的资格试,所考内容便是完全模拟科举考试。不合格者"并三下与在学九岁、律生六岁不堪贡者罢归"。三年的考试成绩都是下,学经九年、学律令六年的学生没有培养前途的,取消学籍回老家。合格者"诸学生通二经、俊士通三经已及第而愿留者,四门学生补太学,太学生补国子学"⑥。学生中通过二经、俊士中通过三经,而又愿意继

① [宋]欧阳修、宋祁撰:《新唐书·卷四十四选举志上》,中华书局1975年版,第1159页。
② [宋]欧阳修、宋祁撰:《新唐书·卷四十四选举志上》,中华书局1975年版,第1164页。
③ [宋]欧阳修、宋祁撰:《新唐书·卷四十四选举志上》,中华书局1975年版,第1159页。
④ [宋]欧阳修、宋祁撰:《新唐书·卷四十四选举志上》,中华书局1975年版,第1161页。
⑤ [宋]欧阳修、宋祁撰:《新唐书·卷四十四选举志上》,中华书局1975年版,第1161页。
⑥ [宋]欧阳修、宋祁撰:《新唐书·卷四十四选举志上》,中华书局1975年版,第1161页。

续学习的,四门学生可以替补为太学生,太学生可以替补为国子学生。州县官学学生也要参加地方的科举考试,即乡试,这些考生就是生徒。合格者可以参加全国的科举考试,即省试。生徒从州县官学到中央官学已经经过层层考试,身份和家庭情况都很清楚,可以直接参加科举考试。唐代的官学教育已经与科举考试紧密结合,官学中的考试已经细分为旬试、岁试和毕业试三类,每类考试的标准已经量化,比较明确,走出了中国古代教育测量的第一步。

宋代官学制度与唐代基本相同,分为中央官学和地方官学。官学的评估主要针对学生,也引申出了对于教师即学官的评估。中央举办的主要学校都隶属于国子监,有国子学、太学、四门学、广文馆,都是大学性质的学校;还有律学、武学都是专科性质的学校。此外,专科性质的还有算学、书学、画学和医学,也都属于中央官学,但是分别隶属于太史局、书艺局、画图局和太医局。国子学、太学、四门学、广文馆的学生来源主要是官员子弟和平民中的佼佼者,"凡学皆隶国子监。国子生,以京朝七品以上子孙为之,初无定员,后以二百人为额。太学生,以八品以下子弟若庶人之俊异者为之"①。

从评估史角度来看,值得一提的是太学的"三舍法"。所谓三舍法,是宋神宗熙宁四年(1071)创立的,它把太学学生分为内舍、外舍、上舍三等,通过考试进行升等。

> "元丰二年,颁《学令》:太学置八十斋,斋各五楹,容三十人。外舍生二千人,内舍生三百人,上舍生百人。""始入学,验所隶州公据,试补外舍,斋长、谕月书其行艺于籍。行谓率教不戾规矩,艺谓治经程文。季终考于学谕,次学录,次正,次博士,后考于长贰。岁终会其高下,书于籍,以俟复试,参验而序进之。凡私试,孟月经义,仲月论,季月策。凡公试,初场经义,次场论策。"②

各州府选拔的学生凭州府的公文进入外舍,每月考试一次,称为私考(由太学学官自己主持考试),第一月考经义,第二月考论,第三月考策。斋长、斋谕(太学中最低级的管理人员)每月记录他的品行和学习成绩。每季度末进行检查,先后由学谕、学录、学正、博士进行考核,最后由太学的正副长官来检查核定,给予"优、平、否"三个等第,称为"校定"。到了年底,统计"校定"结果,排出名次。再经过年考,称为公试(由皇帝派官员主持考试),第一场考经义,第二场考论与策。成绩为一、二等的升入内舍,这是外舍生升内舍生的考试。"间岁一舍试,补上舍生,弥封、誊录如贡举法;而上舍试则学官不预考校。公试,外舍生入第一、第二等,升内

① [元]脱脱等撰:《宋史卷一五七选举志三》,中华书局1977年版,第3657页。
② [元]脱脱等撰:《宋史卷一五七选举志三》,中华书局1977年版,第3660、3657页。

舍;内舍生试入优、平二等,升上舍;皆参考所书行艺乃升。"①同样,内舍生每月要考核品行和学习成绩,予以记录,每季度进行检查核定,给予等第,也称为"校定"。然后,两年进行一次内舍生升上舍生的考试,用的是科举考试的弥封、誊录等办法,比较严格。结合公试成绩和"校定",两者都是"优",升入上舍上等,可以直接"释褐授官",即脱下平民衣,穿上官员服,所以又称为"两优释褐";"一优一平"者,升入上舍中等,继续学习,等待科举考试时,可以免去解试和省试,直接参加殿试;"一优一否"者,升入上舍下等,继续学习,等待科举考试时,可以免去解试,直接参加省试。这就是"三舍法"的大致内容。值得注意的是,明确用考试成绩加上平时的品行和学业来评估太学学生,所谓"品学兼优"作为评估学生的重要标准,此为起源之一吧。

太学对于学官也进行评估,从现代的观点来看,即是对于教师的评估,虽然学官与教师的职责有所区别。一是评估任职资格。宋初,学官由国子监推荐,翰林院考试产生。元丰七年(1084)建立起一整套中央和地方学官的考试制度。学官考试由国子监主持。对于应试者有明确的规定,"内外学官非制科、进士出身及上舍生入官者,并罢。"②即必须是科举殿试第一甲、省试前十名、国子监和开封府解试前五名、太学每年公试和每月私试前三名、上舍上等释褐者才能应试。其他人必须向国子监提供自己的作品,得到认可也能参加学官考试。合格者分为二等,上等者由朝廷任命为太学博士,下等者任命为太学命官学正、命官学录或州学教授。另外太学还有一类学官为职事官,是由众议推荐和众学官讨论决定的。如神宗朝的杨祖益担任太学学錄就是推荐议定的。

> "学錄于一学之事无不与,凡齿于生员者又得以佐学官而教谕之。其责任重,不可委非其人。前件人经明学充、行信乡里而诸生比名合议。请补斯职,爰稽众言,俾錄学事"。③

杨祖益是太学生中的佼佼者,"经明学充、行信乡里"说明他品学兼优,符合学录的岗位要求;"比名合议、爰稽众言"说明是大家推荐、听取了众学官讨论意见的。这种对于职事官资格的评估倒是颇为民主,在一千多年前殊为不易。

二是对于学官的日常课业进行检查。熙宁四年(1071)十一月戊申宋神宗下

---

① [元]脱脱等撰:《宋史·卷一五七选举志三》,中华书局 1977 年版,第 3660 页。
② [元]脱脱等撰:《宋史·卷一六五职官志五》,中华书局 1977 年版,第 3912 页。
③ [宋]强至撰:《祠部集·卷三十三杨祖益充学録牒词》,台湾商务印书馆影印《文渊阁四库全书》版,第 1091 册第 377~378 页。

诏国子监,要求"取索直讲前后所出策论义题及所考试卷,看详优劣,省中书"①,即通过检查教师的教案和所出试题,来评估教师的教学水平。当时太学学官中两人评为上等,三人评为下等。

三是制定规章制度对教师进行考核。元丰二年十一月,御史中丞李定国等制定了《国子监敕式令》和《学令》,共143条,得到宋神宗的批准。"学生行艺,以帅教不戾规矩为行,治经程文合格为艺。斋长谕学录、学正、直讲、主判官,以次考察籍记。公试外舍生入第一第二等,参以所书行艺,预籍者升内舍;内舍生试入优平二等,参以行艺,升上舍。分三等:俱优为上,一优一平为中,俱平若一优一不为下。上等命以官,中等免礼部试,下等免解。以升补人行艺进退,计人数多寡为学官之赏罚。"②学生升降的标准,上文已经提到;这里要注意的是,规定以学生升降的人数多少,来作为对教师的赏罚,也就是用培养人才的成果来评估教师的水平。宋代对于教师的评估是比较全面的。

宋代的地方官学分为州学和县学两级,元符二年(1099)起也采用三舍法。"初令诸州行三舍法,考选、升补悉如太学"③,地方官学的三舍法是针对学生的考核和评估。对于学官的选拔和任用,也有一套制度,包含三种办法:一是宋初的推荐制,由地方长官推荐官员或平民,担任地方官学的教授。二是"中书堂除制",即由中书省直接任命为地方官学的教授。这两种办法的选用标准都是"文行称于乡里"④。但是这个标准比较软,后来采用了"学官试制",用考试来选用地方官学的学官。熙宁八年(1075)"诏州学教授,自今先召赴舍人院,试大义五道,取优通者选差。在职有不法事,委州郡监司体量以闻。"⑤看来,不光看考试成绩,还注重在职时的表现。这是对地方官学教师任职资格的评估。

地方官学有学规,起到维护学校正常的教学活动和秩序的作用。学规形式多样,内容不一,其中也有评估史的有价值的资料。《京兆府小学规》其中有两条涉及教师的教学工作量和学生学习内容的数量,是不可多得的量化标准。其中第三条规定教师每天教授经书两三页,就经书的文句音义进行解说,教小学生习字,出诗赋的题目和练习对对子等。第四条规定学生的学业,把学生分为三等。一等:每天通过抽签问所学的经义三道,念书一二百字,习字十行,作五七言古诗或律诗一首,三日作赋一篇,读赋一篇,看史传三五页。二等:每天念书一百

① [宋]李焘撰:《续资治通鉴长编·卷二二八 熙宁四年十一月戊申》,台湾商务印书馆影印《文渊阁四库全书》版,第317册第746页。

② [宋]李焘撰:《续资治通鉴长编·卷三〇一元丰二年十二月乙巳》,台湾商务印书馆影印《文渊阁四库全书》版,第319册第188页。

③ [元]脱脱等撰:《宋史·卷一五七选举志三》,中华书局1977年版,第3662页。

④ [宋]李焘撰:《续资治通鉴长编·卷卷一九一 嘉祐五年五月己亥》,台湾商务印书馆影印《文渊阁四库全书》版,第317册第202页。

⑤ [宋]李焘撰:《续资治通鉴长编·卷二六七 熙宁八年八月壬辰》,台湾商务印书馆影印《文渊阁四库全书》版,第318册第518页。

字,习字十行,作五七言绝句一首,对对子一副,读赋二韵,记一个故事。三等:每天念书五百到七百字,习字十行,背诗一首。① 以教师的工作量和学生学习的内容来作为衡量的标准,把学生区分为三等,相当于现在的分年级教学,是评估标准对教学的促进。

总之,宋代的教育评估实践比较完备。不仅有对于学生的评估,而且有了对于教师资格、业绩和教学量的一系列评估。由于宋代文化发达,对同时的辽、金两国和后来的元代影响很大。辽金元的教育基本上都是宋代的模式,教育评估当然如影随形,不赘说。

明清官学基本上继承了宋代官学的模式,相同之处从略。只是明代对于教师、学生的管理更加严格并且有其特色。朱元璋一当皇帝,就颁布学规。后来建立国子监,明确学官的职责,特别设立监丞一职来监管师生。"洪武十五年三月丙辰,改国子学为国子监,初定监规九条。已而敕谕监丞专掌罪罚诸生之不守学规者。"② 这是设立专职严管学生。"监丞之职,凡教官怠于训诲生员,有戾规矩课业,不精廪饩,房舍不洁,并从纠举惩治。"③ 这是设立专职严管教师和职员了。另外,明代对于国子监的管理,大小事务都置办簿籍登记,由不同的学官掌管,以备核查。据吴宣德先生整理和列表统计,大约有正式名称的簿籍近 40 种,其中涉及教学情况的有 6 种,出勤请假的有 6 种,日常行为的有 3 种④。此外,实行学生考试的积分制。"六堂诸生,有积分之法,司业二员分为左右,各提调三堂。凡通《四书》未通经者,居正义、崇志、广业。一年半以上,文理条畅者,升修道、诚心。又一年半,经史兼通、文理俱优者,乃升率性。升至率性,乃积分。其法,孟月试本经义一道,仲月试论一道,诏、诰、表、内科一道,季月试经史第一道,判语二条。每试,文理俱优者与一分,理优文劣者与半分,纰缪者无分。岁内积八分者为及格,与出身。不及者仍坐堂肄业。如有才学超异者,奏请上裁。"⑤ 从评估史的角度说,监丞的职责,是否可以看作有专人来从事对于师生教学效果的评估了?簿籍登记中涉及教学和师生情况的,是否可以看作中国古代教育评估的早期档案?积分制则给予学生以一定的学习、考试的选择自由,是教育评估更加着眼于终极成果的评价。清代(废科举制度以前)的官学对于明代的官学完全是萧规曹随,故清代的教育评估也是对明代的全盘继承。

---

① 转引自乔卫平著:《中国教育制度通史》第 3 卷,山东教育出版社 2000 年版,207~208 页。

② [明]黄佐撰:《南雍志》卷一《事纪》,《续修四库全书》,上海古籍出版社影印本,第 749 册第 82 页。

③ 《明太祖实录》卷一四五,《明实录》台湾"中央"研究院历史语言研究所校印 1962 年版,第 4 册第 2279 页。

④ 吴宣德著:《中国教育制度通史》第 4 卷,山东教育出版社 2000 年版,第 100 页。

⑤ [清]张廷玉等撰:《明史·卷六十九选举志一》,中华书局 1974 年版,第 1678 页。

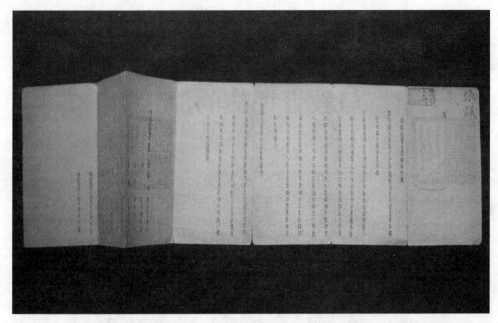

顺治十二年(1655)礼部尚书恩国泰等关于国子监各生员学习时间宜作分别的题本

总之,汉代以后我国传统官学教育评估实践,大体可以区分为两个阶段。一是汉代到南北朝,官学主要是为培养和选拔官员服务的,教育评估并不直接着眼官学教育本身,而更注重对学生(其实更多地被视为后备官员)个体的评估,其评估主体是官员。以现代教育评估的眼光来看,汉代以后教育评估的标准逐渐清晰,其核心就是检核学生对于"五经"的熟悉程度,并由此逐步形成了一定的量化指标。同时,十分重视德行的考评,开创了我国以"德才兼备"的评估标准来衡量人才的优良传统。第二个阶段则是隋唐创立科举考试以后,历代官学的办学目标一步步地服从于科举的需要。评估的主体是朝廷和官府,评估的对象则由原来的学生进而拓展到学生和学校,教育评估由原来比较微观的层面进入到相对宏观的层面,开始涉足官学包括中央官学和地方官学的评价。就学校言,以培养出合格人才和社会声誉为标准;以学生论,学业评估方面的指标逐步细化。与此同时,对于官学教师的评估也有了进一步的需要,因为官学教师是官员,所以通常都用管理官员的办法来对教师进行考核。这一时期,教育评估已经具备了鉴定和导向的功能。教育评估的技术方法主要是考试和考核。唐宋以后,尤其到了明清两代,官学的办学目标和体制日益与科举制度接轨,官学逐渐成为科举制度的附庸,由此而起的相关教育评估也同样与科举考试密切相关,此不再赘述。

第三章　科举制度的演进
与教育评估的深化

中国古代官员的选拔与教育的关系一直密切。即使是早期的世卿世禄和军功论赏的制度,也与世家子弟的教育条件比较好、军功高者与其所受的武术教育有关。汉代开始的选举制度和后来的科举制度,更与教育紧密相关。一旦作为教育评估重要手段的考试成绩成为官员选拔的重要标准之一,教育评估就与官员选拔结下不解之缘,考试制度对当时及以后的教育产生了深远的影响。

第一节　选举制度与教育评估实践

中国古代选举(又称选士或察举)制度与教育评估密切相关。选举是国家选拔、举荐、考察、任用人才来补充官员的人事安排制度,而不是教育制度,本来与教育评估无关。但是"它的任务正好与古代普通教育的基本目标相吻合,也就是说,选士实际上是'学而优则仕'在制度上的保证,教育的实际动机和结果就是要使学生顺利通过选士而入仕为官"①。于是选举制度与教育制度密切相关。选举制度又具备了考试的性质,而考试就要有标准、有判断,这样选举制度也与教育评估密切相关了。先秦时期的统治方式主要是分封诸侯的"家天下"制度,所以补充官员的人事安排是靠世袭,所谓"世卿世禄"制度。到了春秋战国时期也有王侯直接选拔人才的,但是没有形成制度。商鞅变法之后,秦代则主要按照军功和其他功绩来授予官职,也谈不上有什么选举制度。

到了汉代,初期也袭用秦代的办法,按照军功和其他功绩来授予官职。后来统治时间长了,才需要和发展了一套成文和系统的选举制度——察举制度,主要内容是举贤良对策、察孝廉、举试秀才、试明经、举博士、举荐试吏和其他专门人才等。察举中的考试科目主要有对于贤良方正进行策问,大多数是皇帝亲自主持,即要求考生对于国家的军政大事发表意见,相当于现在的专题论文。对于孝廉、秀才、明经进行试经,即考察其对于五经的熟悉和理解的程度。汉武帝时的大臣公孙弘关于选拔官员的建议中就有考试的内容。"请选择其秩比二百石以上及吏百石通一艺以上,补左右内史、大行卒史,比百石以下补郡太守卒史,皆各二人,边郡一人。

---

① 李国钧、王炳照主编:《中国教育制度通史》第1卷,山东教育出版社2000年版,第454页。

先用诵多者,不足,择掌故以补中二千石属,文学掌故补郡属,备员。"①值得注意的是,在同等条件下,"先用诵多者"(即先任用背诵五经多的人),就提出了一个量化标准,无意中暗合了现代教育评估的一个要素。

汉代重"察孝廉",此为山西稷山县出土文物,讲述刘明达卖儿养父母的故事

魏晋南北朝的选举制度主要是九品中正制。所谓九品中正制是指郡县设小中正,州设大中正;小中正品评当地人才,分为上上、上中、上下、中上、中中、中下、下上、下中、下下等九品,推荐给大中正;大中正复核以后推荐给司徒,司徒再复核,合格者送尚书,由尚书选择使用,任命为官。在两次复核时,可以改变品第。本来这是魏文帝为了补救汉代察举制度名实不符的弊病而采用的办法。汉末桓灵时童谣云"举秀才,不知书;察孝廉,父别居;寒素清白浊如泥,高第良将怯如鸡"②已经把察举制度的弊病揭露得淋漓尽致了。九品中正制的本意是把选举人才的标准量化,使朝廷直接掌握选举过程,使选出的人才名实相符,应该说有其合理的进步的作用。但是由于大小中正品评人物的权力太大,近乎"一个人说了算",并且都由豪门贵族担任,造成了"上品无寒门,下品无世族"的恶果,堵塞了优秀的平民人才的上进之路,使得社会不公大大加剧。从评估的角度来说,有了九品的量化标准,也为魏晋南北朝的教育评估史留下了一段史料。

在九品中正制运行的同时,汉代的察举制度也继续执行。魏明帝青龙四年(236年)下诏"欲得有才智文章,谋虑渊深,料远若近,视昧而察,筹不虚运,策弗徒发,端一小心,清修密静,乾乾不解,志尚在公者,无限年齿,勿拘贵贱,卿校已上各举一人"③,提出了贤良方正的标准,其意义与汉代相同,为了克服名实不符的弊病,加强了察举过程中课考的环节。发展到后来,北朝的课考就比较严格。"北齐

① [汉]班固撰:《汉书·卷八十八儒林传》,中华书局 1962 年版,第 3594 页。
② [清]沈德潜选:《古诗源·卷四桓灵时童谣》,中华书局 1963 年新 1 版,第 101 页。
③ [晋]陈寿撰:《三国志·卷二十七魏书王昶传》,中华书局 1982 年版,第 748 页。

选举多沿后魏之制,凡州县皆置中正。其课试之法,中书策秀才,集书策贡士,考功郎中策贤良。天子常服乘舆,出坐于朝堂中槛。秀、孝各以班草对。字有脱误者,呼起立席后;书有滥劣者,饮墨水一升;文理孟浪者,夺席脱容刀。"①看来,天子亲自监考,漏字、字写得不好、文理不通者都要当场受到处罚,是够严格的了。从教育评估角度看,是对于考生评估的一条有趣资料。

第二节　唐代科举制度及其教育评估实践

隋文帝在公元 589 年消灭了位于江南的陈朝,结束了魏晋南北朝四百余年的分裂,完成了全国的统一。在经济社会发展的同时,受到人才选拔制度方向性的变化,教育制度也发生了重大的变化。最重要的是废除了九品中正制,开始使用科举考试制度来选拔人才,因而影响到教育制度。简言之,隋代以前选拔人才以推举为主,隋代及以后的封建王朝以考试为主。科举考试制度的形成,对于以后一千多年的中国古代教育以及教育评估的影响极为深远。

科举考试开始于隋代。具体的时间,学术界有几种不同的观点。因为隋代一共才 38 年,科举考试制度刚有萌芽,远未成熟,史料亦缺;且与本文关系不大,故对于科举考试开始的具体时间不再考证。到了唐代,科举考试制度逐渐完善,对于官学私学的教育和评估影响极大,需要仔细研究。

科举考试制度,就是通过分科考试选拔一批官吏及后备人员的制度。科举考试大致分为二类,常科和制科。所谓常科,是按照常规每年或几年举行一次的考试;所谓制科,即非常规的考试,只要天子下诏就可举行,选拔特别人才,是对常科的补充。制科的考试内容、方法与常科大同小异,对于教育的影响也小。下文主要对常科作简单的介绍和分析。

常科在唐代有六个科目:秀才、明经、进士、明法、明书、明算。秀才科沿袭了自汉代以来的察举名目,唐代作为设立最早,要求最严,地位最高的科举考试科目。由于种种原因,秀才科被后起的进士科所取代,早在初唐永徽二年(651)后就不再举行。而明法、明书、明算三科是选拔专业和技术性人才的科目,参加的人数少,社会影响也小,除了考各自的专业知识以外,其他内容与别的科目差不多。下面以明经和进士两科为例,看看其考试内容和方法。

明经科考的是儒家经典,分为明二经、三经、五经。唐代按儒家经典篇幅大小分为大经、中经、小经,《礼记》《春秋左传》为大经,《诗经》《周礼》《仪礼》为中经,《周易》《尚书》《春秋公羊传》《春秋谷梁传》为小经。明二经者,须通一大经和一小经,或二中经;明三经者,须通一大经、一中经和一小经;明五经者,须通二大经,中经和小经任意选取三部。不管明几经,都要学习《论语》和《孝经》。明几

---

① ［元］马端临撰:《文献通考》卷 28《选举考一》,中华书局 1986 年版,第 268~269 页。

经的区别,在于考试合格后,任命为官时,多明一经可以多加一级官阶。考试方法主要是帖经、问义和策问。所谓帖经即现在的填充题,就是将经典中的一句话作为考题,中间用纸贴掉几个字(一般为三字),要求填写,以此来考测考生对经典熟悉的程度。数量上不论大小经,每经十帖,《论语》八帖,《孝经》二帖。所谓问义,是对于经义的简单回答,相当于现在的简答题;书面回答,称为"墨义",口头回答,称为"口义"。所谓策问即现在的大问答题,以经文及注疏为题目,要求答案必须辨明义理,结合现实情况,提出自己的见解,写成一段文章;一般题目都涉及人事和时政,故又称为方略策、时务策。评定的等第为:全部正确为上上,80%以上正确为上中,70%以上正确为上下,60%以上正确为中上;以下就是不及格,与现在60分及格的标准几乎一样。

进士科所考的内容前后不同,初唐时仅考五道时务策。《中国科举史》称"现存最早的为贞观元年(627)策进士问及上官仪的对策",出题的内容是关于"用刑宽猛"的一段话。应试者上官仪回答的主旨是,应该分析古代用刑宽猛的原因,根据情况予以折中,制定本朝的法律①。整个时务策相当于一篇小论文。进士时务策的优劣标准,主要是看重章法文彩。上官仪的这篇对策对仗工整,多用典故,词藻华美,形式上就是一篇骈四俪六的骈体文。因而被收入了宋代李昉编的《文苑英华》中《策》类。后来从永隆二年(681)起,除了时务策外,还要加试帖经和杂文,这样进士科的考试由一场增加到三场,难度加大了。所谓杂文,是指箴、铭、论、表和诗赋之类的文体,后来明确为考一诗一赋,特别讲究文采,所以进士科特别重视应试者的文学才华。诗赋各有标准,尤其是诗,严格规定为五言六韵或八韵的排律(以六韵为多),以古人诗句或成语为题,冠以"赋得"二字,并限韵脚,称为"试帖诗"。

"善鼓云和瑟,常闻帝子灵。冯夷空自舞,楚客不堪听。苦调凄金石,清音入杳冥。苍梧来怨慕,白芷动芳馨。流水传湘浦,悲风过洞庭。曲终人不见,江上数峰青。"

钱起的这首《省试题湘灵鼓瑟》,就是一首脍炙人口的"试帖诗",在唐代的试帖诗中也属出类拔萃,五言六韵十二句六十字、限庚韵。它的好处,朱光潜先生曾有过精到的分析。如果不是五言六韵,内容再好、艺术水平再高也不合考试标准。同是唐代的诗人祖咏就遭遇到这样的命运,"有司试《终南山望余雪诗》(祖)咏赋云'终南阴岭秀,积雪浮云端。林表明霁色,城中增暮寒'四句,即纳于有司。或诘之,咏曰'意尽'。"这也是一首名诗,写得言简意赅而又到位,但是作为试帖诗,却

---

① 刘海峰、李兵著:《中国科举史》,东方出版中心 2006 年版,第 77~78 页。

是不合格。赋要求对仗、用典、限韵(一般为八韵),字数在 350—380 之间①。神龙元年(705 年)开始明确进士科考试分为三场,先帖经、次杂文,通过者再考策问。"其进士帖以小经及《老子》,试杂文两首,策事务五条。文须洞识文律、策须义理惬当者为通。"下有注,其考核标准分为三等"经策全通为甲,策通四、帖通六为乙,以下为不第",②相当于优秀、合格、不合格。这样进士科的三场考试作为规定的制度,一直延续到清代末年科举考试的终结。可以说,试帖诗和赋是第一次对考试答案提出的明确、严格的标准,从教育评估角度来说,使得评判有据可依,有利于评估的客观、正确与公平。

科举考试的程序,常科和制科不同。制科比较简单,天子下诏,应试者自举或者被举去京师,经管理机构同意,即可参加考试。登第者可以立即授予官职。常科在唐代每年举行一次,应试者人数众多,程序就比较复杂。应试者的来源分为两类,从各级官学中选拔出来报送到尚书省参加考试的为"生徒",从各地方州县的私学或自学人士中选拔出来或自举到有关机构参加考试的为"乡贡"。

"生徒"来自官学,他们的身份和来历在入学时已经清楚;"乡贡"来自民间的私学或自学者。他们与生徒不同,在学习时没有与官学或官方发生联系,因而官方对于他们一点都不了解。他们的报考手续就比较复杂。他们参加考试前,先要准备自荐的材料,称为"谍",其内容包括自己、父亲、祖父的姓名、籍贯、年龄、相貌和所学的专业。此外,还需要有相关人员所作的保状。考生自己去地方上主管考试的机构报名的,被称为"怀谍自举"。经过审查,只要谍的内容与事实相符,一般都允许参加考试。这种对于社会各阶层(除了个别行业)都开放的自由报考的制度,有利于平民从政,提高社会地位。科举考试制度的创设对于封建社会稳定和发展有着重大的作用。乡试的内容与省试基本相同,大多也是上文提到的明经、进士两科的内容。乡试录取的名额有限,唐代"上州岁贡三人,中州二人,下州一人。若有茂才异等,亦不抑以常数"③,说明杰出人才不受限制,反映出不拘一格选人才的思路。录取者由乡试选出,由州府贡送到京都去参加省试,故命名为"乡贡"。

到京都参加省试的生徒、乡贡通称为举子,到主考机构报到时,都要上报谍和地方政府发给的证明,接受审查。唐代省试一般在一月举行,同时设立贡院,作为科举考试固定的专用考场,周围有严密的防卫措施。考试一般举行三场,每场一天,连考三天。二月发榜。录取者还需要经过吏部的铨选考试,才能授予官职。至此,整个科举考试才算结束。

---

① 宋大川著:《中国教育制度通史》第 2 卷,山东教育出版社 2000 年版,第 479~480 页。
② [唐]张九龄等撰、李林甫等注:《唐六典·卷二》,台湾商务印书馆影印《文渊阁四库全书》版,第 595 册第 23 页。
③ [唐]张九龄等撰、李林甫等注:《唐六典·卷三十》,台湾商务印书馆影印《文渊阁四库全书》版,第 595 册第 286 页。

唐代开始,科举考试成为选拔官员的主要渠道,毫无疑问,科举制度成为国家的主要制度之一,因此对于主考官和考生的资格要求逐渐严格。初唐主考官是尚书省吏部的考功郎中,唐太宗时由吏部的考功员外郎担任,到了开元二十四年(737)改为礼部侍郎主管,以后成为制度一直没变。从主考官的官阶来看,相当于从现在的正副司长再到副部长,地位提高,权力增大。这是中国古代教育评估实践中第一次对于主考者资格的评估。对于考生,规定犯过法的人、工商业者的子弟、州县皂隶不准参加科举考试。允许参加考试者,必须经过身份和资格的审查。

总之,唐代形成的科举考试制度对于学校教学和考试产生了深远的影响,使得科举制度与教育制度密不可分,这样,科举制度对于教育评估的影响也如影随形。

第三节　宋代及以后科举制度的发展与对教育评估的影响

宋代继承了唐代的科举制度,在此基础上有所变化和发展。宋太祖时,废止了唐代大臣向主考官员推荐才学优异考生的制度,完全按照考试成绩来选拔人才,形成了"分数面前人人平等"的社会风气,打破了门阀贵族实际上操控统治的特权,促进了社会各阶层的上下流动,有利于社会公平的实现,在当时无疑有着极大的进步意义。重视考试等第,必然重视考试标准,对于教育评估的实践也是有力的促进。

宋太祖为了社会安定,吸取了唐末科举考试落第考生纷纷参加农民起义的教训,为了笼络读书人,特别对于多次参加科举而一直未能考取的出身贫寒的老年考生采取特殊优惠政策,给予"特奏名进士"的身份。

　　"开宝二年三月壬寅朔,诏礼部阅贡士十五举以上曾经终场者,具名以闻。庚戌诏曰:贡士司马浦等一百六人,困顿风尘,潦倒场屋,学固不讲,业亦难专。非有特恩终成遐弃,宜各赐本科出身"①。

这是宋太祖两次下诏赐予的特别恩典,赐予司马浦等106名参加过15次以上科举考试的老年考生"及第",故又名"恩科及第"。也授予官职,当然比正规及第者的官职要低。"恩科"后来在宋代成为既定制度。从教育评估的角度来看,衡量"恩科"合格的标准不是看考生的成绩,而是看考生的年龄和参加科举考试的次数,是教育评估实践中一个有趣的插曲,也是考试标准的一个"另类"。

宋太祖为了进一步体现公正,尽量排除主考官营私舞弊的可能,"殿试遂为常

---

① ［宋］王栐:《燕翼诒谋录·卷一》,台湾商务印书馆影印《文渊阁四库全书》版,第407册第715页。

制。帝尝语近臣曰：'昔者，科名多为势家所取，朕亲临试，尽革其弊矣'"①。即在省试以后，由皇帝亲自在朝堂上再进行复试，从此殿试成为科举考试中最高一级的考试、成为正式的制度。从统治术来说，防止主考官的舞弊，革除主考官与考生的结党营私的弊端；进士都是"天子门生"，人才都能为皇帝所有所用。从教育评估角度来看，把考官的资格提升到了极顶，是对于主考者标准的严格要求。

宋太宗时，为了扩大统治基础，采取扩大录取名额的政策。他对侍臣说"朕欲博求俊彦于科场中，非敢望拔十得五，止得一二，亦可为致治之具矣"②。其目的很清楚，从科举考试中选拔优秀人才，不指望能够得到其中一半，只要有十分之一二具备治理国家能力的人就满足了。至于其他人，已经中举，就会维护当朝的统治。所以在他即位后的第一次科举考试，各科及第者就有 500 名，比其兄宋太祖一朝15 次考试录取的总数还多。宋太宗还认为可能会遗漏人才，在雍熙二年(985)和端拱元年(988)的科举考试后，对于未及第者，再进行一次加试，又录取了一大批考生。这种一科二次考试的办法，是对于考生的再次评估。

为了从制度上保证"分数面前人人平等"，宋代进一步完善科举考试制度。宋太宗时从殿试开始，把唐代以来偶尔为之的糊名（即用纸贴掉试卷上考生的姓名）办法，作为制度推行；这一举措一直沿用到现在的高考等正规大型的考试。宋真宗时，设立誊录院，由专职书吏誊抄试卷，为的是不让考官看到考生的字迹，避免作弊，抄毕盖章，以示负责。

为了避免考官的子弟亲属参加科举考试时，考官徇私舞弊，从唐代起为他们另派考官、另设考场举办考试，称为"别头试"或"别试"。到了宋代"别头试"作为制度固定下来，而且进一步扩大范围，凡是乡试的考官、州郡发解官、地方长官的子弟亲戚，还有国子监、开封府发解官的亲属都必须参加"别头试"。到了宋仁宗时，又规定乡试也执行"别头试"。只有到了殿试时才一视同仁，与其他考生一起参加，因为殿试的主考官是皇帝自己，不再有舞弊的可能，评估的公正性得到充分的保障。另外，宋代在职官员也可以参加科举考试。这批考生更为特殊，因为在位，有职有权，与主考者更加可能有着各种各样的联系。为了严防他们作弊，先由这批考生的顶头上司对他们进行考试，合格后，才能参加省试。同样对他们也是另设考场，称为"锁厅试"。如果不合格，停止他的现任官职，以后不能再应试；同时他的顶头上司还要受到处罚。这样做，是对于这批特殊考生从严要求，杜绝他们利用职权来营私舞弊。从评估角度看，保证了评估结论的公平公正。

宋英宗治平三年(1066)开始，科举制度逐渐稳定，科举考试三年举行一次，成为定制。宋神宗时，王安石变法，对科举考试也进行了改革。他把此前的明经等考试全部取消，只保留了进士一科（虽然他增加了明法科，不过影响不大，实行的时

---

① ［元］脱脱等撰：《宋史·卷一五五选举志一》，中华书局 1977 年版，第 3606 页。

② ［元］脱脱等撰：《宋史·卷一五五选举志一》，中华书局 1977 年版，第 3607 页。

间不长）。由此中国的科举考试主要就是进士科的考试了,影响极大,一直到清末科举考试退出历史舞台。

在进士科考试中,王安石改革了内容和方法,取消了诗赋、帖经等项目,突出了经义、论、策的作用。这里的经义,指的是发挥对于经文原意的理解来作文,经文的原意必须按照朝廷颁布的王安石所撰写的《三经新义》解释。《三经新义》就成了考试专用教材,当然也就是标准答案。因为是当代根据《三经新义》而作的经义,所以又称为时文,与以前的经义相区别。考试分为四场,第一场考《易》、《诗》、《书》、《礼》各一经的经义十道,考生可以任意选择自己专门学习的其中一经。第二场考《论语》、《孟子》的经义十道,第三场考论一道,第四场考策三道。殿试专门考策一道。王安石的改革,使得科举考试的科目、内容、方法集中和简练,有利于对考生做出准确的评价。

总之,北宋一朝通过修改和设立种种严格的科举考试制度,严密防范考试中的作弊行为,追求考试结果的公平和客观,从教育评估的实践看很有意义,大大提高了教育评估的准确性。

南宋偏安南方,国势不振,但是对于通过科举考试选拔人才仍然十分重视,在北宋科举考试制度的基础上继续完善有关举措。宋孝宗可能有感于抗金需要文武兼备的人才,"帝欲令文士能射御,武臣知诗书,命讨论殿最之法"①。在殿试时提倡文举进士加试射箭。

> "淳熙二年御试,唱第后二日,御殿,引按文士詹骙以下一百三十九人射艺。翌日,又引文士第五甲及特奏名一百五十二人。其日,进士具襕笏入殿起居,易戎服,各给箭六,弓不限斗力,射者莫不振厉自献,多命中焉。天子甚悦。凡三箭中帖为上等,正奏第一人转一官,与通判,余循一资;二箭中为中等,减二年磨勘;一箭中帖及一箭上垛为下等,一任回不依次注官;上四甲能全中者取旨;第五甲射入上等注黄甲,余升名次而已。特奏名五等人射艺合格与文学,不中者亦赐帛。"②

因为射箭的标准只能量化,也给古代的教育评估增添了一条有关量化标准的有趣史料。文举能射箭,是值得鼓励的事,所以,只要参加,射不中者也得到皇帝赐给的帛。射中者,按照成绩高低,予以加官。这大约是对考生加试其他科目,予以加分的滥觞吧。

随着科举考试的深入人心,考生越来越多,"时场屋士子日盛,卷轴如山。有

---

① [元]脱脱等撰:《宋史·卷一五六选举志二》,中华书局 1977 年版,第 3632 页。
② [元]脱脱等撰:《宋史·卷一五六选举志二》,中华书局 1977 年版,第 3632 页。

司不能遍睹,迫于日限,去取不能皆当"①。虽然说的是南宋理宗绍定年间的情况,其实以前就已如此。阅卷的工作量越来越大,必然影响评估的质量。改进的办法之一,就是使试卷的内容格式化,标准简单明了,考官容易掌握。于是南宋初期建炎二年(1130)就颁布了考试的诗赋格式、出题、书写试卷的样式。元代也进行科举考试,在宋代的基础上略有改进,经义时文也形成了比较固定的格式。元代倪士毅《作义要诀》介绍:"今日作经义者所当以为标准。至宋季则其篇甚长,有定格律。首有破题,破题之下有接题、有小讲、有缴结,以上谓之冒子。然后入官题,官题之下有原题、有大讲、有余意、有原经、有结尾。篇篇按此次序,其文多拘于捉对,大抵冗长繁复可厌。宜今日又变更之。今之经义不拘格律,然亦当分冒题、原题、讲题、结题四段。"②看来,宋末的时文标准分为八段(也可理解为破题、官题二部分,破题含三小段,官题含五小段),到了元代倪士毅时已经简约为四段。不管如何变化,目的是为了评估能够简便,得到客观公正的评价。

科举考试格式化的极致是八股文。八股文的形成是在明代成化年间,邓云乡先生《清代八股文》一书引用了顾炎武《日知录》中的材料做了精当的论证。

"成化以后,乡会试中就严格规定了按照题目,如何以固定句数、段落数、正反虚实严格对仗的格式,来要求考试按格式写文章。那样必然评阅时先看格式,再看内容。格式不对,内容再好,也不评阅了。这样才形成了固定格式的八股文。"③

科举考试的载体发展到八股文,已是顶峰,最具典型性。随着时代的变迁,到了清代光绪二十七年(1901)延续了五百年的八股文走到了尽头。其后的科举考试主要考策论,不再作八股文。不久科举考试也寿终正寝了。本章从隋唐的科举考试说起,林林总总引用许多材料,指出了对于教育评估的影响,不过,总嫌零碎。下文主要以邓云乡先生的《清代八股文》中提供的材料为例,来集中考察科举考试的种种标准,可以说,已经接近于我们现在所谓的教育评估的内涵了。

科举考试的内容,主要是考八股文。清代科举考试从考秀才开始,每次考试都要考三场以上,其中第一场最重要,称为正场,规定考八股文二或三篇,清代乾隆年间又加试帖诗(其格式为五言六韵或五言八韵,见上文唐代的试帖诗《省试题湘灵鼓瑟》,不再作介绍)。如果八股文、试帖诗的形式不合格,内容再好也没有用了。清代的八股文规定了题目的出处,"乾隆九年议准:嗣后乡会试及岁科试,应遵《钦

① [元]脱脱等撰:《宋史·卷一五六选举志二》,中华书局1977年版,第3638页。
② [元]倪士毅《作义要诀·自序》台湾商务印书馆影印《文渊阁四库全书》版,第1482册第372页。
③ 邓云乡著:《清代八股文》,河北教育出版社2004年版,第15页。

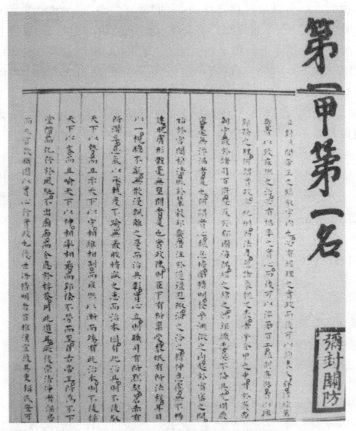

明朝万历二十六年(1598)状元赵秉忠殿试试卷

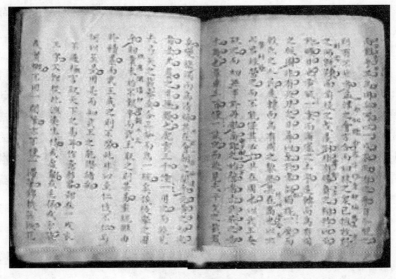

清代八股文抄本

定四书》文为准。如有录取轻僻之作者,听磨勘官参奏"①。出题继承了明代的传统,只能出于《四书》中,不过更加严格。明代这二三篇的题目,可以出自一书或二三书,没有规定。清代则严格规定《论语》《孟子》一定出题,《大学》《中庸》可任出一题。题目是《四书》中的一句话或一段话,也可以用两句话或两个半句话连在一起出题,称为"截搭题"。

八股文规定了字数,顺治二年(1645),规定每篇不准超过 550 字;康熙二十年(1682),规定每篇不准超过 650 字;乾隆四十三年(1779)最终划定了范围,每篇300—700 字,给予考生一定的自由。八股文规定了格式,即文章的结构,一般分为八个部分:破题、承题、起讲、提比、虚比(后来不常用)、中比、后比(提比、虚比、中比、后比,每比有两两相对的两段文字,形成八比,就是"八股")、结尾。这些形式上的严格要求,就是八股文合格与否的最低标准,从教育评估角度看,在文字字数和结构段落上已经量化。八股文又规定了文章的立意——"代圣人立言",要求考生用孔孟的语气说话,按照朱熹注疏的意思来发挥。因而八股文也规定了对文风和思想内容的要求"清真雅正"。邓云乡先生的解释是"清,似乎是初步的,清楚、清晰、当然'一清如水',也是很高的境界。真,应该是真实、率真、醇真,不做作。雅的标准是……写出'典雅'文字,才入了试官眼。……最后一个'正'字,那就更是封建时代衡文的极限……大概要十分圆满才能当得一个'正'字。"②这样,从立意、风格到思想,都规定了明确的标准,可以看作是价值判断了。殿试的标准很有意思。殿试不考八股文,只考策论,按理应该看其内容,但是策论不像八股文那样是标准化的应试文体,水平的高下颇难把握,见仁见智,阅卷官的看法不易统一。于是渐渐形成了一个约定俗成的标准,就是看字写得好坏。因为,科举考试一定要写"翰林字",从考童生开始就这样要求,所以字体统一,就易于评判。这样,最高级别的考试,实际上反倒不是以"清真雅正"为标准了。一些有作为的皇帝,像乾隆,几次下诏要力纠其弊,但是他不可能亲自评阅所有的殿试考卷,最后也只能不了了之。这从反面证明了八股文对于考试评价的重要性。

科举考试讲究考生的资格,是对于考生身份和学业的评估。考生的资格是通过填写履历以及考试取得的。清代的行政系统大致分为四级,最高的是朝廷;地方上分三级,省管府,府管县,各有相应的考试职能。第一步要取得童生的资格,就是一般的官学、私学的学生,都要先参加知县主持的考试,称为"县试"。县试前,考生填写履历,内容有:姓名、籍贯、年龄,父母、祖父母、曾祖父母三代是否在世、是否为官等情况,并且要求同考者五人互相联保,本乡廪生作保,保证考生不是冒名顶替、的确是本县籍贯、不在服丧期间、不是倡优皂隶的子孙,才能参加考试。这是对

---

① [清]杜受田等修、英布等纂:《钦定科场条例》卷15《乡会试艺》,上海古籍出版社影印《续修四库全书》版,第 830 册第 23 页。

② 邓云乡著:《清代八股文》,河北教育出版社 2004 年版,第 144 页。

乾隆五十四年(1789)以后清朝皇帝举行殿试的保和殿

身份的评估。学生的身份被认可后,就可以参加科举考试了。县官主持的"县
考",至少要考三场。考试合格,再参加知府主持的"府试",也至少考三场,通过
后,称为童生。童生必须经过"院试"合格,称为"进学",才是秀才。所谓"院试",
仍然在府的范围内举行,不同的是主持者是学政。学政每省一人,职责是到各府巡
视,专管督学和考试。学政由进士出身的京官外派到各省担任,三年一任。他们都
有着翰林院编修或翰林院检讨的官衔,所以学政主持的这场考试,就称为"院试"。
考中秀才后,还需要参加两年一次由学政主持的"岁考",按成绩划分为六等,"文
理平通者列为一等,文理亦通者列为二等,文理略通者列为三等,文理有疵者列为
四等,文理荒谬者列为五等,文理不通者列为六等"①。一到三等可以提高或保持
待遇,同时有不同的奖励;四到六等就要受到降级或黜革的处罚(下文详论)。这
是对于秀才的跟踪评估。岁试一二等的秀才还要参加岁考后第二年学政主持的科
考,这是"乡试"的预备考试,对于秀才来说,这是更加重要的考试。科考结果分为
三等,一二等和三等的前几名(大省 10 名,小省 5 名)由学政登记造册上报,才有
资格参加第三年的乡试考举人。乡试三年一次,从八月初九到中秋,共考三场,每
场后休息一天,地点在省城名为"贡院"的专门考场,由正副主考主持。正副主考

---

① [清]允祹等撰:《清会典》卷三十二《礼部》。

是朝廷派出的,因而具有钦差大臣的身份,地方上的总督、巡抚等高官都要隆重接送。乡试考中,所谓"中举",就是举人,其中的第一名称为"解元"。乡试第二年的春天,朝廷在北京贡院举行"会试",考全国的举人,考中就是进士。会试由皇帝钦派总裁一人,副总裁三人,同考官十八人主持,也考三场。会试后榜上有名,再参加殿试,由皇帝亲自主持考试。殿试不再淘汰,只是将所有考试者名次分为三等,也称为三甲。一甲只有前三名,即所谓的状元、榜眼、探花,赐进士及第,出榜后即授予官职,状元授予翰林院修撰,榜眼、探花授予翰林院编修;二甲若干人,赐进士出身;三甲若干人,赐同进士出身[①]。到此,一个封建社会读书人的科举考试旅程才走到了头。从教育评估角度看,八股文是评估考生学业的一个最重要的指标。再者,从县试到会试,都是淘汰赛,整个科举考试是当时朝廷对各地人才教育是否合格的一个最重要的评估。

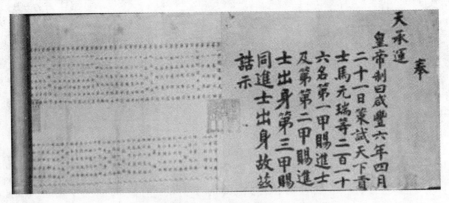

清朝咸丰六年公布殿试结果之"金榜"

科举考试组织严密,保证了教育评估的准确性。先从对于各级考官的要求来看,必须具备相应的条件。考官的主要任务是批阅八股文,所以必须熟悉八股文。上文已经提及,从县考开始,考官都由知县、知府和中央各部门的官员担任,这些人大多是举人、进士出身,本身就是做八股文的好手。考试级别越高,考官的级别和地位和对他们的要求也越高。由他们评卷,一般说来评估的质量能够得到保证。上文已介绍了学政,这里再介绍乡试和会试考官的身份。乡试正副主考从康熙十年(1672)以后专用进士,乾隆年间又要通过考试产生,称做"大考差",考的也是八股文。为示重视,大考差的主持人是皇帝。按规定,翰林院编修、检讨、庶吉士,各部侍郎、三品以上京官都可以参加考试。考后,定下名次,陆续公布担任某省正副主考的名单,称为"放差"。先放边远省份,再放内地省份,最后放北京的正副主考。这样做,是为了让这些主考可以在八月初一同时到达各省,以便全国同时举行乡试。民族英雄林则徐就参加过"大考差",当过江西省的副主考。他当时是翰林

① [清]允祹等撰:《清会典》卷三十一《钦定中额》。

院编修,在嘉庆二十一年(1816)五月到九月的日记里详细记载了有关情况。五月十六日记"寅初刻,诣宫门外接试卷,入正大光明殿。寅正刻,发下题目,首题'克己复礼为仁',次题'以不忍人之心行不忍人之政',诗题'赋得膏泽多丰年'得'多'字。酉刻纳卷出……是日与试者二百九人。"使我们对于大考差和考八股有了直观的印象。六月初一记载外放云南、贵州的主考,六月十二记载外放福建、广东、广西的主考,六月十九记载外放四川、湖南的主考,闰六月初十,他被"钦点江西副主考",同日还外放了浙江、湖北的主考;闰六月十六日林则徐动身赴江西;八月初一到达南昌。① 乡试主考官的选拔如此慎重,会试的总裁的地位就更高更重要了,林则徐也只担任过一次会试的同考官。之所以对于考官的要求高,是因为评卷和取中的权利,即为国家选拔人才的权利全在他们手中。八股文有客观、量化的标准,但是符合这标准的考生多,而举人、进士的名额有限,那就要好中选优,这就全凭考官的水平和眼光了。为了对考官的评卷进行必要的监督,也为了促进八股文写作水平的提高,考中的试卷都要刻印成《新科闱墨》,在出榜后公开出售,让关心科举的人都能看到。那么,社会对于这些文章的质量自有评论,如果舆论反应不好,那么,主考会承受很大的压力,甚至可能闹出科场案来,考官不仅丢脸,而且会被判罪。清代乡试、会试的考卷不管考中与否,考生在出榜以后,可以自己领回,也是对于考官评卷是否公正、水平是否高明的一个监督。所以考官不好当。从评估角度来说,这也保证了教育评估的准确性和评估过程的公正性。

再从考场制度来看,处处严防作弊,以保证考试的公平公正。先说考场,从县试起到殿试,都有独立的考场。县试的考场称为"考棚"。笔者在江西上高县插队落户时,曾经在上高一中教书,听当地的老教师说,学校所在地就是原来的考棚。

南京考棚

① 中山大学历史系中国近现代史教研组、研究室编:《林则徐集·日记》,中华书局1962年版,第46～56页。

49

府试、院试也有专用考场,称为"试院"。乡试在省城举行,考场称为"贡院"。各省贡院的格局是一致的,只是规模大小不同。贡院一般位于京都和省城的东面或东南,坐北朝南。贡院的大门外是广场,广场东西有牌坊,东牌坊上的东面的匾额题"腾蛟",西面匾额题"明经取士";西牌坊上的西面匾额题"起凤",东面匾额题"为国求贤"。贡院有三道门,大门前的牌坊上正(南)面的匾额题"天开文运";大门上方悬挂着"贡院"的牌匾。大门北为仪门,仪门北为龙门。龙门内为贡院的主体部分,一分为三。第一部分,进龙门道路的中央是三层楼的明远楼,二、三层有柱无墙或四面开窗,便于监考者居高临下监视整个考场。路两旁是一排排的文场,也称号舍,这是考生考试和住宿的地方,一人一间。各省的号舍少的三四千间,多的达一万几千间。第二部分在文场的北边,中间是至公堂,地处整个贡院的中心,是"外帘官"(大致相当于现在的考务工作者)的工作场所,包括掌卷所、收卷所、弥封所、誊录所和对读所,也是巡绰、监临、提调等官员的居住处。第三部分在至公堂的北边,有一门,称为"内帘门"。进门就是考官评卷的场所,一般称为衡文堂或抡才堂,这是贡院的核心。整个贡院的设计,体现了严密防范作弊的目的。所以连包围贡院的高墙,墙头上从唐代起就一直插满荆棘,以示防范谨严。

再看考场规则。考生在进入考场前,天未亮在大门外,提着文具和简单的行李肃立等待。等到放炮开门,考官入席,先要经过点名和搜检。点名时考官点到一人,考生要自报姓名应到,并说出保人姓名;保人也须高声自报"某某保",考官审视考生,认为确是本人后,才通过点名。当时没有照相,更加没有身份证和准考证,要防止冒名顶替,只能如此麻烦。然后,两个军士负责搜检一个考生,从头到脚,仔细搜查。清代规定,为了防止夹带,考生只许穿单衣,被查时,还要解衣脱袜以便检查。此时,读书人斯文扫地,人格全无,形同罪犯。所以《红楼梦》中贾宝玉叔侄离家去应试时,其母其妻等亲人会哭作一团。考场生活的困苦,也是原因之一。考生进入号舍,开始作文,便有军士不时巡逻监视,如果发现考生有说话、吟哦、换席、扔纸等行为,一律视为作弊,轻则赶出考场,重则戴枷示众。考场规则可以说是严酷,也是为了防止作弊。

交卷以后,由外帘官负责收卷、弥封、誊录和对读。收卷者负责看考卷的格式,如有违反,即检出,经查对后,确定违反格式,则出蓝榜公布,该考生就不能再参加下一场考试。合格的试卷要弥封,即先把考卷按行政区划或按官、民分类,再把考生的姓名糊掉,在试卷上重新编号。这号码很重要,把《千字文》中挑选出若干字,前后次序打乱,每个字编100号,称为"红号"。红号相当于现在的准考证号码。以后各道程序的考官,只能看到这个代号。弥封后接着要誊录,即用同样的纸张、同样的朱墨,把每份考卷认真抄写一遍,这样,考生的黑字卷(墨卷)就抄成了红字卷(朱卷),要求保持原貌,一点不得改动,否则重罚。誊录后,交给对读所校读,严格校对,不仅自己不能出错,还要对誊录负责,发现错误,马上报告主管,否则,也要受罚。誊录和对读者都要在考卷上签姓名和籍贯,以示负责。对读完毕,再次核对

北京贡院内的考棚（号舍）及明远楼

墨卷和朱卷的红号，无误，则把墨卷存档，把朱卷交内帘官。至此，外帘官的工作算是完成了。交卷、弥封、誊录、对读四道程序煞费苦心，目的只有一个，让评卷官员不知道是谁的考卷，但又要看到真实的内容，千方百计杜绝作弊，力求评价的客观和公正，保证对于考生的评估准确。

清代麻布坎肩夹带

评卷由阅卷官员进行。以乡试、会试的评卷为例，先把朱卷分成若干捆，由阅卷官抽签决定评阅某捆。评阅时，要求同堂阅卷，不准干预其他人，不准带回住宿处。阅卷官仔细阅卷，将评定优劣的意见和推荐与否的理由写在考卷上，认为优秀的，推荐给正副主考或正副总裁，他们才有权决定是否取中。其他试卷，就被阅卷官废弃了。正副主考看完推荐卷之后，还要到废弃的大量试卷中翻阅，称为"点阅落卷"，有幸运者的试卷被主考看中，起死回生，也就取中了，但是排名只能在50名以后。据说，清末大臣左宗棠就是这样的幸运者。考中举人、进士者还要进行复试，仍旧是考八股文和试帖诗，不过只考一天。如果复试中发现文章和书法的水平与原来相差悬殊，便要追究该考生和主考的责任。中举的八股文，还规定了要"磨勘"。所谓磨勘，即事后审查考卷，派官员对这些文章重新研究。发现毛病，要追究；无问题，则辨析文风，观察其思想倾向。这好比现在考后的试卷分析，有利于完善考试，防止作弊，促进教学，实现教育评估的最终目的。最近的例子，是2009年1月17日的《新闻晚报》的一篇《国家公务员考试：近千人作弊》报道，其中"除了在现场防范打击作弊活动之外，今年有关部门还在考试后利用科研软件对作弊试卷进行了专门甄别"，就是磨勘的现代版。清代在磨勘之后还要进行"复勘"，就是朝廷选派不是此科考官的高官对磨勘过的考卷再次进行严格的检查，主要查问题。只有一切正常，才能对中举的举人、进士委任官职。这一切，也是为了杜绝营私舞弊，保证评估的准确性。

另外，与历代科举考试一样，清代也有一系列的回避规定。例如，考官的子弟和亲戚必须回避；阅卷官不准评阅本省的考卷；将考卷按官员和百姓子弟分类，分别录取；严格规定官员子弟的录取名额；分省定额录取，照顾边远地区的中举名额等等，在制度上保证了录取的公平。

总之，以八股文为载体的科举考试，是中国古代教育评估发展到了比较成熟阶段的产物。正如刘海峰、李兵在《中国科举史》中所说的那样"八股文具有防止作弊,使评卷标准化、客观化,并减少评卷工作量和在一定程度上可以测验出考生的文字基本功等的好处。由于八股文规定了严格的格式,甚至连运用虚词都有严格的限制,能在糊名、誊录、弥封的基础上进一步防止考生和考官互通关节。八股文的出现是考试文体向标准化方向发展的产物"①。"八股文不仅体式复杂而又明了,易于客观地评定优劣,而且能在一定程度上测验士人的经学和文学两方面的能力。"②科举考试有量化标准,有价值判断,也有一整套制度;它对于当时读书人的学习,无论在知识还是能力方面的评估,以及评估的准确性,起到了相当大的作用。可以说,以八股文为载体的科举考试,已经接近了我们现在所说的教育评估的内涵了。

首先,就评估标准而言,科举考试已经确立了当时教育的价值标准,体现为实现教育的社会发展价值,即政治、经济、文化价值。其政治价值就是以四书五经为内容,旨在"代圣人立言";其经济价值也明确,旨在通过考试来选拔维护当朝统治的人才;其文化价值则以继承和传播以儒家为主的封建文化为目的。此外,就促进人的发展方面的价值论,从适应当时社会的需要来看,科举考试在塑造人的封建伦理品德方面比较成功,而在培养人的专业素养和文化素养等方面也起了重要作用。当然,科举制度发展到后来,并没能做到与时俱进,反而日趋繁琐,产生种种流弊,则也是物极必反的自然规律。其次,就评估方法而言,科举考试制度的科学性和可行性也已达到当时所能达到的高度。科举考试制定了明确的标准,使得大量复杂的、原来容易主观化的评判活动有章可循,衍化为易于操作的客观标准,并凸显了当时的主流价值。与此同时,科举考试还通过设置一整套程序和方法,防止种种舞弊行为,可以说到了防微杜渐的地步,保证了考试和选拔的结果能够公平公正。最后,就教育评估的对象而言,基本覆盖了当时教育的各个方面。就微观层面而言,既有对学生的评估,也有对教师水平的评估;就宏观层面而言,中国传统教育评估也已经涉及对于各省教育水平的评估,以及对于教育投入的评估。当然这种评估是无意识的和粗浅的,但是,以科举考试为主的古代考试制度已经具备了现代教育评估的一些主要要素,是具有中国特色的教育评估实践。

---

① 刘海峰、李兵著:《中国科举史》,东方出版中心 2004 年版,第 347 页。
② 刘海峰、李兵著:《中国科举史》,东方出版中心 2004 年版,第 349 页。

第四章　私学与书院制度对于
教育评估的影响

中国古代的私学从产生起就比较发达。官学与政治关系密切,历史上改朝换代和统治衰败时,朝廷顾不上官学,因而官学有兴有衰,起落很大;私学则由于是私人所办,规模不大,方式灵活,只要有学习的需求,私学就能存在。也正因为如此,朝廷对于"异己"的私学的控制和管理有一种本能的冲动,从开始的不干预到后来的越管越严,教育评估作为一个重要的手段对于私学生存和发展的影响也越来越大。

第一节　私学与教育评估实践

先秦时期的教育是中国古代教育的源头,分为两支,一支是官学,上文已经论及;另外一支是私学。中国古代私学发达,对当时的教育以及文化作出了重要贡献,也影响了当时的教育评估。先秦时期的私学及评估情况上文已经提及。本章介绍秦代及以后的私学发展演变和相关教育评估的内容。

秦代加强中央集权,禁止私学。汉革秦弊,对于私学采取宽容和保护的态度,汉代的私学比较兴旺发达。早在楚汉相争年代,私学就已复活,可见其生命力之顽强。刘邦攻打项羽,军队包围了鲁地,"鲁中诸儒尚讲诵习礼,弦歌之音不绝,岂非圣人遗化好学之国哉?于是诸儒始得修其经学,讲习大射乡饮之礼"①。刘邦表示了对儒学的尊重,也就是对于私学的尊重。这样,私学在汉初很快恢复发展起来,而且比官学兴盛。

汉朝私学的发展很有特点。一是各种学派都有自己的传授。儒家"言《易》自淄川田生;言《书》自济南伏生;言《诗》,于鲁则申培公,于齐则辕固生,燕则韩太傅;言《礼》,则鲁高堂生;言《春秋》,于齐则胡母生,于赵则董仲舒"②。儒家的《五经》各有传授,这就是所谓的"今文经学"派。道家也有传授,"君平卜筮于成都市……裁日阅数人,得百钱足自养,则闭肆下帘而授《老子》。博览亡不通,依老子、严周之指著书十余万言。扬雄少时从游学,以而仕京师显名,数为朝廷在位贤

---

① [汉]班固撰:《汉书·卷八十八儒林传》,中华书局 1962 年版,第 3592 页。
② [汉]班固撰:《汉书·卷八十八儒林传》,中华书局 1962 年版,第 3593 页。

者称君平德"①。严君平是成都一位算命先生,每天赚够了吃饭钱后,就关门停止营业,开始向学生教授《老子》。西汉大学者扬雄,小时候就跟从他学习。二是有的私学规模大、学生多。学生最多的近万人,"楼望字次子,陈留雍丘人也。少习《严氏春秋》……教授不倦,世称儒宗,诸生着录九千余人。年八十,永元十二年,卒于官,门生会葬者数千人,儒家以为荣"②。楼望的学生竟然达到了九千余人,他去世后,参加他葬礼的学生有几千人。一人门下,有这么多的学生,就是在当代,也是一个惊人的数字。不过,这些学生并非他亲自教授的学生,其中相当多的是他学生的学生,都挂在他的名下。三是造就了一批有名的学者。先后有董仲舒、刘向、马融、王充、郭泰、郑玄等,对后世影响很大。

私学中包括了对儿童进行启蒙教育的蒙学。西周时,官学中有为贵族子弟启蒙而设立的学校。春秋战国和秦代史料缺乏,蒙学情况不明。到了汉代,蒙学渐具规模,出现了《急就篇》等一批识字课本,流传至今的只有《急就篇》。至于蒙学的具体记载,一般都以王充的《论衡·自纪》为例。

　　"建武三年,充生……六岁教书……八岁出于书馆,书馆小僮百人以上,皆以过失袒谪,或以书丑得鞭。充书日进,又无过失。手书既成,辞师,受《论语》《尚书》,日讽千字。"

王充在其中提到了自己六岁时父亲教他识字写字,八岁去书馆,这书馆就是蒙学,有学生百人以上,规模也不小。学习内容之一是写字,"书丑得鞭"即写得不好,要受处罚,也可以算是中国古代对于小学生学业评估的第一条资料吧。学会识字、写字后,进一步就读《论语》、《尚书》。有的蒙学则是读《论语》和《孝经》。这就是汉代蒙学的大致情况。

两汉四百多年的私学,主要形式是聚徒讲学,因此,针对学生的资格、学习过程和成绩的考核,都无必要。私学的举办者是个人,教师都是有名望的学者,学习内容主要是经学,在尊奉师法和家法的传统下,不可能对教师说三道四。一切要求宽松,也无必要对教师评估,当然更无对学校评估的需要了。

魏晋时期的私学,史籍记载不少。据《世说新语·德行》记载,"管宁、华歆共园中锄菜,见地有片金,管挥锄与瓦石不异,华捉而掷去之。又尝同席读书,有乘轩冕过门者,宁读如故,歆废书出看,宁割席分坐,曰:'子非吾友也!'"管宁、华歆一起劳动、一起读书,所在之处,应当是私学。《世说新语》的作者对于管宁、华歆的行为区分高下,是基于道德的评判,也勉强可以说是一种教育评估。《华阳国志》记载,《三国志》的作者陈寿从学于蜀国的大臣谯周"治《尚书》三传,锐精史汉。"

　①　[汉]班固撰:《汉书·卷七十二王贡两龚鲍传》,中华书局 1962 年版,第 3056 页。
　②　[宋]范晔撰:《后汉书·卷七十九儒林传下》,中华书局 1965 年版,第 2580～2581 页。

《易》学大家虞翻"虽处罪放,而讲学不倦,门徒常数百人"①,都是私学的例子。私学只要有学者愿教,学生愿学,办起来要比官学容易,也更加有效。两晋私学比起地方官学要兴盛一些。据《中国教育史纲(古代之部)》的统计,史书上记载的有名望的办学者有十四五人。

北朝的私学也比较发达。"天水姜龛、东平淳于岐、冯翊郭高等皆著儒硕德,经明行修,各门徒数百,教授长安,诸生自远而至者万数千人。兴每于听政之暇,引龛等于东堂,讲论道艺,错综名理。凉州胡辩,苻坚之末,东徙洛阳,讲授弟子千有余人,关中后进多赴之请业。兴敕关尉曰:'诸生谘访道艺,修己厉身,往来出入,勿拘常限。'于是学者咸劝,儒风盛焉。"②这是后秦时的私学兴盛的情况,以至于当时的统治者姚兴也与这些学者讨论学术,并且下令把守关口的官吏对于来往长安洛阳之间求学的学生要予以方便。

私学的发达,推进了家族教育的兴起,体现家族教育突出成就的是《颜氏家训》。

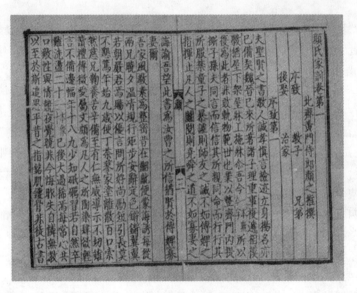

元刻本《颜氏家训》

颜之推的家族教育以儒学为主,其他的家族除儒学外,也有几代专门承传一种专业或学问的,因而造就了魏晋南北朝时专科教育的发展。著名的有琅琊王氏的书法传家,王羲之、王献之父子就是此家族中人。《晋书·王羲之传》末的《赞》评价王羲之的字"所以详察古今,研精篆素,尽善尽美,其惟王逸少乎!观其点曳之工,裁成之妙,烟霏露结,状若断而还连;凤翥龙蟠,势如斜而反直。玩之不觉为倦,

① [晋]陈寿撰:《三国志·卷五十七吴书虞翻传》,中华书局1982年版,第1321页。
② [唐]房玄龄等撰:《晋书·卷一一七载记·姚兴》,中华书局1974年版,第2979页。

览之莫识其端,心慕手追,此人而已。"《晋书》是唐代房玄龄主持修编的,反映了唐代士人对于王羲之书法的钟爱。北魏的卢玄家族也几代善书,史载"初,谌父志法钟繇书,传业累世,世有能名。至邈以上,兼善草迹。渊习家法,代京宫殿多渊所题。"①就是指卢玄的高祖父卢志学习钟繇的书法,其后曾祖父卢谌、祖父卢偃、父亲卢邈、卢玄自己、儿子卢度世、孙子卢渊共七代都学习书法,而且闻名于世。后世对于王、卢家族书法艺术的赞扬,即是对于私学教育的肯定评估。

清代私塾课堂

特别值得提出的是科技教育也由于家族教育而崭露头角。著名的数学家祖冲之,其家在律历制定、机械制造方面有传统,他的祖父祖昌,是刘宋朝的大匠卿;他的儿子祖暅之、孙子祖皓,"少传家业,善算历"。②都是家族教育的成果。以上史籍中对于王羲之书法"尽善尽美"、对于卢玄家族"传业累世,世有能名",对于祖冲之家族"善算历"等等的评价,都是社会对于家族教育的肯定,也可以看作是对私学的教育评估。

第二节　书院制度演变与教育评估实践

书院起于唐代,是"新生于唐代的中国士人的文化教育组织。它源自民间和官府,是书籍大量流通于社会之后,数量不断增长的读书人围绕着书,开展包括藏

---

①　[北齐]魏收撰:《魏书·卷四七卢玄传》,中华书局 1974 年版,第 1050 页。
②　[唐]李延寿撰:《南史·卷七二祖冲之传》,中华书局 1975 年版,第 1775 页。

书、校书、修书、著书、刻书、读书、教书等活动,进行文化积累、研究、创造、传播的必然结果"①。按照《中国书院史》作者邓洪波先生的观点,"在开元六年(718年)朝省的书院还没有出现以前,民间肯定就有书院存在。这一点非常重要,它告诉我们书院最初出现在民间而不是官府这一基本事实"②。既是起于民间,那么与私学就有天然的联系,是私学的一部分。唐代的私学在形式上有私人讲学、私塾、家学、蒙学和寺庙教学等,其主要的教学内容是儒家经学和文学,以符合社会需要,后来主要是针对科举考试的需要。因此对于私学的评估,也是通过科举考试来衡量了。宋元明清的私学基本如唐代,只是在教学内容方面按不同时代的科举考试的要求而有所变化罢了。

对于私学的教育评估,一般来说是宽泛的。从学生角度来说有各种考试,对于教师则只能是看教育结果,看看教出几个秀才、举人和进士来评价了。举私塾为例,以见对于师生的评估。私塾的教学,当然不像现在的学校分为初等、中等、高等教育,每等中又分为若干年级,而是一个私塾中不同程度的学生坐在一起学习的。这就对教师提出了很高的要求,从蒙学一直教到会作八股文。如果教师本身程度低,只能教学生识字,读读《三字经》、《百家姓》、《千字文》之类,那就是三家村里的冬烘先生。一般的私塾教师至少是童生,有的是秀才,读过四书五经,学习并且写作过八股文,后来还成为学者,如清代的郑板桥。这样的教师就能从识字教育开始,教学生读四书五经,进而教授如何作八股文、试帖诗。他完全可能教出秀才来。一旦学生考中了秀才,秀才后来又考中了举人、进士,则此位教师的声誉自然日益高涨,这是可以想见的。其实,与现在一样,某教师名下出了几个社会地位高的学生,此位教师也就是名师了。其评估的标准在这一点上,倒是古今同一的。

再来看看有关书院的教育评估。书院起于唐代,北宋初年开始发展,南宋书院制度确立;书院在元代得到推广,明代达到鼎盛,清代得以普及,甚至办到了海外。书院的功能为讲学、学术研究、藏书、刻书和经营学田,其中最重要的是讲学和学术研究,都与教育有关。所以,书院主要以教育机构的形象出现在社会上,必然有教育方面的规章制度。这些规章制度,是教育评估的可贵史料。有名的《白鹿洞书院揭示》(又名《白鹿洞书院学规/教条》):

"父子有亲,君臣有义,夫妇有别,长幼有序,朋友有信。

右五教之目。尧舜使契为司徒,敬敷五教,即此是也。学者学此而已。而其所以学之之序,亦有五焉,其别如左:

博学之,审问之,慎思之,明辨之,笃行之。

① 邓洪波著:《中国书院史》,东方出版中心2006年第2版,第1~2页。
② 邓洪波著:《中国书院史》,东方出版中心2006年第2版,第4页。

右为学之序。学、问、思、辨四者,所以穷理也。若夫笃行之事,则自修身以至于处事接物,亦各有要。其别如左:

言忠信,行笃敬,惩忿窒欲,迁善改过。

右修身之要。

正其义不谋其利,明其道不计其功。

右处事之要。

己所不欲,勿施于人。行有不得,反求诸己。

右接物之要。

熹窃观古昔圣贤所以教人为学之意,莫非使之讲明义理,以修其身,然后推以及人。非徒欲其务记览为辞章,以钓声名、取利禄而已也。今人之为学者,则既反是矣。然圣贤所以教人之法具存于经,有志之士,固当熟读深思而问辨之。苟知其理之当然,而责其身以必然,则夫规矩禁防之具,岂待他人设之而后有所持循哉!近世于学有规,其待学者为已浅矣;而其为法,又未必古人之意也。故今不复以施于此堂,而特取凡圣贤所以教人为学之大端,条列于右,而揭之楣间。诸君其相与讲明遵守而责之于身焉。则夫思虑云为之际,其所以戒谨而恐惧者,必有严于彼者矣。其有不然,而或出于此言之所弃,则彼所为规者必将取之,固不得而略也。诸君其亦念之哉!"①

这《揭示》经过宋理宗在淳祐元年(1241)视察太学时亲自书写,颁赐太学诸生后,广泛流传,成为后代书院精神的象征②。它规定了书院的教育宗旨、学习方法、品行培养等等,本来是白鹿洞书院一家的办学的标准,后来成为一般书院的标准了。这大约是中国评估史上第一次提出了对于学校评估的标准。

书院的学规因为着眼点的不同而显示出不同的内容。南宋吕祖谦是著名的理学家,十分重视书院的制度建设。他在六年内为丽泽书院制定了五个学规,第一个是《乾道四年(1168)九月规约》,规定:

"凡预此集者,以孝弟忠信为本。其不顺于父母,不友于兄弟,不睦于宗族,不诚于朋友,言行相反,文过饰非者,不在此位。既预集而或犯,同志者,规之;规之不可,责之;责之不可,告于众而共勉之;终不悛者,除其籍。

凡预此集者,闻善相告,闻过相警,患难相恤,游居必以齿相呼,不以丈,不以爵,不以尔汝。

① 邓洪波编:《中国书院学规》,湖南大学出版社 2000 年版,第 114～115 页。
② 邓洪波著:《中国书院史》,东方出版中心 2006 年版,第 163 页。

白鹿洞书院教条

　　会讲之容,端而肃;群居之容,和而庄。(箕踞、跛倚、喧哗、拥并,谓之不肃;狎侮、戏谑,谓之不庄。)

　　旧所从师,岁时往来,道路相遇,无废旧礼。

　　毋得品藻长上优劣,訾毁外人文字。

　　郡邑正事,乡间人物,称善不称恶。

　　毋得干谒、投献、请托。

　　毋得互相品题,高自标置,妄分清浊。

　　语毋亵、毋谀、毋妄、毋杂。(妄语,非特以虚为实,如期约不信,出言不情,增加张大之类,皆是;杂语,凡无益之谈皆是。)

　　毋狎非类。(亲戚故旧或非士类,情礼自不可废,但不当狎昵。)

　　毋亲鄙事。(如赌博、斗殴、蹴踘、笼养朴淳、酣饮酒肆、赴试代笔及自投两副卷、阅非僻文字之类,其余自可类推)”①。

　　这个学规严格规范学生的行为,提出了一系列的禁令及处罚办法。从教育评

---

　　①　邓洪波编:《中国书院学规》,湖南大学出版社 2000 年版,第 31～32 页。

估角度看,从正反两个方面提出了规范学生品行的标准,颇有特色。

最为典型的还是《明道书院规程》,规定:

> "春秋释菜,朔望谒祠,礼仪皆仿白鹿书院。
>
> 士之有志于学者,不拘远近,诣山长入状帘,引疑义一篇,文理通明者,请入书院,以杜其泛。
>
> 每旬山长入堂,会集职事生员授讲、签讲、复讲如规。三八讲经,一六讲史,并书于讲簿。
>
> 每月三课,上旬经疑,中旬史疑,下旬举业。文理优者,传斋书德业簿。
>
> 诸生德业修否,置簿书之,掌于直学,参考黜陟。
>
> 职事生员出入,并用深衣。
>
> 请假有簿,出不书簿者罚。
>
> 应书院士友,不许出外请谒投献,违者议罚。有讼在官者给假,事毕日参。
>
> 请假逾三月者,职事差替,生员不复再参。
>
> 凡谒祠听讲供课,若无故而不至者,书于簿,及三,罢职住供。
>
> 凡职事生员犯规矩而出者,不许再参"①。

总共十一条,其中涉及山长的讲课标准为每旬到校,聚集全院职员和学生上大课,按照规定进行授讲、签讲、复讲,讲课内容是逢三日、八日讲经,一日、六日讲史,并且还要登记在讲簿上。看来,这是中国古代最为具体的对于校长教学工作量的考核标准了。至于对于学生的评估标准更多,有关于入学考试的"诣山长入状帘,引疑义一篇,文理通明者,请入书院";有关于每月三次考试的"上旬经疑,中旬史疑,下旬举业";有关于记录品行的"诸生德业修否,置簿书之,掌于直学,参考黜陟";还有关于职员和学生仪表的"职事生员出入,并用深衣";关于职员和学生考勤的"请假有簿,出不书簿者罚"、"请假逾三月者,职事差替,生员不复再参"、"凡谒祠、听讲、供课,若无故而不至者,书于簿,及三,罢职住供"等,有奖有罚,标准分明。《明道书院规程》包括了祭祀、招生、课程、考勤、考试、仪表、奖励、处罚等几乎学校管理的各个方面,确实是全面反映当时书院教育情况的实用的评估标准。

到了元代,统治者出于安抚"南人"(南方书院最多)、稳定统治的需要,将书院官学化。一是办书院需要审批。吴师道的《代请立北山书院文》②就是一篇申请建立北山书院的报告。其中首先提到于官学之外再设立书院是符合"圣朝兴崇正学,表章先儒,盖以学术明则人心正,儒道显则风俗美"的治世目的,是"我朝之盛典",从政治正确性上对于设立书院的必要性进行了评估;随后,从追忆北山先生

① 邓洪波编:《中国书院学规》,湖南大学出版社 2000 年版,第 57~58 页。
② 陈谷嘉、邓洪波主编:《中国书院史资料》,浙江教育出版社 1998 年版,第 298~299 页。

（南宋金华人何基）生平，推崇他的道德学问，其实也是对于一位私学"校长"（北山先生生前曾经被授予丽泽书院山长）的评估，来对北山书院设立的合理性进行了论证；最后从与已经建立的其他书院的比较角度，来评估该书院设立的意义。二是书院的山长纳入学官体系。元世祖至元二十八年（1291）下诏"令江南诸路学及各县学内，设立小学，选老成之士教之，或自愿招师，或自受家学于父兄者，亦从其便。其他先儒过化之地，名贤经行之所，与好事之家出钱粟赡学者，并立为书院。凡师儒之命于朝廷者，曰教授，路府上中州置之。命于礼部及行省及宣慰司者，曰学正、山长、学录、教谕，路州县及书院置之。"①明确规定了书院的山长与官学教授由于等级不同，分别由朝廷和地方官府任命，但都是学官。"凡正、长、学录、教谕，或由集贤院及台宪等官举充之。谕、录历两考，升正、长。正、长一考，升散府上中州教授。上中州教授又历一考，升路教授。"②说明书院的山长和教师都要由朝廷官员提名才能担任，他们的升迁，都要由朝廷的考试来决定。三是朝廷供给书院学田，设官管理财务。"凡路府州书院，设直学以掌钱谷，从郡守及宪府官试补。"③书院设直学，主要职能是掌钱谷，也就是管理经济，直学也由官府选派。同样，书院的学生也可以受到与官学学生一样的待遇，受学官考核，同样参加科举考试，进入仕途。所以元代的书院，官学化是其特点。这样一来，官府必然要对书院进行评估。首先要评估举办书院的必要性和可行性，其次要评估担任山长人选的资格和能力，最后要评估书院的经济实力。从评估史角度来说，开创了政府对学校评估的先河。

明代书院的发展经历了低谷、复苏、兴盛和衰落的过程。按照吴宣德先生的观点，明代书院"自觉或不自觉地充当了地方学校教育的一种补充"④，因而它的举办、教学和管理都受到官学化的影响，也必然使得书院受到官方有意无意的评估。

在书院的举办宗旨和体制方面，李东阳的《重建首阳书院记》中指出"今文教熙洽，学校遍天下，固无俟乎此。顾人才日盛，而藉额有定员，则养蒙蓄锐以待天下之用者，虽多不厌。校之前代所置，大小若殊，而作人之意，则一而已"⑤。说明建立书院的目的，就是作为弥补官学在培养人才方面数量有限制的补充。钦贺在《辽右书院记》中提到，"弘治癸丑秋，南燕绣衣樊按治东土，以教育人才为首务，乃选河东西诸生之优等者，庠各有差，建辽左、辽右二书院分处之，读书其中，以相切磨，延学行老成师儒教之，复命官典薪米供艺之费"⑥。说明这位樊长官举办辽左、辽右二书院，是为了供优秀的诸生读书之用，官方聘请教师，还供给经费。这样的书院离宋代自由讲学的书院远，与元代官学化的书院近，官员或官府有理由对它进

---

① ［明］宋濂撰：《元史・卷八一选举志一・学校》，中华书局1976年版，第2032～2033页。
② ［明］宋濂撰：《元史・卷八一选举志一・学校》，中华书局1976年版，第2033页。
③ ［明］宋濂撰：《元史・卷八一选举志一・学校》，中华书局1976年版，第2033页。
④ 吴宣德著：《中国教育制度史》第4卷，山东教育出版社2000年版，第374页。
⑤ 陈谷嘉、邓洪波主编：《中国书院史资料》，浙江教育出版社1998年，第632页。
⑥ 陈谷嘉、邓洪波主编：《中国书院史资料》，浙江教育出版社1998年版，第615页。

行评估。教学方面,同官学一样对学生进行考试,以评估学生的学业。《白鹭洲书院课士录序》记载"每月为会者三。每会,使君咸式临之,探策命题,糊名列坐,一仿荆闱制例"(《白鹭洲书院志》卷二)。这里的会,是指会文或会考,每月举行三次。每次地方长官都来主持,出考题,采用与科举考试一样的糊名办法。除了考试以外,一些教学活动比较规范的书院还有比较严格的课程安排。以明代学者湛若水举办的大科书堂为例,对于学生的一天学习时间作出了明确的规定:"诸生进德修业,须分定程限,日以为常。每日鸡鸣而起,以寅、卯、辰三时诵书,以巳、午时看书,以未时作文,申、酉二时默坐思索,戌、亥二时温书。"①这样的安排,有利于对学生出勤和学习情况进行量化评估。至于管理方面,明代的书院大多由地方官员参与甚至为主举办,因而书院的管理理所当然以官员为主。不少官员制定或参与制定《学规》,主持书院或者聘请山长、主讲人,筹措经费。此中,就有对于山长、主讲人资质的评估,其一般标准为"其师无常,惟贤是署,必以明经有道者主之"②。可以说,明代书院官学化的性质,决定了它的被评估的命运。

清代的书院在元代、明代书院官学化的道路上越走越远,在办院、教学、经费、师长聘任、学生选拔等方面,都受到官府的全面干预和控制,以至于成为科举考试的附庸。清代初期,统治者对于书院主要采取限制的政策,为的是防止书院集聚士人,尤其是明末遗民,有害于清代的统治。到了雍正中期,满人入关已经八九十年,统治稳固,为了培养人才,安抚汉族士子,遂改变政策,转为支持兴办书院。雍正十一年下诏"朕临御以来,时时以教育人才为念,但稔闻书院之设,实有裨益者少,而浮慕虚名者多,是以未曾饬令各省通行,盖欲徐徐有待,而后颁降谕旨也。近见各省大吏,渐知崇尚实政,不事沽名钓誉之为;而读书应举之人,亦颇能屏去浮嚣奔竞之习。则建立书院,择其省文行兼优之士读书其中,使之朝夕讲诵,整躬励行,有所成就,俾使远近士子观感奋发,亦兴贤育才之一道也。督抚驻扎之所,为省会之地,著该督抚商酌举行。各赐帑金一千两,将来士子群聚读书,豫为筹画,资其膏火,以垂永远。其不足者,于存公银内支用。封疆大臣等,并有化导士子之职,各宜殚心奉行,黜浮崇实,以储国家菁莪棫朴之选"③。清楚地表明了当时开始兴办书院的意义,并且要求:一是在省会办书院,二是朝廷和官府出资,三是明确了督抚对于书院的职责。总之,诏书规定了政府对于书院必须加强管理,书院的官学化得到强化。随之,官府对于书院的评估也得到加强。省会的书院是清代各类书院中官学化的典型,其他类型的书院中以考课为教学形式,以训练写八股文,参加科举考试为办学目的的书院(考课书院)为多数。以下就以此两类书院为代表,看看清代对

---

① [明]湛若水:《甘泉文集》卷六,清同治五年资政堂刊本。
② 陈谷嘉、邓洪波主编:《中国书院史资料》,浙江教育出版社1998年版,第618页。
③ [清]昆冈等修,刘启端等纂:《清会典事例卷三九五礼部·学校·各省书院》,上海古籍出版社影印《续修四库全书》,第804册第303页。

于书院的教育评估。

第三节　明清两代书院的社会评估

明代的书院因其官学化而与官员及政府关系密切,故书院的兴衰也与政治斗争密切相关。明代后期三次禁毁书院,也可以看作是政府对于书院的一种评估,当然,这种评估是绝对的和否定的。

第一次是嘉靖朝,起因是明世宗推崇程朱理学,不满王阳明的"心学"学说,认为"守仁放言自肆,诋毁先儒,号召门徒,声附虚和,用诈任情,坏人心术。近年士子传习邪说,皆其倡导"①。因而,在嘉靖十六年(1538)御史游居敬上疏,批评同为心学大家的湛若水"倡其邪学,广收无赖,私创书院"后,思宗下诏毁有关书院。到了第二年(1539)吏部尚书又上奏称"近来抚按两司及知府等官,多将朝廷学校废坏不修,别起书院,动费万金……日者南暨各处,已经御史游居敬奉行拆毁,人心称快"②。思宗再次下诏毁书院。嘉靖年间的拆毁书院的直接原因是思想学术上的对立。

第二次是在万历七年(1579),张居正抓住常州知府聚敛民财私创书院一事,将其革职;请皇帝下诏,将天下私立书院改为官府衙门,这些书院的学田归公。史载,共毁改应天等府 64 所书院。究其实,张居正搞改革,不喜书院的聚众讲学,讲学中时或有人攻击时政。他早在万历三年(1575)的《请申旧章饬学政以振兴人才疏》中就提出"不许别创书院,群聚党徒,及号招他方游食无行之徒,空谭废业。因而启奔竞之门,开请托之路"(《张太岳文集》卷三九)。所以,名为整顿吏治,实为政治斗争。

第三次是在天启五年(1625),权奸魏忠贤为了迫害社会上的清流——东林党人而兴起大狱,杀害了高攀龙等"江南七君子",连带着先毁了北京的首善书院,后拆毁了无锡的东林书院,以及江西、关中、徽州各地与东林党人有关联的 26 所书院③,惩处讲学者。这次毁书院的根本原因是打击政治对手,进行政治清洗。明代三次禁毁书院,从教育评估史的角度看,与以前以教育标准来评估学校、教师、学生不同,完全是以思想、政治标准对书院进行的评估。因为这些书院与当时的统治思想和统治势力不一致,甚至于完全对立,属于政治不正确,因而被否定,遭到了灭顶之灾。之所以说是教育评估,是因为明代书院的性质毕竟主要是一个教育机构或教育组织。

---

① 《明世宗实录·卷九八》,台湾"中央"研究院历史语言研究所 1962 年校印《明实录》本,第 40 册第 2299~2300 页。

② 转引自吴宣德著:《中国教育制度史》第 4 卷,山东教育出版社 2000 年版,第 351~352 页。

③ 邓洪波著:《中国书院史》,东方出版中心 2006 年版,第 378 页。

东林书院

清代政府对于书院的评估表现在提出选聘考核山长的条件、规定教育内容、直接参与考核学生几个方面。山长为书院的首长，统揽全局，但必须偏重于教学，又是教师，因而山长的选聘十分重要。省会书院的山长都由官府选聘。"凡书院之长，必选经明行修、足为多士模范者……学臣三年任满，咨访考核。如果教术可观，人才兴起，各加奖励；六年之后，著有成效，奏请酌量议叙。"①提出了学问和品行两方面的要求，有的书院还提出了必须是举人、进士才能任职的条件。考核山长的标准着眼于人才的培养，三年一次，做出成绩的给予奖励；到了六年，卓有成效的，可以晋级或记功。

官府又规定了书院的教育内容，把学习八股文作为主要内容。"书院肄业士子，令院长择其资禀优异者，将经学、史学、治术诸书留心讲贯，以其余功兼及对偶声律之学。其资质难强者，且令先工八股，穷究专经，然徐及余经，以及史学、治术、对偶声律。至每月课试，仍以八股为主，或论或策，或表或判，听酌量兼试。"②很清楚，不管学生资质高低，教育内容以八股文为主。官府又直接参加对学生的考核，按照马镛先生的观点，"考课式的书院把考试分为官课和师课两种。所谓官课，即是以由官府、主要是为书院捐款的官府，对书院学生进行常规考试，由他们出题、阅

① 陈谷嘉、邓洪波主编：《中国书院史资料》，浙江教育出版社1998年版，第857页。
② ［清］昆岗等修，刘启端等纂：《清会典事例卷三九五礼部·学校·各省书院》，上海古籍出版社影印《续修四库全书》，第804册第304～305页。

卷、给奖,也就是谁出资谁主持考课。有的甚至连监考也由官府派员协同查察"①。考试的结果,通常取前三名给予不同金额的奖励。此外,科举考试是书院办学的主要目的之一,也是对书院中优秀学生的重要考试,因而书院对于参加科举考试的学生提供相当数量的经费,一般比平常考课的奖励要多得多,以帮助学生顺利赴乡试和会试。由于官府主持或参与了对于学生的考核,经费主要的来源是官府和官员,所以这种奖励优秀考生的做法,其实也是政府对于学生评估的结果。

清代书院得到朝廷和官府的支持,官学化的程度越来越高,发展也越来越快。到了清代后期,书院遍布了除西藏之外的所有省区。书院对于所在地起到了推进教育、培养人才的作用,社会对于书院的评价比较正面,尤其是一些办学成就突出的书院,声誉更高。台湾海东书院被人称誉为"全台文教领袖"②。扬州的梅花书院在嘉庆十四年(1809)"礼帷中式,济济称盛,得殿试及第第一人"③,出了一位状元,十分光荣,载入了地方史册。诂经经舍培养出一批人才,得到盛誉。"不十年间,上舍之士,多致位通显,入玉堂,进枢密,出则建节而试士。其余登甲科,举成均,牧民有善政,及撰述成一家者不可胜数。东南人才之盛,莫与为比。"④这些赞誉,都可以看作社会对于学校的肯定评估。

书院的产生和发展,从办学的角度来说,是从单纯的私学逐渐向官学化的变化。因为官学化,官府就必然有对自己出资资助是否值得的考虑;又因为书院毕竟不同于官学,讲学相对自由,思想比较活跃,官府就必然有掌控办学方向、维护统治稳定的要求,因而对于书院的评估成为必要。从教育评估史的角度来讲,对于私学的评估是一个从无到有、由松趋紧的发展过程。从评估意识来看,从开始的无意识、感到没有必要,到渐渐认为有所需求,再到最后的不可或缺;从评估对象来看,开始只是对于个别教师的评价,到逐渐关注学生的品行和学业,再到最后的对于一个学校和整个书院组织进行评估;从评估方法来看,开始只是偶然地从品评人物的角度评价教师,到渐渐用考试来评估学生,用考核来评估教师和管理人员,再到最后制定规章制度来评估学生、教师和学校,是一个符合事物发展逻辑的实践过程,最终上升到了制度层面。可以说,明清两代对于书院的评估,已经包含了现代教育评估的一些要素。教育评估的标准逐渐清晰,总体上以政治正确与否为主要标准。评估的主体是朝廷和官府。评估的对象主要是学生和学校,对于学生的评估,以德才兼备为主要标准;对于学校,以培养出合格人才和社会声誉为标准。教育评估主

① 马镛著:《中国教育制度史》第 5 卷,山东教育出版社 2000 年版,第 208 页。
② 转引自邓洪波著:《中国书院史》,东方出版中心 2006 年版,第 465 页。
③ [清]阿克当阿、姚文田修撰:《嘉庆重修扬州府志》卷十九,广陵书社 2006 年版,第 316 页。
④ [清]孙星衍撰:《平津馆文稿》卷下《诂经经舍题名碑记》,商务印书馆《丛书集成初编》版,第 58 页。

要的技术方法仍然是考试和考核。评估的功能,用课考来鉴定学生、用奖励和升迁来作导向,性质上覆盖了现代教育评估的大部分功能。可以说,书院的产生和发展促使中国古代教育评估体系趋向完整。当然,这种完整,是在教育评估学科基本概念面上的覆盖,而在以下的子系统、子目标上相差尚远。中国古代教育评估可以说是"广而不深"。

本编结论是,中国古代的教育评估由于历史文化的原因而不同于现代教育评估。可以说中国古代没有现代意义上的教育评估;但是即使按照现代意义上的教育评估学科的标准来看,仍然存在着中国特色的教育评估实践,并且在发展变化中自成一体,为中国的现代教育评估打下了基础,作出了贡献。

第二编
中国近代教育评估的实践与探索

鸦片战争以降,西洋列强的枪炮把原来以"中央帝国"自居的中国几乎要逼到"亡国灭种"的边缘,中国传统社会不得不改弦易辙,被迫走上了一条"变法图强"之路。为了图强,中国被迫打开了长期闭锁的国门,睁开眼睛去打探外部的世界,逐步从器物、制度乃至文化全方位地引进与吸纳着一切有助中国进步的东西,试图达到"师夷之长技以制夷"的目的。应该说,近代中国百年是中国对外高度开放的百年,虽然这种开放背后有着城下之盟的屈辱与无奈,但中国不再像以往那样自傲地无视外部世界的存在,而是开始如饥似渴地去了解和发现西方世界成功的奥妙所在,并能够以开放的心态去学习和接纳。对于有着长期重教传统的中国而言,教育始终是治国平天下的关键,"教育救国"也是近代中国百年社会思潮不绝如缕的一条发展的主线脉,许多人远渡重洋去认真地学习西方的教育制度与思想,并希望能为中国觅来成功的灵丹。近代中国教育评估的发展,就其起源而言有别于传统教育评估的本土化发展,而是带上了外来的"洋味",基督教学校在带来近代新型学校教育制度的同时也把教育评估技术带来了中国;而随着中国近代新学制的建立,教育评估制度在中国也渐趋成型与严密。值得关注的是,近代中国教育评估理论的研究与实践,虽说与其西方同行相比起步稍晚,但后来居上,20世纪20年代更是迎来了"教育测量运动"的高涨,其成就不输其西方的同行,而陶行知等人更是力图在改革中国教育的进程中创造中国特色的教育评估理论,其勇气更值嘉许,并应成为今日中国教育评估理论研究与实践的方向。

第五章　在华基督教学校[①]
及其教育评估实践

　　长期以来,中国[②]一直以"中央帝国"自居,除了少数几次受到所谓"蛮夷"的入侵而导致朝廷更迭之外(即便如此,中华民族也能够以其强大的文化优势和融合能力迅速地同化她的"征服者"),中国社会终究能够处于一种专家所说的"超稳定结构"[③]之中,成为人类社会唯一一个能够始终保持其历史延绵和文化传承的特例。

　　然而,伴随着西欧资本主义产业革命的推进,历史翻到 19 世纪这一页后我们长期"超稳定"的社会结构开始遭遇空前的挑战乃至整体性的颠覆,按照时任直隶总督兼北洋大臣李鸿章的讲法,中国社会面临着"数千年来未遇之强敌"、身处"数千年来未有之变局"[④]。在传统视野里,文明发达程度是与距离中土的路程呈反比的,可谁曾想十万八千里之外的欧罗巴诸国居然取得了对中国的巨大优势,这种优势不仅表现在器物层面,而且表现在制度层面,乃至文化层面。更可恶的是欧罗巴人甚至还蛮横地用他们手中的枪炮逼迫中国人不得不痛苦地承认这一点,并极力要把中国这片被他们视为为异教徒占据的广袤土地改造成为他们所谓的地上的"上帝之国"。作为"传教舟楫"的基督教学校便由此登上了近代中国历史的舞台。

第一节　中西交汇与基督教学校在中国的植入

　　基督教差会在中国建校办学,缘于传教的需要和实际的选择。事实上,早在明

---

　　① "教会教育"或"教会学校"只是人们约定俗成的一种非严格意义上的称谓,相对而言"基督教教育"或"基督教学校"的表述则有着更为明晰的内涵与外延,我们理应使用"基督教教育"或"基督教学校"而不是"教会教育"或"教会学校"作为正式的概念,详见孙崇文:《学生生活图景:世俗内外的教育冲突》(教育科学出版社 2008 年版)一书第 2 至 6 页的相关论述。

　　② 这里我们所使用的"中国"一词并非真正严格意义上的作为政治共同体提出的近代民族国家的概念,而是更多地从"历史文化共同体"角度出发来使用这一词语,也即是所谓"中华文化帝国"的换语。梁漱溟对此曾有过精辟的论述,提出过所谓"文化至上论"的观点,详见梁漱溟所著之《中国文化要义》(《梁漱溟全集》第 3 卷,山东人民出版社 1990 年版,第 163 页)。

　　③ 金观涛、刘青峰:《兴盛与危机——论中国封建社会的超稳定结构》,湖南人民出版社 1984 年版。

　　④ 李鸿章:《筹议海防折》,载《李文忠公全书》第 24 卷,奏稿,文海出版社 1980 年版。

朝万历年间,耶稣会教士利玛窦来华传教时,就发现他们所要感化的中国人深沐"自然的理性之光"①,并不喜欢"怪离乱神",只有通过知识的传授才能吸引与接近他们,并最终对他们施加影响。这一被康熙皇帝称为"利玛窦规矩"的传教策略②,在近代中国社会得到了更大规模的广泛运用,基督教差会在中国各地普遍建立起各种规模和层次的学校,试图"以科学之矢,射宗教之的"。19世纪上半叶,基督教差会在华陆续兴办了一些教育,但大都局限于一般的识字读经班,是基督教传教事业的真正附庸;19世纪70年代之后,基督教学校在中国得到了相对独立的发展,办学日趋正规,相继兴办了一批正规的中小学校;19世纪90年代前后,更是陆续开办了一些基督教大学。应该看到,基督教学校在中国的发展,一方面客观上扮演了西学传播者的角色并进而将西方的教育理念、教育制度和教育方法等全盘引进中国社会③、帮助中国逐渐建立起现代教育体制;但另一方面,实际上原本是一种不请自来、强行嵌入的舶来物,基督教学校在中国的创立与发展却是对处于转型时期中国社会内在需求的一种不自觉的回应④,最终它作为中国现代教育体制的异己力量而受到强烈的冲击,并不得不走上了世俗化、中国化发展之路,成为中国现代教育体制中的一个组成部分。

一、依附于基督教传教事业的基督教学校教育

鸦片战争以前,传教士还不被允许来华传教,其活动范围主要局限于南洋一带,在当地陆续开设了一些学校,其中最为著名的就是马礼逊(Robert Morrison)牧师在马六甲建立的"英华书院"(The Anglo-Chinese College)。作为基督教传教士

---

① 利玛窦在去世前一年的一份信中曾这样总结他所认识的中国人的特性——"如果从头说起,他们在古代就像在我们的国家里那样忠诚地遵循自然法则。在1500年中间,这一民族简直没有崇拜过偶像,而他们所崇拜的那些偶像也不像我们的埃及人、希腊人和罗马人的偶像那么可憎,某些神灵甚至很有德性,并以他们的善行而享有盛名。事实上,在儒士们最古老的、成为权威的著作中也仅仅崇拜天地和这两者的共同主宰。当我们仔细研究一下这些著作时,我们就会发现其中很少有什么东西是和理性之光相反的,而大量的倒是与之相一致的,他们的自然哲学家并不比任何人差。"语见汾屠立编:《利玛窦神父的历史著作》第2卷第386页。

② 语见顾裕禄《中国天主教的过去与现在》(上海:上海科技出版社1989年版第37页)一书。关于利玛窦传教策略北京大学哲学系的学者孙尚杨在其专著《基督教与明末儒学》(北京:东方出版社1994年版)一书有专文讨论,分析其成因,总结其成效。

③ 近年来,国内学者就基督教大学与中国教育现代化的关系问题开展了大量的研究,成果颇丰,可参考杨子荣的"西方传教士对近代中国教育的影响"(《晋阳学刊》1986年第3期)、黄新宪的"论教会大学对中国高等教育早期现代化的促进"(转引自《中国教会大学史论丛》,第84~100页)和高时良的"迈向现代化的高等教育发展轨迹——对旧中国教会大学学校管理运行机制的初步探索"(《中国教会大学史论丛》第51~63页)、吕达的"近代教会学校课程的特点及其评价"(《教育评论》1990年第3期)以及应方淦的"清末教会大学学位制度述评"(武汉华中理工大学《高等教育研究》2001年第3期)等论著。

④ 在余子侠眼里,是"中国社会的教育需求,尤其教育的世俗化和工技化要求,在规定和控制着"基督教大学的发展进程。语见余子侠:《晚清社会转型的教育需求与教会教育的演变》,《华中师范大学学报》(哲学社会科学版)1997年第3期。

开办的第一所中文学校,英华书院的办学宗旨按照马礼逊的讲法就是"希望用基督教科学之光照亮伟大的中华帝国"①,学校开设有汉语、英语、算术、天文和地理等课程,同时使用中文和英文进行教学。

传教士米怜和马礼逊创办的英华书院(此图原画于 1834 年)

第一次鸦片战争以后,《南京条约》的签订使得西方传教士们得以正式自由出入被割让的香港和上海等五个通商口岸,广州、厦门、福州、上海和宁波也由此成为传教士们在中国内地开班办学的首选之地。1843 年,英华书院正式迁至英属殖民地香港。事实上,早在 1830 年,美国传教士裨治文已经在广州尝试开办了一所学校,收留了几名儿童,这就是在中国本土上开办的第一所基督教学校——贝满学校(Bridgman School)。1844 年,英国东方女子教育促进会的阿尔德塞小姐(Miss Aldersey)在宁波创办了一所女塾,这是在中国本土设立的第一所基督教女子学校。此后,传教士们又陆续在各通商口岸建立了其他一些学校。据不完全统计,1860 年之前传教士们在香港和五个通商口岸开办的学校不下 50 所,招收学生千余人。其中比较著名的有香港的宏艺书塾(浸礼会于 1842 年创办)、英华女学(伦敦会于 1846 年创办)和圣保罗书院(圣公会创办)、上海的徐汇公学(天主教会于 1850 年开办)、裨文女塾(公理会裨治文夫人于 1850 年开办)、文纪女塾(即圣玛利亚女校前身,1851 年开办)、仿德小学(法国天主教会于 1852 年开办)、明德女校(法国天主教会于 1853 年开办)、徐汇女校(法国天主教会于 1855 年开办)和清心男塾(长老会于 1860 年开办)、宁波的崇信义塾(长老会于 1845 年创办)、福州的福州男塾(美以美会于 1848 年创办)、福州女塾(美以美会于 1850 年创办)和毓英女校(美

① 转引自胡卫清:《普遍主义的挑战:近代中国基督教教育研究(1877—1927)》,上海:上海人民出版社 2000 年版,第 49 页。英华书院的办学情况可以参阅《马六甲筹组英华书院计画书》,该文经李志刚翻译并收入其《基督教早期在华传教史》(台北:商务印书馆 1985 年版)一书。

以美会于 1859 年创办）、厦门的厦门男塾（伦敦会于 1850 年创办）和真道学堂（长老会于 1856 年创办），等等①。

开埠初期的徐汇公学

在传教士们的直接参与和推动下，1958 年签订的《北京条约》用条约的形式正式承认了允许各国传教士深入中国内地传教的所谓"宽容条款"，从而引发了传教士们更大的传教狂潮，也使得传教士们将基督教学校由少数通商口岸逐渐开办到广大内地，各类基督教学校数目大为增加。相关统计资料显示，到 19 世纪 70 年代中后期，基督教各差会在华开办的各类基督教学校已达 800 余所，在校学生总数 2 万余人。其中，基督教新教开办的学校 347 所，学生近 6 千人；其余则为天主教会

---

① 基督教传教士在华早期办学情况可以参考李清悚、顾岳中的《帝国主义在上海的教育侵略活动资料简编》（上海：上海教育出版社 1982 年版）、李楚材的《帝国主义侵华教育史资料——教会教育》（北京：教育科学出版社 1987 年版）、汤清的《中国基督教百年史》（香港：道声出版社 1987 年版）以及熊月之的《西学东渐与晚清社会》（上海：上海人民出版社 1994 年版）等论著。

开办①。这一时期新建学校中比较著名的有:1863 年,天主教圣母会在上海开办的圣芳济书院;1864 年,由美国长老会传教士狄考文在山东登州开办的蒙养学堂(1876 年后改称文会馆);1865 年,美国传教士在北京开办的崇实馆、美国圣公会在上海开办的培雅学堂;1866 年,天主教会在天津举办的究真中学堂、基督教在上海创办的度恩学堂;1867 年,公理会在河北通州设立的潞河男塾、天主教会在上海举办的崇德女校、基督教在杭州设立的育英义塾;1870 年,监理会在苏州开办的存养书院;1871 年,美国圣公会在武昌举办的文惠廉纪念学堂,等等。

就整体而言,这一时期的基督教学校尚未真正取得独立办学机构的地位,依旧是传教的附庸和工具,即所谓的"传教的舟楫",被视为培养传教士和吸引信徒的最佳途径。

二、基督教学校教育的专业化发展

1877 年 5 月,基督教会在上海召开了第一次来华传教士大会,会议就基督教学校的办学宗旨即基督教育与基督教传教事业之间的关系进行了激烈的讨论。虽然继续强调基督教学校教育必须服从和服务于基督教传教事业的观点依旧占据上风,但为了确保能够把握和控制中国未来发展的走向与命运,并认识到必须培养和造就"能够以基督教真理来领导"中国社会变革的领袖人才,谋求主导中国社会变革方向的话语权和影响力,会议还是提出了进一步提高教育水准、"毫不犹豫地在中国建立一些高水平的学校"、加强基督教学校之间的"合作与分工"和编辑世俗教科书等多项建议,认为只有这样才能避免可能发生的"科学和艺术的提高就将落入基督教的敌人手中,被他们用来作为阻碍真理和正义发展的强大武器"②的尴尬局面。

1877 年传教士大会召开之后,基督教教育事业迅速发展,开始转入专业化发展的新阶段。基督教学校开始按照教育的要求组织实施,并对基督教学校设施、师资、课程、教材及管理等建设日益予以重视和关注,有意识地组织起来进行研究,以提高教学质量,而最初的基督教高等教育机构也由此应运而生,出现了多所所谓的"戴帽子学院"。比如,1871 年初建的文华书院、1877 年由登州蒙养学堂改名的登州文会馆、1879 年在原培雅学堂和度恩学堂的基础上合并组建的

---

① 1877 年上海传教士大会召开之前,曾发布过一份比较详细的统计资料("Statistics of Protestant Missions in China"),专门统计基督教新教所设立的各类学校及学生情况,共计 347 所学校 5 917 名学生。其中,美国差会在华办学的成绩最为显著,共开办了 202 所学校,在校学生人数达到了 3 117 名;英国差会紧随其后,开办了 123 所学校,招收了 2 228 名学生。相关资料收入《The Chinese Recorder》1878 年 第九卷第 109 至 115 页。保罗·科恩则在"1900 年以前的基督教传教活动及其影响"一文中,对 1877—1878 年间天主教会在江南教皇代牧区的办学情况作了一个统计,计有 345 所男校 6 222 名男生和 213 所女校 2 791 名女生。相关资料参阅费正清:《剑桥中国晚清史》(上卷),北京:中国社会科学出版社 1985 年版,第 614 页。

② Mateer,Calvin W. ;*The Relation of Protestant Missions to Education. Records of the General Conference of the Protestant Missionaries in China 1877* ,第 171 ~ 180 页。

圣约翰学院、1881年创建的上海中西书院和1888年组建的广州格致书院与汇文书院,等等。

在1890年召开的第二次在华传教士大会上,传教士们更深切地认识到"教育是未来中国的一种力量,基督教会必须为了基督使用这种力量,否则撒旦就会用来反对基督",为此会议建议基督教会更积极举办教育,尤其是高层次的教育①。基督教高等教育由此得到了高度的重视和迅速的发展,而1907年基督教对华传教百年纪念大会的召开更加速了在华基督教大学的合并、重组与发展。事实上,在华基督教大学大都正式成立于20世纪前后这二三十年间②。

1907年基督教对华传教百年纪念大会

基督教会人士和研究者们常把20世纪头20年称为基督教在华传教的"黄金时代",因为这一时期在华各教派的传教事业推进得非常迅速,前所未有。基督教在华教育事业尤其是基督教高等教育事业同样也进入了一个高速增长的阶段。与1900年相比,1920年在华基督教大学已达16所,在校学生人数突破了2 000名,为1900年时的10倍。而在1920到1923年这短短的三年时间里,在华基督教大

---

① 所引谢卫楼的发言收入1890年传教士大会报告,即 *Records of the General Conference of the Protestant Missionaries in China 1890* 。

② 参见拙作《学生生活图景:世俗内外的教育冲突》,教育科学出版社2008年版,第43~51页。

学在校学生人数又达到了 3 561 名,激增了 76%①。基督教高等教育发展势头迅猛。在此过程中,基督教学校教育也逐渐形成了一个完整的独立体系,以其教育体制和模式的向外传递影响着中国教育的制度选择和建设。

三、"收回教育权运动"与基督教学校的"中国化"进程

20 世纪 20 年代以后,由于受到科学和民主思想的洗礼尤其是"五卅"以后反帝运动的日益高涨,中国人现代民族意识日渐觉醒,由此独立于中国国家教育体系之外自成一体而又寄希望于"将来从教会学校出来的男男女女,将由他们把中国变成一个基督教国家"②的基督教及其教育机构便成为人们攻击的主要目标。人们视"教会在中国取得了传教权与教育权,实为中国历史上之千古痛心事",把基督教及其教育机构视作帝国主义在华的实际化身,开展了轰轰烈烈的"收回教育权"运动③。

"收回教育权"运动在"五卅"前后达到了高潮。许多基督教学校学生积极参与其中,有的甚至不惜牺牲自己的学业来抗议学校实施强制的宗教教育。事实上,1924 年"收回教育权"运动爆发的火种就是由广州圣三一中学和长沙雅礼大学等基督教学校的学生亲手点燃的,以后又逐渐蔓延到了所有的基督教学校。20 年代中后期,不少基督教学校由于受到外部强大压力和面临内部学生的激烈抗争而被迫暂时关闭,比如处于"收回教育权"运动激流中心的长沙雅礼大学就因学生纷纷退学而曾先后两度关闭。五卅期间,上海圣约翰大学同样也发生了著名的"六三事件"。为了维护中国国旗的荣誉,当时竟有一多半的学生义无反顾地离开了学校,自发地组建了新的"光华大学",而圣约翰大学则被迫关闭了整整两年。在退学风潮中,不少基督教学校的学生并没有因为失学而懊恼,相反却因为自己能够像一个真正的中国人那样勇敢地加入到反对帝国主义及其化身基督教学校的人群而倍感欣慰,甚至还欣喜地表示自己已经受够了在基督教学校里奴隶般的生活,建议中国也应该效仿土耳其的做法关闭所有外国学校④。值得关注的是,学生联合会

---

① 关于基督教大学学生情况统计,我们可以见到多个版本。上述数字是华东基督教教育会在其编辑的《教育公报》(Bulletin)上公布的,详见 1924 年第 3 期上的"Summary of Colleges Statistics, Autumn of 1923, Christian Colleges and Universities in China"一文。而葛德基的统计数据则与之不同,据他的统计 1900 年在华基督教大学生仅为接近 1 700 人、1923 年的在校大学生也不过 3065(详见 Earl Herbert Gressy. Christian Higher Education in China: A Study for the Year 1925—26. China Christian Educational Bulletin. #20,P.27)两个数据都相差了 300 人左右。胡卫清分析,主要原因可能有三:一是统计的时间口径不一;二是葛德基没有统计神学院的学生,而前者则包括了神学院的在校学生数;三是统计技术上的不够规范,详见胡卫清:《普遍主义的挑战——近代中国基督教教育研究(1877—1927)》,上海:上海人民出版社 2000 年版,第 72 ~ 73 页。

② Committee of Reference and Counsel of the Foreign Mission Conference of North America. *Christian Education in China: A Study Made an Educational Commission Representing the Mission Boards and Societies Conducting Work in China*. New York: 1922.

③ 余家菊:"教会教育问题",《少年中国》(月刊)1923 年第 4 卷第 7 期。

④ 杰西·格·卢茨:《中国教会大学史(1850—1950)》,浙江教育出版社 1987 年版,第 224 页。

专门"呈请"坚决取缔教会学校,而教会学生联合会也呼吁大家一同"退出教会"①。

面对社会各界要求收回教育权的一致呼声和强大的舆论压力,北洋政府于1925年12月正式颁布了《外人捐资设立学校请求认可办法》,明文规定:(1) 外人捐资设立各学校须依照教育部颁发的各项规定"向教育官厅请求认可";(2) 学校名称须冠以私立字样;(3)"校长须为中国人";(4)"中国人应占学校董事会名额的半数以上";(5) 不得传布宗教;(6)"不得以宗教科目列入必修科"。南京政府成立后,也相继颁布了《宗教团体与办教育事业办法》等法令,规定基督教学校申请立案的主要标准是:(1) 改组校董会,董事长由中国人担任,且中国董事须占多数;(2) 校长改由中国人担任;(3) 学校组织、课程、教学时间等都要遵循现行的教育法令;(4) 学校一律不得将宗教科目设为必修科,课堂上不能进行宗教宣传,也不允许学校强迫学生参加宗教仪式,等等②。

至此,20年代的"收回教育权"运动取得了明显的成果,对在华的基督教学校尤其是基督教大学的发展产生了极为深刻的影响。一方面,与20年代初期以前基督教高等教育的迅猛发展速度相比,这一时期基督教大学的发展势头明显处于一种基本停滞状况。据统计,由于受到"退学"风潮的影响,1926—1927年度全国基督教大学在校学生总数不过3 500名,与1923年时的学生规模几乎持平③。另一方面,"收回教育权"运动更表明从此结束了基督教学校在中国的使命,基督教学校将被迫向其教育主业回归,并被正式导入中国的国民教育体系。

面对中国社会日益高涨的民族主义意识的觉醒和强大的反基督教运动的压力,基督教会最终不得不接受了这一事实,认识到未来的"中国教会和教会教育事业再也不能仅仅是外国人的事情了",而"外国人的教育事业要想长期保持其影响,在中国,它必须成为那个民族的一部分,决不能作为洋货由外国人移植到中国,并由外国势力维持"④。1926年5月,"中华基督教教育会"召开第十一届年会,专门就基督教学校的注册问题商讨对策,最后形成了决议,决定"遵照中国法令条例"向政府注册。此后,基督教学校相继完成了向中国政府申请注册工作,并由此开始了其"中国化"的历程。

第二节　教育评估实践与基督教学校教育

1877年5月在上海召开的第一次来华传教士大会,在中国基督教教育发展历

---

① 1925年,《申报》曾多次公开刊载《学生联合会与教育主权维持会呈请部取消教会学校》和《教会学生联合会主张退出教会》等文。

② 转引自《中华民国第一次教育年鉴》。

③ 杰西·格·卢茨:《中国教会大学史(1850—1950)》,浙江教育出版社1987年版,第297页。

④ 转引自刘心勇:"非基督教运动述评",《复旦学报(社会科学版)》1989年第2期,第78页。

史上有着十分重要的意义。程湘帆明确把这次会议作为划分基督教学校教育在中国发展的一座重要的分水岭。在此之前,基督教学校"教育事业也次第设施。但当时所谓教育不过宗教的附属品"[①],在办学宗旨上基督教学校教育仅仅作为吸纳教友和扩大宗教影响的一种重要工具,对绝大多数办学者而言既没有真正办教育的自觉,也缺乏办教育的经验,基督教学校无论其师资、设施、课程及教材乃至学校的管理等全方位地不能适应教育教学的实际要求,质量参差,良莠不齐。1877 年第一次来华传教士大会的召开,使得传教士们和各基督教差会开始逐渐意识到教育事业发展的独特的价值与意义,并重视起学校教育的专业化建设,包括师资培训、课程、教材建设等等,有意识地将基督教学校组织起来,在比较细致地开展基督教学校调查的基础上组织专家集中研究相关教育问题,组织教材编写,组织统一的考试,试图建立统一的教育质量标准,以帮助和指导基督教学校逐步提高教学水平;并进而超越教派、超越地域的界限在全国的范围内整合与调整基督教学校尤其是基督教高等学校的教育资源。

应该看到,19 世纪 70 年代以后,基督教教育界开始自觉不自觉地重视起教育评估实践,并很借重这一重要的手段与工具帮助其在中国建构起相对独立的基督教教育体系,提升教育水平。在此过程中,在华基督教教育团体扮演了十分重要的角色,而由 1877 年第一次来华传教士大会后成立的基督教"学校教科书委员会"(The School and Text Books Series Committee)[②]逐渐衍化而来的"中华基督教教育会"(China Christian Education Association)[③]无疑是这幕舞台剧的主角。当时,基督教学校及相关教育机构和人员开展教育评估实践活动主要涉及的范围大致包括:(1)在全国各级各类基督教学校进行相关调研,完成调查统计,从而为教育评估提供必要的基础性材料。(2)在基督教学校围绕学校教学包括其师资、课程、教材建设及相关的教学管理等各主要环节开展实地调研,找出存在的问题,借助教育团体的力量开展共性问题研究,并进而组织统一教材的编写,提供统一的师资培训,同时在一些有条件的地方还开始尝试着组织统一的考试,作为衡量和评价基督教学校教学质量高下的依据。(3)在基督教学校尤其是基督教大学开展办学质量评估,甚至细化到各个专业开展深入的专业评估,然后超越教派、地域的界限提出整合与调整基督教学校尤其是基督教高等学校专业教育资源的建议。四、对中国当时现行的教育制度进行研究和评价,提出中国教育改革的意见,等等。

---

① 程湘帆:《中华基督教教育会成立之经过》(1925 年),载陈元晖主编:《中国近代教育史资料汇编》(教育行政机构及教育团体卷),上海教育出版社 2007 年版,第 662 页。

② 该会中文名称为"益智书会"。

③ 关于中华基督教教育会的相关历史,同样可以参考上述引文,即程湘帆:《中华基督教教育会成立之经过》(1925 年),载陈元晖主编:《中国近代教育史资料汇编》(教育行政机构及教育团体卷),上海教育出版社 2007 年版,第 662 ~ 668 页。

显然,基督教学校及其相关教育机构和人员对教育评估还是相对重视的,自觉或不自觉地利用这一重要工具和手段来调整、改善基督教学校的办学状况,指导相关学校的办学,确实是起到了相当的效果的;同时,基督教教育机构及相关人员还对中国当时现行的教育制度和政策进行评价,其中虽不乏真知灼见,但有些意见则带有很强烈的歧视与偏见,而原本都是外来户的基督教教育机构居然冠以"中国"之名、俨然以中国教育主人自居则难免令人齿冷,不得不使人将之与"文化侵略"和"文化殖民"挂钩。

一、针对基督教学校办学情况的调研

在华基督教学校通常是由各基督教差会自行举办的,后期也有一些学校是几个差会共同举办的,仅就在华基督教学校的举办者身份而言,情况就相当得复杂。根据现有的资料,我们已经很难严格地对所有基督教中小学校举办者的情况作全面的整理,但通过对基督教大学举办者身份的分析或许还可以帮助我们管中窥豹(参见表5-1)。

表 5 - 1 中国基督教高等教育机构及其举办者情况一览

高等教育机构名称	创办差会组织
齐鲁大学	美国长老会、英国浸礼会、美国圣公会、加拿大长老会、美南长老会、伦敦传道会、英国徇道会、英国长老会、美国公理会和美国美以美会等
燕京大学	美国公理会、美国卫理公会、英国伦敦会、美国长老会
圣约翰大学	美国圣公会
之江大学	美国南北长老会
苏州女子医学院	美国监理会女子部
汉口大同医学院	伦敦会、徇道会、美国浸礼会
震旦大学	天主教会
华中大学	英国徇道会、伦敦会、美国复初会、美国耶鲁大学中国雅礼会、美国圣公会
东吴大学	美国监理会
北京协和医学院	英国伦敦会、美国公理会、美国长老会、美以美会、圣公会和伦敦教会医学会
岭南大学	美国长老会
南伟烈大学	美国基督教会

高等教育机构名称	创办差会组织
夏葛医学堂	美国长老会
沪江大学	美国南浸会 美国浸礼会
金陵大学	美国卫理公会、北长老会、基督会、浸礼会、南长老会
华西协和大学	美以美会、英美会、公谊会、浸礼会
沈阳文会书院	丹麦路德会、苏格兰长老会、爱尔兰长老会
奉天医科大学	英国基督教差会
华南女子文理学院	美国监理会
金陵女子大学	美国浸礼会、监理会、美以美会、长老会、基督会、伦敦会、复初会、圣公会
福建协和大学	美国公理会、卫理公会、归正教会、英国公理会、英国长老会、英国圣公会
湘雅医学院	美国雅礼会
津沽大学	天主教会
信义大学	信义会
三育大学	美国基督教复临安息日全球总会中华分会
上海女子医学院	美国妇女联合布道会、监理会、浸礼会
辅仁大学	天主教会
上海基督教协作大学	基督教众差会

注:以上资料主要参考各相关学校档案资料、中国基督教大学联合董事会所编校史资料、各地政协文史委员会所编《文史资料》、朱有瓛编《中国近代学制史料——教会教育》等近代教育史志资料以及杰西·格·卢茨:《中国教会大学史(1850—1950)》等相关研究论著,等等。

正是由于各基督教学校分别隶属于不同的教派和差会,所以要想全面地了解和掌握基督教学校的情况并进而改善和推进基督教学校教育那是非常困难的一桩事情,同时也是非常重要的一桩事情。所以,各基督教教育团体成立后大都花很大的精力组织力量投入这项工作,也取得了很好的实际效果。

1877 年上海传教士大会召开之前,曾发布过一份比较详细的统计资料——"Statistics of Protestant Missions in China",专门统计基督教新教所设立的各类学校及学生情况。统计显示,当时基督教新教所办学校计有 347 所,学生 5 917 名。其中,美国差会在华办学的成绩最为显著,共开办了 202 所学校,在校学生人数达到了 3 117 名；英国差会紧随其后，开办了 123 所学校，招收了 2 228 名学生①。与此同时，也有人专门调查统计了 1877—1878 年间天主教会在江南教皇代牧区的办学情况，据他们的统计计有 345 所男校 6 222 名男生和 213 所女校 2 791 名女生②。1890 年第二次传教士大会召开之际，也有相关统计问世。

1890 年第二次传教士大会召开之后，原来组建的"学校教科书委员会"正式改组为"中国教育会"③。这样，一个原来的"临时的委员会组织而为常设的教育机关了。从前限于编译学校教科书的，现在把它扩充，讨论一般教育问题了"④，教育团体的性质发生了变化，功能更多样了，同时还在各地先后设立了地方教育分会，并把《教务杂志》（创办于 1868 年）、《教育月刊》（创办于 1907 年，后改为《教育季刊》）作为该会的机关刊物，基督教学校的许多调查统计资料都刊登其上。

地方教育分会成立后，教育会调研学校的力度大大增强了，同时还明确将"实地调查学校情形，编制统计"⑤纳入其重要的工作职责范围。华东基督教教育会成立之后，马上就着手组建一个"以贾腓力博士为首的，由安塞尔牧师、威尔逊牧师、瑟斯顿夫人和莱斯特小姐四人组成的委员会"，该委员会的任务就是与"教育联合会及中华续行委员会携起手来"，"尽可能多地视察本会统辖区内的中学，以便搜集每所学校的详尽资料，从中整理出对所有学校有用的东西"，完成华东地区的教育调查任务⑥。

中国基督教教育史上规模最大也最具影响力的一次针对基督教学校教育的大调研，是 1921 年 9 月至 1922 年 1 月间"巴顿调查团"对中国基督教学校教育所作的大范围的实地考察。20 世纪 20 年代以后，中国民众民族意识的日渐觉醒，使得基督教团体包括基督教教育机构逐渐感受到在华办学的强大压力。为了谋求对策，"中华基督教教育会"和"中国续行委员会"多次邀请纽约"北美差会顾问委员会"派出教育专家来华考察教会高等教育。1921 年，在洛克菲勒财团的资助下基督教差会委派美国芝加哥大学神学教授巴顿（Ernest D. Burton）为团长组建了一个由美、英、中三国教育家、神学家及传教士组成的 18 人的中国教育调查团。考察团分南北两路，对中国 36 个内地城市及香港、马尼拉等地近 500 所学校进行了实地

① 相关资料收入《The Chinese Recorder》（《教务杂志》）1878 年，第 9 卷第 109～115 页。
② 见保罗·科恩所撰"1900 年以前的基督教传教活动及其影响"一文，相关资料转引自费正清：《剑桥中国晚清史》（上卷），北京：中国社会科学出版社 1985 年版，第 614 页。
③ 该会于 1912 年更名为"全国基督教教育会"，1915 年又更名"中华基督教教育会"。
④ 程湘帆：《中华基督教教育会成立之经过》（1925 年），载陈元晖主编：《中国近代教育史资料汇编》（教育行政机构及教育团体卷），上海教育出版社 2007 年版，第 663 页。
⑤ 程湘帆：《中华基督教教育会成立之经过》（1925 年），载陈元晖主编：《中国近代教育史资料汇编》（教育行政机构及教育团体卷），上海教育出版社 2007 年版，第 667 页。
⑥ 克罗富特：《华东基督教教育会》，转引自陈元晖主编：《中国近代教育史资料汇编》（教育行政机构及教育团体卷），上海教育出版社 2007 年版，第 659 页。

考察,其考察的范围已经不仅限于基督教大学,而"兼及基督教所办一切教育事业"①。通过4个多月时间的调研,考察团对在华基督教学校教育尤其是其宗教教育提出了评估意见,认为形式主义的宗教教育模式是在华基督教学校教育的一大弊端,也不利于基督教学校真正实现其"以教育之方法,实现基督教教会之目的"②,由此必须加快对基督教学校传统宗教教育模式的改革,提出了"更加基督化"的口号。考察意见最终以《中国基督教教育事业》之名交由上海商务印书馆结集出版,内中有大量的篇幅涉及对中国其他类型学校发展状况的分析,并用具体的数据分别对在华基督教学校和其他类型学校就办学条件、教学设施、教师薪资和学生毕业去向等多个纬度进行详尽的比较与评估,堪谓一份相当完整的评估报告。

二、针对基督教学校的教学评估

　　由于传教的目的,基督教学校的教师大多由传教士兼任,所以基督教学校师资队伍教职化现象相当突出。早年的圣约翰书院曾有一个"仁慈的章鱼"的别号,就是形容当时的学校像章鱼那样牢牢地抓住任何一个圣公会新派来的传教士,要他们在从事宣教工作的同时到学校去兼职。事实上,后来长期执掌圣约翰大学校务的卜舫济本人早年刚到中国后同样也被圣约翰书院派去教授化学、物理、天文、地质、神学和哲学等不同课程。

　　然而,传教士毕竟不是专业教育人士,其学术功底较为有限,但起初基督教学校也并没有真正重视教学,即便是最初的大学教育和课程教学也不需要真正专业化太强的大学师资,而只需要有人能够"教授任何可能让他们教授的课程"就行了③。事实上,直到20世纪初叶在一些号称大学的基

圣约翰大学校长卜舫济

督教学校里充当教职的也还有不少这样的传教士教师,1913—1916年入读的李璜就看到"震旦大学在其时的教授们全部都是洋神父们"④。

　　这样一种师资状况当然会严重地影响基督教学校的办学质量和教学水平,所

　①　中国基督教教育调查会:《中国基督教教育事业》,商务印书馆1922年版,第2页。
　②　中国基督教教育调查会:《中国基督教教育事业》,商务印书馆1922年版,第315页。
　③　徐以骅:《教育与宗教:作为传教媒介的圣约翰大学》,珠海出版社1999年版,第46~64页。
　④　李璜:《学纯室回忆录》,香港明报月刊社1982年版,第29~30页。

以1877年第一次传教士大会召开之后就着手酝酿成立了由专业的教育人士组成的"学校教科书委员会",由丁韪良、韦廉臣、狄考文、林乐知、黎力基和傅兰雅等专业人士组织编写初级与高级两套中文教材,涉及"(1)教义问答;(2)算术、几何、代数、测量学、物理学、天文学;(3)地质学、矿物学、化学、植物学、动物学、解剖学和生物学;(4)自然地理、政治地理、宗教地理以及自然史;(5)古代史纲要、现代史纲要、中国史、英国史、美国史;(6)西方工业;(7)语言、文法、逻辑、心理哲学、伦理科学和政治经济学;(8)声乐、器乐和绘画;(9)地图及植物与动物图表;以及(10)教学艺术及其他以后可能被认可的其他科目"等十个方面的科目。

1890年第二次传教士大会召开后,"学校教科书委员会"被改组为新的"中国教育会"。新组建的"中国教育会",规模更胜从前,功能也更趋多样,也更注重吸纳各方的教育专业人士关注基督教学校的教学工作。中国教育会的工作有一个十分显著的特征或者说中国教育会的一个重要功能就是:注重教学评估对于促进和改善基督教学校教学的实际价值与作用。通常,中国教育会在帮助各基督教学校改进其教学工作时,采取的是分步实施的策略。第一步,开展教学评估,"先收集在华各类教会学校和学院开设的学习科目"以及相关的教学情况。第二步,"制订一个能包括每个学校要求的全面计划;制订出推荐给每门学科的教科书单;根据

丁韪良与狄考文合影

学习年限的长短,设置不同的课程,并确定一定的程度标准"。即中国教育会根据实地开展的教育评估的结果,针对各级各类基督教学校教学工作中存在的实际问题与需要,沿袭"学校教科书委员会"时期就已经开展的统一编制教科书、协调教学计划以及统一培训师资等工作经验和传统,以确保和提高各基督教学校的教育教学质量。最后,中国教育会还提出一个公共考试计划,要求所辖"各分会负责,每年或半年在各传教中心举行一次考试,检查一般的宗教内容和其他选修课程,向所有达到本会要求的人颁发不同层次的文凭或证书"。这项工作,交给了由 W. T. A. 巴博任主席,潘慎文、谢卫楼、卜舫济和施美志任委员的5人委员会负责全面推进[1]。

---

① 《中国教育会》,原载《教务杂志》第23卷,转引自陈元晖主编:《中国近代教育史资料汇编》(教育行政机构及教育团体卷),上海教育出版社2007年版,第636~637页。

与"学校教科书委员会"时期相比,中国教育会对教育评估的重视程度大大加强,投入的精力也更多,因而对各基督教学校教学工作的指导与管理也更具针对性。首先,中国教育会注重基于基督教学校教学实际状态下的指导,注重先期的教学评估,然后再有针对性地开展课程开发和教材编写等工作。之所以如此,也是基督教学校办学实践的结果。起初,传教士们通常只是简单地把西方的教学模式包括课程体系等移植到中国来,而对中国学生的实际需要并未加以过多的关注,由此导致各基督教学校办学与实际相脱节。19 世纪 90 年代以后,一些基督教教育专家如福开森等人就已经充分意识到,中国基督教学校的教育必须注意考虑中国教育发展的实际状况与需要,事实上上述 5 人委员会成员遴选的标准就是强调"有经验的、了解中国学校或教科书基本特征的、实际从事教育工作的教育家们"的参与①。他们强调,基督教学校"应该给中国一种他们所需要的课堂教学",而不是"仅仅根据西方国家学校的标准来编排课程",因为"这些课程的产生,是为了满足各个国家中各类学校的不同需要",而"必须向学生传授最适合于他们种族生存、能让他们尽最大努力建设和发展自己祖国的课程"。正是教学指导思想上的变化,使得"认真地比较课程,充分地交换意见"的工作被认为是非常必要的,这也正是中国教育会之所以重视教学评估的原因所在,并视为指导基督教学校改进和提高教学质量的重要依据。

除了注重对基督教学校实际状况的掌握外,中国教育会成立后在协调各基督教学校教学计划的安排、课程设置和教材编写等方面,还开始意识到要反映学生身心发展的实际规律,注重培养学生的综合素质与能力。值得关注的是,中国教育会很关注当时教育学科发展的一些新的动向。比如,哈佛大学校长埃利奥特(Eliot)在《论坛》(The Forum)上刚刚发表了一篇文章,福开森很快就看到了,并对文中所谈到的应重视和加强学生成长过程中至关重要的四方面能力的论述高度重视,认为埃利奥特所谈到的关于学生"(1)注意力,(2)对注意对象的正确记忆力,(3)根据记忆力进行正确推理的能力,(4)简明扼要,有说服力地表达自己思想的能力"的培养非常重要,"适用于任何一门学科的教学工作",应充分重视并注意纳入学校的教学实践中去。

正是因为注意兼顾到基督教学校的办学实际以及学生成长的实际需要,因而中国教育会在课程组织和教材编写等方面较以往在科学性方面确实有所进步,不过传教士眼中所谓的中国需要仍然还是带有相当强烈的主观倾向性,还是福开森本人最后自己点破了他们所认同的教育宗旨——"我们的教育应该让人们觉得满足,减少中国众多的无法律的暴力行为,阻止'教案'发生,缩小明显的贫富差别,

---

① 福开森:《我们教育会的工作》,原载《中华教育会年会报告,1893》(Records of the Triennial Meeting of the Educational Association of China Held at Shanghai. May 2 ~ 4,1893),转引自陈元晖主编:《中国近代教育史资料汇编》(教育行政机构及教育团体卷),上海教育出版社 2007 年版,第 639 页。

使雇佣阶层能从不断的疲惫的折磨中获得更多的解脱,使就业条件更宽松和更富人性"①。显然,当时的基督教学校教育毕竟还未能真正摆脱宗教教育的束缚,学校教育的首要任务还是为了基督教传教开路,以减少基督教在华传播的障碍。

另外值得注意的是,基督教学校开始建立起一种区域性的公共考试体系,以作为鉴别与评估各级基督教学校办学质量的依据。1909 年,华中基督教教育联合会成立,成立伊始该会就确定"准备拟定小学课程,制定统一考试制度,以提高学校的协调性和工作效率"作为最迫切需要着手实施的第一件事。到 1913 年,湖北、湖南等 4 个省 7 个教区的 22 所基督教学校参加了华中区的统一考试,考生人数为549 人;1914 年参加统一考试的基督教学校数增加到 41 所,考生人数进一步增加到 765 人。而据该会拉滕伯里牧师当时的估计,1915 年参加统一考试的基督教学校数将激增至 120 余所,考生人数突破 3 000 人,形成了相当的规模②。华东基督教教育会成立后,也马上任命"卜舫济博士、魏馥兰博士、祁天锡教授和雷德芬先生四人组成一个委员会",研究并实施在区内"基督教中学实施统一考试的计划"③。

显然,基督教教育团体通过教学评估等手段有力地加强了对基督教学校的教学管理,对于提高基督教学校教学质量和办学水平起到了重要的保障和指导作用。后期,一些地区还逐步开始实施了"学校视察员及视察制度"④,使得基督教学校的评估工作日趋步入正规和经常化。

三、针对基督教高等学校的大规模的专业评估和办学水平评估

基督教学校在中国的发展有其先发优势,新式学堂正是通过基督教学校首先出现在中国公众面前的。随着基督教学校办学的日趋正规,基督教学校教育的质量起初还是得到中国社会的普遍认同的,即便在华人社会里的口碑也是相当不错的。但是,随着时局的进一步恶化,尤其是中日甲午战败之后,中国人逐渐从"天朝大国"的迷雾中清醒过来,开始意识到"师夷之长技"的必要,也相继开办了不少新学,有的还办得相当得不错。此消彼长,基督教学校在中国的影响力有日渐衰退的迹象。

以下是两位圣约翰大学的外籍教员在 1910 年致卜舫济校长的一封信中对当

---

① 福开森:《我们教育会的工作》,原载《中华教育会年会报告,1893》(Records of the Triennial Meeting of the Educational Association of China Held at Shanghai. May 2 ~ 4,1893),转引自陈元晖主编:《中国近代教育史资料汇编》(教育行政机构及教育团体卷),上海教育出版社 2007 年版,第 641 ~ 644 页。
② 拉滕伯里:《华中基督教教育联合会》,转引自陈元晖主编:《中国近代教育史资料汇编》(教育行政机构及教育团体卷),上海教育出版社 2007 年版,第 656 页。
③ 克罗富特:《华东基督教教育会》,转引自陈元晖主编:《中国近代教育史资料汇编》(教育行政机构及教育团体卷),上海教育出版社 2007 年版,第 659 页。
④ 拉滕伯里:《华中基督教教育联合会》,转引自陈元晖主编:《中国近代教育史资料汇编》(教育行政机构及教育团体卷),上海教育出版社 2007 年版,第 658 页。

时的基督教高等教育包括圣约翰大学发展走向的冷静分析。他们清醒地意识到：

　　"第一，当学校扩大时，它不可避免地走向世俗化——即失去它占中心地位而统辖一切的传教动机。学校的目标越广泛，系科的数目越多，教师越忙于日益增多的专业职责，保持积极的传教热情也就越困难。事实上，几乎所有的教师都将完全失去与学生的个人接触，施加个人影响的困难会不断增加。圣约翰只在名义上作为教会的宣教部门的日子还很遥远，但这仅仅是因为它成为一所真正大学的日子也同样遥远。

　　第二，我们不得不承认没有一所学校能发展为真正的大学而仍处于宗派机构的控制之下。要取得足够的第一流教师从而使一所综合大学名副其实，就不能依赖圣公会布道部所能提供的人员。只要它的师资来源仍受校章的限制，圣约翰在与日益发展的官办大专院校以及不久将由外国人设立的学校的竞争中将处于下风。典型的圣公会传教士不是典型的学者、教授和行政人员，指望靠运气来取得好教师是冒险的。其他的出路看来是要么成为一所综合大学，由一流人才有效地管理，拥有优秀的教员和学者，并且与由传教士控制的宣教事业分道扬镳；要么成为一所五流的有名无实的大学，只有一些往日的荣耀，而被日益增长的竞争远远甩在后面"[1]。

　　正是由于中国社会的急剧变革和中国人对新学的极端渴求及其自身的学校教育体系的迅猛发展，基督教学校开始逐渐感受到来自中国官办学校教育水准迅速提高所带来的巨大压力和挑战，开始意识到自己作为西学"独有者"地位的不再。这种压力和挑战集中体现在办学水平和教学质量的竞争上。他们看到，随着新式学堂的建立和科举制度的逐渐废除，一个新的社会阶层将替代原来的士大夫而成为中国社会未来的主宰者，因此只有掌握了教育尤其是高等教育的主导权，成为培养这一新兴社会阶层的主渠道，基督教会才有可能借此把握住中国社会发展的未来走向。基督教学校只有不断提高教学质量和办学水平才能真正赢得社会的信任，吸引更多的学生入学，从而进一步扩大基督教在中国的影响力和号召力，在中国培育掌握中国未来的、"能够以基督教真理来领导这场伟大的精神和物质变革的人才"，确保能够把握和控制中国未来发展的走向与命运[2]。

　　圣约翰书院校长卜舫济早就心存要在中国建立能够培养"将来要对中国同胞施加最巨大和最有力的影响"的"未来的领袖和司令官"的"西点军校"的想法，这

---

　　① 上海档案馆馆藏资料 Q243—127，第 25～27 页，相关译文参见徐以骅：《教育与宗教：作为传教媒介的圣约翰大学》，第 25～26 页。

　　② Mateer，Calvin W.：The Relation of Protestant Missions to Education. Records of the General Conference of the Protestant Missionaries in China 1877，第 171～180 页。

是他在 1890 年召开的第二次在华传教士大会上的公开表露①。在 1907 年召开的基督教对华传教百年纪念大会上,卜舫济更是进一步雄心勃勃地提出了一个建立一所涵盖医学、法学、工科、师范等多个学科门类的综合大学的建议。虽然这项建议最后并没有得到会议的批准,但基督教大学整体推进其学术发展的方针的确定与实施却是这次会议的重要成果。此后,基督教教育尤其是基督教高等教育的建设问题便益发受到前所未有的重视。为了切实提高基督教学校尤其是基督教高等学校的办学水平和教育质量,基督教教育机构曾多次在基督教高等学校中开展细致的专业调研,充分比较各校在各个专业建设方面的特点,认真评估其得失与优劣,进而甚至在超越地域和超越教派的高度提出了整合与重构基督教高等教育资源的计划与方案。

第一次基督教高等教育资源整合与重构的计划始于 20 世纪初。当时,基督教大学大多属于草创阶段,不少徒有虚名,办学质量参差,办学规模也相当有限。基督教各差会反复比较了各所学校的办学特点,终于以开放的心态积极推进在不同基督教差会间的基督教高等教育资源的调整、合并与重组工作,从而使一些办学历史比较悠久的老学校在调整、合并与重组过程中实现了办学层次的提升,比如美国卫理公会、北长老会、基督会、浸礼会和南长老会等基督教差会于 1910 年将原汇文书院和宏育书院合并组建金陵大学;美国公理会、卫理公会、长老会和英国伦敦会等基督教差会在原汇文大学、华北协和大学和北京协和神学院三所学校的基础上于 1916 年合并组建新的汇文大学(1919 年正式更名为"燕京大学");英国徇道会、伦敦会和美国复初会、雅礼会与圣公会等基督教差会于 1924 年合并原文华大学、博文书院、博学书院三校组建华中大学,等等。当然,这样的调整也是一波三折的。

随着"收回教育权"运动的深入,基督教教育在中国的日子越来越难过,形势迫使基督教教育机构必须更大力度地做出调整以应对环境的变化。事实上,由于深受"收回教育权"运动的冲击,加之随着中国国立和其他私立高等教育机构的发展和质量的提高,在华基督教大学不仅办学规模较小,其在中国高等教育体系中所占的份额已经相当有限;而且办学质量上的优势也无从体现,正受到中国国立大学和其他私立高等教育机构越来越有力的竞争与挑战。为此,中国基督教教育协会高等教育理事会于 1928 年出台了一份在华基督教大学学科专业建设与调整的方案,该方案突出"质量提升"原则,基于对各基督教大学相关学科专业建设的评估,强调充分凸显各基督教大学不同学科专业建设的特点与优势,对在华各基督教大学的学科专业发展做出了明确的分工与规定,力图通过资源整合打造中国第一流的医学院、法学院、图书馆和农学院等专业学院,提升基督教大学的整体实力,重新

① 收入 1890 年传教士大会报告,即《Records of the General Conference of the Protestant Missionaries in China 1890》(Shanghai. 1890),第 497 页。

赢得基督教大学的社会声誉。报告建议：

"华北地区：（1）燕京大学，要发展成为一所拥有 700 人在校生规模的四年制文理学院，重点建设教育、新闻和家政等职业类学科专业；同时，在财政许可的情况下发展一所百人规模、具研究生教育资格的神学院。（2）山东基督教大学：要发展一所 200 人以上在校生规模的四年制文理学院，主要面向华北地区的城镇与乡村，重点培养乡村教师、传教士、医生、护士和其他社会或宗教服务工作者；其农科专业则交由金陵大学农学院办理；而在继续办好神学院的同时，学校应继续办理一所 150 人规模的医学院及其预科(100 人规模)。

华南地区：（1）福建基督教大学和华南学院，加强两校间协作，重点以乡村传教工作为主，华南学院要建成为一所 200 人规模的 4 年制女子学院；（2）岭南大学，发展成为一所 400 人规模的 4 年制的文理学院，重点建设商业管理等职业类学科专业；其农业专业应加强与金陵大学农学院的合作，并要求争取政府的支持。

华中地区：华中大学，重点建设商科类专业。

华西地区：华西联合大学，计划发展到 300 名在校生规模，设有医学院和神学院，重点当以服务乡村传教工作为主。

华东地区：重点建设圣约翰大学的医学院、金陵大学的农学院、东吴大学法学院，等等"①。

1933 年 1 月，该机构又对在华基督教大学进行了一次大规模的专业评估，认为：（1）高等医科教育领域，齐鲁大学和华西联合大学的医科水平最高，建议重点建设圣约翰大学的医学院和上海女子医学院，使之能够成为全国基督教大学"第三医校的核心"；（2）高等农科教育领域，无疑金陵大学在全国独领风骚；（3）高等法科教育领域，东吴法学院首屈一指；（4）新闻学科领域，燕京大学独占鳌头。但报告建议，鉴于上海是全国新闻中心的现实状况，将燕京大学的新闻学系搬到上海。……这样一份评估报告和建设方案，虽然对各基督教大学并无实质性的约束力，但相关文件和方案还是直接推动了各基督教大学学科专业建设的步伐和学术水平的提高②。

① China Christian Educational Association, Council of Higher Education. The Report on the Correlated Program,1928。系上海档案馆馆藏资料 Q243—714,第 64~69 页。

② China Christian Educational Association, Council of Higher Education. The Report on the Correlated Program,1928。系上海档案馆馆藏资料 Q243—714,第 54~63 页。

四、针对中国教育和教育制度的评估

在中国办学的过程中,西方传教士们对中国教育和教育制度也逐渐有所了解,作为战胜者和以"上帝选民"自诩的他们往往带着一种居高临下的姿态对中国传统的教育和教育制度评头论足。事实上,早在 19 世纪初叶,基督教传教士们就已经开始试图其改造中国包括中国教育的历程。

按照王树槐的介绍,为了纪念已故的基督教传教士马礼逊,"马礼逊教育会"(Morrison Education Society)于道光十六年即公元 1836 年宣布正式成立①。教育会成立伊始,就明确"董事会将着手调查中国教育实际状况,如能读会写的男女在总人口中的比例、其入学年龄、受教育方式和时间、学费、书费等"②,并认为只要掌握尽可能详尽的第一手资料,"能够提供关于现今中国教育的全面、准确的调查资料,那么就可明白无误地指出其优缺点"③。1890 年第二次在华传教士大会召开后,"中国教育会"正式挂牌成立,传教士们以"中国"为他们的教育会冠名,显示了他们要执掌中国教育之牛耳、成为中国教育之主人的野心,并明确将"探求和解决中国的一般教育问题"作为该会的第三项主要工作。该会通过评估,认为缺乏教育评估恰恰正是中国教育的一大缺失,指出:在中国私人开办的学校里,缺乏相对统一的教学模式和考核标准,其"最主要的缺点是完全没有督察",教师无从通过比较得知自己教学的优劣,进而引导他们去改善和提高自身的教学,而救弊之法就是建议政府建立起一整套完整的视学和督察制度,并建议组建新的"教育部"④。

胡卫清曾就基督教传教士对中国传统教育与教育制度的评估与批评意见做过具体的分析。据他的研究,"传教士对中国教育改革的参与和推动最集中地表现在晚清二十年间,即从 1890 年传教士大会开始到 1909 年中国教育会第六次'三年会议'为止。"在这二十年时间里,基督教传教士们以其中国新式教育"先驱者"的身份频频评价中国的传统教育及其教育制度,多次指手画脚地提出改造中国教育制度的意见和方案,试图极力影响和左右中国教育发展的走势与进程,主要提出了建立公共考试制度、建立公共学校制度以及组建新的教育部等主张。这些观点与意见,固然不乏科学的成分和进步的思想,但归根结底还是为了使中国的教育制度最终打上基督教的底色,李提摩太和林乐知等传教士肆无忌惮地提出由洋人专掌

---

① 王树槐:《基督教教育会及其出版事业》,转引自陈元晖主编:《中国近代教育史资料汇编》(教育行政机构及教育团体卷),上海教育出版社 2007 年版,第 669 页。

② 马礼逊教育会:《本会工作要点》(1836 年),转引自陈元晖主编:《中国近代教育史资料汇编》(教育行政机构及教育团体卷),上海教育出版社 2007 年版,第 616 页。

③ 马礼逊教育会:《马礼逊教育会第一次大会报告摘要》,原载《中国丛报》(The Chinese Repository)第 5 卷第 8 号,转引自陈元晖主编:《中国近代教育史资料汇编》(教育行政机构及教育团体卷),上海教育出版社 2007 年版,第 618 页。

④ 福开森:《我们教育会的工作》,转引自陈元晖主编:《中国近代教育史资料汇编》(教育行政机构及教育团体卷),上海教育出版社 2007 年版,第 644~646 页。

中国教育大权的意见更是充分暴露出其真实的用心①。

　　事实上,1922 年"巴顿调查团"所出具的意见书,同样也对中国的学校教育与教育制度进行了一次评估,同样也是基督教教育机构试图再一次影响中国教育发展进程的努力,但这种努力在 20 世纪 20 年代反对帝国主义的大潮面前被彻底击碎了。

　　鸦片战争以后,中国传统的社会格局被西洋列强的坚船利炮所打破,基督教及其"传教舟楫"——基督教学校相携而来并由此登陆中国。然而,事与愿违,抱着传教目的强势侵入的基督教学校最终却不得不褪去其宗教的外衣,开始其世俗化的历程。当然,这个过程并不容易。事实上,即便无法在精神上完全主宰中国,基督教学校及其背后的基督教差会还是试图左右中国社会包括中国教育的发展方向,为此他们以"中国教育会"等名义频频出面对传统中国教育评头论足;而在中国本土教育机构发展对基督教学校日渐构成极大威胁之际,为了确保基督教学校的办学优势,基督教差会也高度重视发挥教育评估的功能与作用,多次组织甚至邀请国外宗教团体和教育专家对中国基督教教育机构的办学条件、教学环节和专业建设等进行多方位的深入的教育评估,并据此提出基督教学校调整和改革的方案和建议。

　　客观地讲,作为传教舟楫的基督教学校教育在近代中国的发展并不是很成功,从"新教的地盘"到"无信仰的中心"的"沉沦"揭示了基督教教育机构在中国传教使命的整体失败;相形之下,其在文化教育领域的筚路蓝缕则取得了相当的成功,对中国教育现代化进程的推进在开风气、创制度等方面发挥了重要的作用与影响。基督教差会和基督教学校对于教育评估的重视与实践,同样具有十分重要的意义,其教学评估、专业评估实践对学校教育质量的保障和办学水平的提高以及教育整体布局结构的优化与完善等都发挥了重要的作用,对中国本土的学校教育系统无疑具有示范和借鉴意义。值得关注的是,基督教差会和教育机构还试图建立起基督教教育系统统一的公共考试制度和区域性的学校督察系统,表明基督教教育系统已经开始着手从制度上建立起严密完整的教育评估体系,而他们更有心将这一系统推广到全中国,虽然到 20 世纪以后他们发现自己已经越来越力不从心了。20世纪初叶"巴顿调查团"的来华,堪谓基督教教育系统阵容极为强大的一次教育评估实践的空前展示,在华的基督教差会高调邀请国际专家来华就基督教学校教育乃至中国的学校教育进行一次全面深入的教育评估,内容涉及办学条件、教学设施、师资资源以及学生就业状况等学校办学的各个方面,对象遍及中国 36 个城市和地区,但其"中华归主"的愿望和设想并不能阻止基督教教育在中国日渐式微的命运,以致这次评估也成为基督教教育系统教育评估实践的一次绝唱。

---

　　① 参阅胡卫清著:《普遍主义的挑战——近代中国基督教教育研究(1877—1927)》,上海人民出版社2000 年版,第 296～309 页。

第六章　近代学制建设与教育评估的制度化演进

　　面对西方列强的步步紧逼，国人不得不从"天朝大国"的迷雾中逐渐清醒过来，被逼迫着开始睁眼去看外面的世界。在祖宗成法屡屡失效的情况下，改弦易辙便成了唯一可能的现实选择，"变法图强"成为这个时代的主旋律。第二次鸦片战争之后，本着"中体西用"的原则参照西方的学校教育模式洋务派开始兴办了一批新式的学堂，史称"洋务学堂"。包括外语学堂、军事学堂和科技实业学堂等在内的"洋务学堂"，先后相继兴办了大约30余所，其中比较著名的有京师同文馆（1862年创办）、上海广方言馆（1863年创办）、广州同文馆（1864年创办）、福州船政学堂（1866年创办）、北洋水师学堂（1881年创办），江南水师学堂（1890年创办）、湖北自强学堂（1893年创办）和湖北武备学堂（1895年创办）等。据有关资料估算，到甲午战争前后各洋务学堂毕业的学生大约已经超过一千人①。

江南水师学堂旧址

---

　　①　转引自李长莉：《先觉者的悲剧》，学林出版社1993年版，第35～38页。

堂堂中华帝国一朝之间竟然被蕞尔小国日本打翻在地,1895 年中日甲午战争的失利更是把"天朝大国"仅剩的一点颜面也全部剥尽了,中国同时被逼到了"亡国灭种"的边缘。痛定思痛,不变法不足以谋生存,最终光绪皇帝下定了改革的决心,推出了一系列新政。虽然在保守势力的打压下"维新"仅仅维持了百日,许多新政措施也随即被废止,但"泰西之所以富强不在炮械军器,而在穷理劝学"①的观念逐渐为人们所接受、"救敝之法,归于废科举兴学校"②的策略也得以实施。新政期间推出的一系列劝学措施并没有因为保守派的反对而终止,相反各地公私立学校发展很快③。

1895 年之前,新式教育还仅仅局限于沿海七省;到了 1899 年,仅仅过去四年左右的时间,新式学堂已经扩展到包括云、贵、川、陕等内陆地区的十七个省。其中还出现了几所具有高等教育性质的现代学校,比如设有头等学堂的天津中西学堂、设有上院的南洋公学和京师大学堂,等等。

1901 年 8 月 2 日,清政府迫于民意发布了一条上谕,该上谕称:

> "除京师已设大学堂应行切实整顿外,着各省所有书院,于省城均改设大学堂,各府及直隶州均改设中学堂,各州、县均改设小学堂,并多设蒙养学堂。……着各该督抚、学政,切实通饬,认真兴办。"④

随着新式学堂建设步伐的持续推进,尤其是沿袭了 1300 年之久的科举制度的一朝废除,中国传统教育制度面临新的结构性重组。晚清末年,清政府相继出台了《钦定学堂章程》(史称"壬寅学制")和《奏定学堂章程》(史称"癸卯学制"),从而揭开了中国近代新学制建设的篇章。随着清廷的瓦解和民国的建立,中国近代教育学制又经历了进一步的调整,教育评估作为确保和提高教育教学质量和水平的有效手段得到了确认,并在制度的框架下得到了大力发展。这里,我们着重研究中国近代以来的视学、督导制度和教育公共考试制度。⑤

---

① 康有为:《上清帝第二书》,《戊戌变法》第 2 册,上海人民出版社 1957 年版,第 148 页。

② 梁启超:《清代学术概论》,上海古籍出版社 1998 年版。

③ 梁启超对于戊戌变法的影响曾有评论,他说道:"政变之后,下诏废各省学校,然民间私立者尚纷纷见,亦由民智已开,不可遏制,则此诏之功也",语见梁启超的《戊戌政记》。

④ 《光绪二十七年八月初二日谕令各省、府、直隶州及各州、县分别将书院改设大、中、小学堂》,转引自陈元晖主编:《中国近代教育史资料汇编》(学制演变卷),上海教育出版社 2007 年版,第 7 页。

⑤ 浙江师范大学教育评论研究所所长刘尧教授曾撰文简要地概述了中国教育评估发展的历史,在他看来,近代中国教育评估研究应把握如下几个重点,即(1)清末民初的教育评价活动是中西教育评价思想的碰撞;(2)新民主主义革命时期解放区的教育评价活动实践了教育评价的发展性;(3)国民党政府的毕业会考制度实践了教育评价的制度性。参见刘尧:《中国教育评价发展历史述评》,《北京工业大学学报》(社会科学版)2003 年第 3 期。

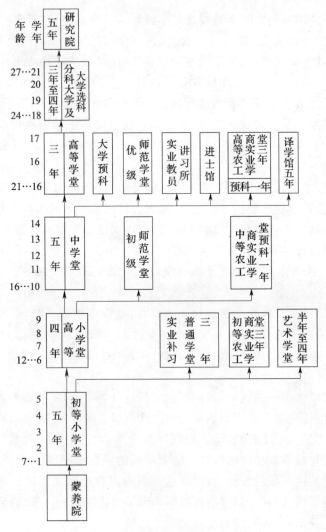

癸卯学制系统图

第一节　近代视学和教育督导制度的确立

　　与传统的教育行政管理制度相比,近代中国教育行政管理体制建设过程中出现了一个显著的变化,那就是增加了对学校教育实施监督这样一个重要的环节。晚清末年,随着科举制度的终结和清政府"新政"的出台,出现了新的"视学"制度①。民国以后,"视学"制度在实践中得到了进一步的发展,进而逐渐演化为系统的教育督导制度,成为近现代中国教育评估制度化建设的一大亮点和一个重要方面。

---

　　① 当然,"视学"之名由来已久,早在《礼记·文王世子》中就有"天子视学,大昕鼓征,所以警众也。众至然后天子至,乃命有司行事,兴秩节,祭先师、先圣焉"之句。

一、晚清末年"视学"制度的初具雏形

诚如基督教传教士们所言,近代中国社会有相当一段时间学校教育是缺乏有效的监督和管理的,事实上1898年京师大学堂成立之前清政府也确实未曾设立过专门管理新式学堂的教育行政机构,自然更谈不上对相关学校教育的评估与监管了。

1903年京师大学堂重要教职员合影

20世纪之交近代中国教育发展演变的一个大的格局就是以科举制为轴心的传统教育的渐次衰亡和新式学校教育的逐步发展,其显著的标志就是1902年《钦定学堂章程》(史称"壬寅学制")和1904年《奏定学堂章程》(史称"癸卯学制")的相继出台以及1905年科举制度正式宣布废止。由于种种原因,中国近代第一个新学制——《钦定学堂章程》最终并未得到真正有效的实施,而由张百熙、张之洞和荣庆拟定的《奏定学堂章程》则成为中国教育史上第一个实际运行的近代学制。

《奏定学堂章程》制定了系统的学校教育制度,它把整个学制分成统辖三段七级的普通教育的直系教育体系和涵盖实业与师范教育的旁系教育体系两类,以后在具体实施过程中又对原有的学制尤其在初、中等教育和女子教育等方面根据近代教育发展的实际需要及其基本规律进行了进一步的调整与修订。与此同时,清政府还配套出台了《重订学堂章程折》、《学务纲要》和《各学堂管理通则》等相关政策和法令,共计20余项[1]。1904年。清政府设立了主管全国学校教育的最高主

---

[1] 相关文件可以参阅陈元晖主编:《中国近代教育史资料汇编》(学制演变卷),上海教育出版社2007年版,第7页。

管——总理学务大臣,并任命孙家鼐为总理学务大臣。对于新设立的教育行政领导机构的结构及其功能,《学务纲要》也有明确的规定,强调"学务大臣即于所属各院中,随时派赴各省,考察所设学堂规制及课程教法是否合度,禀报学务大臣。如各省学堂学科有未妥善之处,随时咨会该省督抚转饬学务处迅速增改,务使各省学科程度一律完备妥善,且免彼此参差"①,从而在制度层面上赋予学务大臣及其"属官"对全国的新式学校教育进行评估督查等职权。

但是,在当时科举制度尚未完全废止的情况下,总理学务大臣的职权还是相当有限的,即仅局限于管理新式学堂教育,而传统的教育主管部门礼部和国子监系统依旧存在。1905 年 12 月,清政府为顺应废除科举制度的新的形势变化,宣布成立学部这一新的中央教育行政主管机构,同时将国子监一并纳入学部管理,且对礼部和学部的职权作了明确的界定,从而进一步突出了学部主管全国教育事务的功能与地位。

学部下设五司十二科,并设立了专门的"视学官"。起初,"视学官暂无定员,约十二人以内,秩正五品,视郎中。专任巡视京外学务"②。也就是说,新设的学部设立了专门的正五品衔的"视学官",就负责巡视除京城以外其他所有地区的教育事务,而京城的教育事务则交由专门设立的京师督学局负责监管。与之相适应的是,各省、厅州县也相继设立了省视学和县视学等职官,规定各省设省视学六人,负责"巡视各府厅州县学务",而府厅州县则各设县视学一名,"以时巡查各乡村市镇学堂"③。由此,20 世纪初叶的中国,开始建立起比较系统的近代教育视学制度。当然,事属初创,视学工作还不完备,也并未真正得到应有的重视。这种情况在宣统元年即公元 1909 年学部《视学官章程》三十三条颁定后有所改益。

之所以要出台《视学官章程》④,派视学官巡察各地教育事务,主要基于如下三点考虑,第一,学部身肩"统辖全国学务"的重任,必须加强对各地教育事业发展的实地调研,以获得充分的第一手资料,为教育决策提供依据,"以期有所施设";第二,各地教育发展的情况各不相同,要因势利导;第三,中央派出视学巡视地方教育事务,容易与地方教育行政部门发生职权相侵的问题即所谓"或时有倾越之嫌",必须出台具体的规定加以规范以便明晰彼此的职责。

第一,建立了全国定期的"视学"制度。《章程》明确将全国划分成十二个不同的"视学区"(除内外蒙古外,每个"视学区"均分辖 2 ~ 3 个省),要求每年视察其中

---

① 《奏定学务纲要》,载陈元晖主编:《中国近代教育史资料汇编》(学制演变卷),上海教育出版社 2007 年版,第 514 页。

② 《学部奏酌拟学部官制并归并国子监事宜改定缺额折》,载陈元晖主编:《中国近代教育史资料汇编》(教育行政机构及教育团体卷),上海教育出版社 2007 年版,第 12 ~ 17 页。

③ 《学部奏陈各省学务官制折》,载陈元晖主编:《中国近代教育史资料汇编》(教育行政机构及教育团体卷),上海教育出版社 2007 年版,第 43 ~ 47 页。

④ 《学部奏拟订视学官章程折并单》,载陈元晖主编:《中国近代教育史资料汇编》(教育行政机构及教育团体卷),上海教育出版社 2007 年版,第 20 ~ 24 页。

的三四区,这样每三年就可以完成对全部所有十二个区域("除了内外蒙古、青海、西藏暂行缓派外")的一轮视学工作。《章程》规定,学部向每个"视学区"各派出两名视学官,其具体视察范围由学部临时指定;在各省,视学官"视察之日,至少以八十日为度"(且不包含路上往来的时间以及假期)。此外,根据需要,学部还可以临时加派"视学官"进行专项"视学"。

第二,明确了"视学官"的任职资格。清朝学部没有专门"视学官"的设置,而是规定在学部人员内部或者在其直辖的学校部分职位相当的管理人员或教员中抽调,要求抽调担任"视学官"的人员必须"宗旨正大、深明教育原理",同时在各区视察的两名"视学官"中还要有一人"精通外国文及各种科学者",以便"考察中学以上之教法",也就是说担任"视学官"必须是专门的教育专业人士,而且每一组还配备了一名教学专家。

第三,提出了"视学"的主要内容与范围。《章程》规定,就视学地域范围而言,视学官除了必须驻扎各省城视察外,凡是交通便利的各省其下辖"各府直隶州厅,均应遍查",至于各州县及乡镇以及边远省份所辖各府直隶州厅的学校教育情况则"可以抽查"。显然,视学的区域还是相当广泛的,但中央视学视察的范围一般仅限于各府和直隶州厅这一级,而不涉及一般的地方基层。就视学的具体内容而言,《章程》所赋予的权限也是相当大的:(1)视学的对象就是各省及各府州县的教育行政情况以及各地的学校教育发展情况;(2)视学的重心就是各地学校教育及其内部管理情况,包括其卫生状况、师资状况、学校教学、学生"风纪"及其他基本学务状况;(3)各地教育设施建设情况;以及(4)学部特别批示需要专项视察的其他事宜,等等。

第四,规范了视学的权限与作用。(1)实地调查。为了保证视学官能够掌握第一手的实际资料,《章程》规定,每次视学官外出视学,都握有一枚题为"学部视学"的"铃记",作为视学的凭证;视学官所到之处,当地的教育行政机构都必须派员"随同视察",以便能够及时回复视学官的询问;各地教育行政机构和学校的所有"案卷簿册",都必须向"视学官"随时开放;为了检验学校的实际教学效果,视学官可以随时"考试学生",并任意调阅"讲义稿本或图书目录"等相关资料;视学官可以自由决定调查的学校及具体调查时间,而不必提前通知相关学校,以便及时掌握学校教育的真实状况,等等。(2)监督。首先,如果视学官是带着学部"已决定及特受部示之事件"下来的话,必须向相关人员"申述意旨,劝导办理",督促地方教育行政主管部门严格执行学部的命令;认真核查各省、厅州县等各级教育行政机构和学校的工作是否符合章程的要求,或者是否严格执行了章程的要求,如果发现有违规现象发生,都要及时告知相关部门的领导责令其"改正、整理",并将直接通报其上级机关,要求其"随时留心考察";凡是在视察过程中发现学校管理人员或教师有"不能称职及旷假太多、虚糜经费等弊",即玩忽职守或有贪污等不法行为的,视学官可以"详具事由,商由提学使即行撤换"。(3)指导。视学官所到之处,都要求与当地的社会贤达与教育界人士包括"该省议长、议绅、教育会长或省视学、县视学"等,共商教育发展的大计。当然,为了防止出现视学官侵凌地方教育行政主导权的事件发生,《章程》也同时规定,视学官在视学过程中如果遇到"关系教育事务之争端(如官绅攻讦及因学款争诉,管理员、教员争执意见等事)",不得直接干预,而应该让相关部门去管理。

第五,严明了视学的纪律。既然视学官职权如此重要,因此《章程》也对视学官提出了多项限制性要求:(1)明确视学经费由学部按规定统一拨付,"不得受地方官供应";(2)视学官出京前必须制定好周密的视学计划,并报学部"核准,遵照办理";(3)视学官每完成对一府或直隶州厅的视学工作,必须及时出具视学报告,上报学部;(4)如果视学官出现收受地方或学校贿赂、超越职权范围干预地方教育行政以及敷衍塞责、工作不认真,报告"不能切实者",一经学部核实立即撤查。

清末视学制度的推出,在我国近代教育史上具有十分重要的意义。由于清廷很快就覆灭了,清末视学制度的实践比较有限。虽然也初步建立起中央视学、省视学和县视学等在内的系统的视学制度,但这时的清政府尚无暇真正花精力健全这一制度,当时视学工作的重心还仅仅局限于中央视学这一层面。然而,它的出现有利于上下沟通,提高教育管理的整体效益,开了我国教育督导制度的先声,也奠定下近代中国教育评估制度化建设的一块重要基石。

二、民国时期教育督导制度的健全与完善

辛亥革命后,新成立的国民政府继续沿用了清末的视学制度。1913 年 1 月,民国政府教育部颁布了《视学规程》,之后又相继公布了《视学处务细则》(1913 年 3 月)、《视学留部办事规程》(1913 年 12 月)、《视学室办事细则》(1914 年 12 月)等一系列规章制度,对中央一级教育督导机构的设置、职能、任务、职权等做出了明确的界定和规范。

与清末学部不设专职的视学机构和"视学官"的做法不同,民国教育部设有专门负责督察各地的教育事业发展情况的管理机构——视学处,并设立了专职视学十六人,专门负责"承长官之命掌学务之视察"[①],其任职资格是国内外大学或高等师范学校毕业且在教育界任职一年以上者或者在教育行政岗位、师范学校、中学校校长岗位或教师岗位上有三年以上工作经历者。

除了西藏作为特别视学区外,当时全国共划分为 8 个视学区,每个视学区各由两名视学负责专门巡视其境内的"普通教育及社会教育",如果有特别的需要还可以"酌派部员协同视察"。这一点同样也与清末的视学工作有所不同,即不再是每三年完成一轮全国的视学工作,而将视学纳入教育部的常规工作,全国 8 个视学区

---

① 《教育部管制公布》,载陈元晖主编:《中国近代教育史资料汇编》(教育行政机构及教育团体卷),上海教育出版社 2007 年版,第 114 页。

16 位视学每年都要跑到。《视学规程》规定了两种类型的视学。一种是定期的视学,视学时间从每年的 8 月下旬到第二年的 6 月上旬;另一种是临时的视学,要随时完成教育总长交派的任务。当然,10 个月下来两名视学也不可能跑遍所辖视学区内的所有地方,也只能是对所辖视学区域进行抽查,但具体视察的地域并不是视学本人所能决定的,而是由教育总长"临时指定"的。

民国初年视学工作的重心是学校教育和社会教育,其范围依旧包括教育行政、学校教育状况(包括教学、经济、卫生及师资等各个层面)、社会教育及其设施情况以及教育总长临时指派的事项,等等。教育部视学依旧享有不经通知随时视察学校、随意调阅学生成绩及各种相关资料等权限,以确保视学工作的真实性和可靠性[①]。

民国初年,政局不稳,从而也影响了视学制度的健全与完善。1914 年 6 月,教育部曾专门呈请大总统要求继续保留各省的视学;同时,又与各省巡按使商议设置省道县各级视学,但都不曾得到很好的回应。直到 1918 年 4 月教育部相继公布了省视学、县视学规程之后,才逐渐建立起从中央到地方的一整套完整的视学体系。虽然此后视学制度在一些方面也有所改易,但事实上至此已经初步奠定了民国教育督导制度的基本框架。当时,教育部要求,每省设 4~6 名省视学,各县设 1~3 名县视学,都必须专职,不得兼任。相对于教育部视学的工作,对省视学和县视学的工作更突出和强调了要重视和加强对幼儿教育与特殊教育的检查与指导。为了加强对各县视学工作的指导,提高视学工作的实效,《县视学规程》刚刚颁布后不久,江苏省教育厅即于当年专门委托南京高等师范学校为该省代办县视学讲习会,陶行知便是具体负责该讲习会的主任。

1927 年南京国民政府成立以后,国民党加强了对中国社会的控制,其对学校教育的控制和管理也更趋严密,在前期视学制度建设的基础上进一步加强了教育督导制度的建设[②]。1929 年、1931 年,国民政府相继公布了《督学规程》、《督学办事细则》等一系列规章制度,从中央到地方建立起严格的教育督学制度,明确规定了督学视察及指导事项、督学的权利等内容。由此,"督学"一词逐渐替代了原来的"视学"而渐次通行。当然,期间也有反复。1941 年 6 月,教育部曾公布过《视导规程》及《视导室办事细则》,将督学室又改为视导室;直到 1943 年 1 月教育部才重新恢复"督学室"旧名,取消视察员名义,统称"督学"。

南京国民政府教育部下设专门的督学室,负责全面视察指导全国教育事项;各省教育厅、县教育局下也均设有专门的督学室。据 1931 年公布的《教育部督学规程》和《省市督学规程》等法令规定,教育部设有 4~6 名督学,各省教育厅设置

---

① 以上参阅《教育部公布视学规程》,载陈元晖主编:《中国近代教育史资料汇编》(教育行政机构及教育团体卷),上海教育出版社 2007 年版,第 114~116 页。

② 有学者认为,督导一词最早见于 1926 年,参见李帅军:《教育督导观念的历史考察与现实选择》,《现代教育论丛》2003 年第 3 期。

4～8名督学,行政院直辖市教育局设置2～4名督学①。

美国学者奈塞曾根据教育督导的目标和功能,将教育督导的发展划分成五个不同的历史阶段,即(1)行政视察时期(1624—1875年);(2)效率为指针的专家督导时期(1876—1936);(3)重视人际关系,致力于改进教学时期(1937—1959);(4)以研究和探索为督导方针的时期(1960—1970)和(5)以系统分析为主导的时期(1970—至今)②。他的划分方式当然只代表了一家之言,事实上也并没有将中国教育督导制度的发展特点概括进去。就中国近代视学和教育督导制度建设发展的历史来看,近代中国视学制度的建立,固然是为了行政推进教育事业的发展;但由于当时中国所处的特殊的历史背景,时人是将兴新学与变法图强紧紧联系在一起的,是将新式学校教育的发展与国运的兴衰联系在一起的,寄予很高的期许,因而对视学的要求也比较高,自其建立伊始,也就带有了"专家督导"的意味,也意在通过视学和督导,评价地方教育事业发展和学校办学,并帮助其提高。这一点,正如我国教育学者罗廷光在其1943年出版的《教育行政》一书中所指出的那样,"教育视导乃依据视导的原则和标准,运用科学方法对于教育事业和教学活动,由精密的视察、调查和考核,进而作审慎的考量,明确的评判,更给予妥善的指示,同情的辅导,并计划积极建设改进的方法,使教学效能增加,教育日在改进、扩充、伸长和进展的历程中,得以有效地达到美满完善的境地。"③

第二节 统一教育公共考试制度的建立

中国科举制度绵延了1300多年,直到1905年才告最终废止。可以毫不夸张地说,中国的科举制度堪称人类有史以来最大规模的一种公共考试制度。当然,就其属性而言,中国传统的科举制度还不是一种严格意义上的教育考试制度,而是一种文官选拔制度,与今日的公务员考试制度属性相仿。科举制度的功能更多地还在于为朝廷选拔合格的官吏,而不是直接检测和评价教育质量和效果④。科举考试之所以能够长期肩负起人才选拔的功能和作用,关键还在于在当时的那种历史条件下科举制度提供了一种相对公平的检测与评价候选人学识水平的工具和手段。

伴随着科举制度的废止,近代新式学堂教育得到了较快的发展,但此后相当长

---

① 参阅宋恩荣、章咸主编:《中华民国教育法规选编(1912—1949)》,江苏教育出版社1990年版,第126～129页。

② 参见李帅军:《教育督导观念的历史考察与现实选择》,《现代教育论丛》2003年第3期。

③ 该书已由福建教育出版社于2008年再印出版。

④ 其实,到了晚清末年,科举制度甚至走到了近代学校教育发展的反面,所谓"科举一日不停,……学堂决无大兴之望"成为时人的一种共识,语见《清帝谕立停科举以广学校》,载舒新城编:《中国近代教育史资料》上册,人民教育出版社1979年版,第63页。

一段时间里中国社会始终缺乏一种统一的教育公共考试制度。正是由于这样一种统一的教育公共考试制度的缺失,使得人们难以相对客观地评价各地学校教育的办学水平和教育质量的高下。事实上,基督教传教士团体很早就看到了中国近代教育制度中存在着的这一缺陷,曾多次提出建议,并力图在基督教学校系统中先行试点建立起这样一种统一的教育公共考试制度,逐渐成形日臻完善后进一步推广,进而直接掌握中国教育发展的评价权和指导权。他们的这一努力在一些区域取得了一定的成功,但就整体而言伴随着20世纪20年代以后"非基督教运动"和"收回教育权"运动的高涨最终难免破灭。直到20世纪30年代,中小学校及师范学校、技术学校学生毕业会考制度的相继出炉,反映了民国时期中国统一的教育尤其是基础教育质量评价体系制度化建设的一种新的尝试,当然其中所蕴涵着的政治控制的意图也是不言而喻的。

毕业会考制度始建于1932年,开始时在中小学校普遍推行,后来因为社会反响巨大,施行了一年之后就取消了小学毕业会考制度,1934、1937年后又相继推广到师范学校和职业学校,抗战期间后方省份还坚持中学毕业会考制度,直到1947年才最终废止,前后推行了15年。毕业会考制度的推出,一方面是为了整顿学校,提高办学质量。1929年3月25日国民党第三次全国代表大会政治报告对当时的学校教育有所谓"六滥"的评价,即"学校滥、办学之人滥、师资滥、教材滥、招生滥、升学滥",因而试图通过建立一种统一的教育公共考试制度来评价学校的办学成绩与学生的学业水平,以此作为学校停办与否的依据;另一方面,则也是国民党政府施行"整顿教育",加强对学校教育法西斯专制控制,严密学校管理的一种重要的政治手段和方法,试图用严格的毕业会考加重学生的课业负担把学生逼回教室和课本,减少与阻止学生的政治活动。

1932年5月26日,国民党政府教育部公布了《中小学毕业会考暂行规程》,规定为了规范各级学校的办学质量、提高办学效益,自当年起要在全国所有中小学校应届毕业生中开展毕业"会考",明确只有所有考试科目成绩都达标的学生才有资格毕业,对于2门以下考试科目成绩不合格的学生只给予1次复试的机会,如果复试合格准予毕业,但如复试也不合格则与3门以上考试科目成绩不合格的学生一样留级一年,一年后也只有一次再次参加毕业会考获得毕业的机会,从而给学生以巨大的升学压力。同时,毕业会考的成绩也成为衡量与评价学校办学水平和教育质量的主要尺度。教育部在1933年2月16日一份下发各省市教育局的训令中明确指出,各省市教育局要高度重视这次毕业会考所反映出来的学校教育的信息,认为毕业会考成绩反映了学校平日的办学水平,对于一半以上学生毕业会考成绩不合格的学校要给予警告处分或严令整顿,责令其限期改善学校的教学与训育;并警告相关学校如果第二年毕业会考成绩没有明显进步的话将直接予以取缔或者停办。显然,毕业会考成绩对于衡量与评价学校的办学起到了举足轻重的作用。

正因为毕业会考制度对学生和学校的影响如此巨大,因而社会上反对的声音也相当响亮,尤其认为小学实行毕业会考会严重加重小学生的课业负担,对小学生的身心健康造成损害。因此,国民党政府教育部又于1933年12月2日重新公布了《中学学生毕业会考规程》,1935年4月6日又对上述规程作了重新修订。上述规定,一方面实质上取消了小学毕业会考,另一方面也对原来的中学毕业会考制度进行一定程度的调整,放宽了一些要求:(1)高中开设公民、国文、算学、历史、地理、物理、化学、生物学、外国语九门毕业会考科目;初中开设公民、国文、算学、理化(物理和化学)、生物(动物学和植物学)、史地(历史和地理)、外国语7门毕业会考科目,由各省市(行政院直辖市)区(特别行政区)教育行政机关统一组织。(2)规定各中学在统一毕业会考前二周时间内组织学校的毕业考试,其考试成绩也纳入学生成绩总分,占学生考试成绩总分的40%;而统一毕业会考成绩则只占学生考试成绩总分的60%,两项成绩合并计算,这样就相对减轻了毕业会考的作用和影响。(3)规定3门以上会考科目成绩不合格的学生留级,而对2门以下会考科目成绩不合格的学生则给予复试2次的机会,比前一年的规定增加了一次考试的机会;同时对于2门以下会考科目成绩不合格的学生升学网开一面,允许其"先行报考升学。经录取后,作为试读生。俟参加各该科会考及格,得有毕业证书后,始准其参与所升学校之毕业考试"。同时,教育主管部门还将公布考生个人及相关学校的统一会考成绩,即规定"会考结束时,应以学生个人为单位,将其所得毕业会考各科成绩之平均数,分列等第揭示之。同时并应以学校为单位,将各校应届毕业学生人数,与参加会考人数之百分比,列为甲、乙、丙、丁四等,再以各校会考及格学生成绩之平均数,分列为甲、乙、丙、丁四等揭示之"[①]。显然,毕业会考所肩负的学校教育评估的职责并未减轻。

1934年4月26日,国民党政府教育部发布了《师范学校学生毕业会考规程》,1935年4月6日又对其进行了重新修订,从而自1934年起针对师范学校毕业学生也实施了毕业会考制度。有关规定与《中学学生毕业会考规程》相仿,会考同样由各省市(行政院直辖市)区(特别行政区)教育行政机关统一组织,时间大致安排在"每年六月最后一星期及一月第一星期内举行";会考成绩与学校毕业考试成绩以6:4的比例合并计入总分;全部会考成绩合格的学生才能毕业,2门以下会考科目成绩不合格的学生可以有2次复试相关科目的机会(如果再通不过则必须重考全部所有会考科目),3门会考科目成绩不合格的学生留级;学生个人及相关学校会考成绩将按等第予以公布,等等[②]。

1937年,国民党教育部又公布了《职业学校学生毕业会考规程》,同样在职业

---

①《中学学生毕业会考规程》(1935年4月6日),载宋恩荣、章咸主编:《中华民国教育法规选编(1912—1949)》,江苏教育出版社1990年版,第350~352页。

②《师范学校学生毕业会考规程》(1935年4月6日),载宋恩荣、章咸主编:《中华民国教育法规选编(1912—1949)》,江苏教育出版社1990年版,第464~467页。

学校推行毕业会考制度。

20 世纪前后,中国教育正处于吐故纳新之际,随着科举制度的最终废除,新式教育制度逐渐建立起来。伴随着新式教育制度的建立,作为确保和提高教育教学质量和水平的有效手段的教育评估同样也得到了高度的重视,并逐渐在整个新教育制度的框架下得到大力的发展,日渐成型并完善。其中涉及面最广、影响最大的教育评估制度是视学、督导制度和教育公共考试制度。由于清廷的很快覆灭,匆匆变法的清政府虽然正式推出了视学制度,但尚未得以全面实施,视学制度的建立主要还只是局限在中央这一级。然而,视学制度的出现毕竟有利于上下沟通,有利于提高教育管理的整体效益,它开了我国教育督导制度的先声,也奠定下近代中国教育评估制度化建设的一块重要基石。民国初年政局动荡,但视学制度还是很顽强地坚持了下来,并从上至下都设立了相应的专门机构,配置了专门的人员。随着新学制的最终确立,教育评估制度也日趋成型和严密。科举制度的废止,为新型学校教育的发展开辟了道路;而新型学校教育的发展,又需要一种新型的公共教育考试制度来加以保障,这一点其实早在清末基督教差会组织就已经看到并在部分区域开始实践,但真正大规模的实施则还是 20 世纪 30 年代以后的事,国民党政府建立了面向全国中小学、师范学校和职业学校学生的统一的毕业会考制度。

第七章　教育测量试验运动的兴起和教育评估理论的探究

在把救亡图强的希望与兴办新式教育的努力紧紧相系的社会公共意识①影响下,自晚清末年开始有大批学子远渡重洋,负笈异邦,去学习西方的教育科学知识,形成了一个相当规模的群体。他们如饥似渴地学习着教育科学知识,不断汲取着最近的理论发展成果;学成归来以后又认真坚持学以致用,将西方教育科学理论用于中国的教育实践。可以这么说,正是由于有了这样一批中坚力量的存在,20世纪初直到抗战前夕中国的教育领域才特别活跃,一方面他们紧紧跟踪国际教育学科发展的最新成果,并努力在中国加以实践;另一方面,认真反省中国传统教育的弊端,知行合一,身体力行,对中国传统教育大加改造,并在此过程中努力探索中国自己的教育理论体系。在教育评估领域表现最为突出、成果也最丰的主要集中在两个方面,一是20世纪20年代如火如荼的教育测量运动,二是中国乡村教育改造运动及在此过程中形成的以陶行知"千分法"评估量表为代表的中国教育评估理论的探索。

第一节　教育测量试验运动的兴起

随着17世纪以来西方科学的空前繁荣和发展,实证主义逐渐登堂入室,成为影响近代西方哲学思潮的一股重要力量。受此影响,19世纪以后西方教育界也开始力图用自然科学的实证研究方法来研究教育,这股思潮在服膺"赛先生"的中国同样有着很好的发展土壤,很快就找到了大批的追随者。中国的教育学者们敏锐地关注到西方教育界刚刚兴起的教育测量试验运动这一最新的发展成果,20世纪20年代前后很快也在中国掀起了一股教育测量试验运动的高潮。

一、实证主义思潮与西方教育测量运动的发展

17世纪以来,西方世界开启了科学的盛世,有史以来最重要的科学家几乎都诞生于这两三个世纪,牛顿、伽利略、爱因斯坦、达尔文等人的名字是那么的耳熟能

---

① 梁启超曾有一句名言,即所谓"今言变法必自求才始,求才必自兴学始",高度概括了时人的共同心理。

详,至今都令人津津乐道。在这些巨人的带领下,人类社会的各个领域都在这个时代得到了极大的发展,创造了"人类物质文化的变化在过去的 200 年中比在此前 5 000 年中发生的变化都还要巨大"[①]的奇迹。

科学在对物质世界产生深刻影响的同时,也同样深刻地影响和改变着人们的思想和精神世界。"科学革命"的爆发,也导致了科学主义思潮的滥觞。19 世纪 30 世纪年代以后,法国人孔德创立了实证主义哲学,他试图以科学的实证性改造传统哲学,改造人的思维,甚至改造人的信仰方式,以类似物理学的方法来研究社会。这种思想也同样深刻地左右和影响着西方教育的发展,到 20 世纪初叶正式产生了实验教育学,教育测量运动也逐渐应运而生。

1903 年,德国教育家拉伊(W. A. Lay,1862—1926)发表了《实验教学论》;1906 年,拉伊又和梅伊曼(E. Meumanu,1862—1915)共创《实验教育学》杂志,由此实验教育学得以正式冠名。拉伊和梅伊曼两人都曾专文阐述,表达了他们强调要从生理和心理的角度去研究儿童,从而真正建立起以现代实验心理学、儿童心理学和医学有关儿童身心发展的最新科学成果为依托的实验教育学的志向。事实上,与拉伊和梅伊曼有着共同的学术观点的西方学者并不少,在他们之前就已经有一批学者认定教育也必须立足在科学的基础上,教育活动的实施必须依托于对受教育者身心的客观了解,而这种了解必须是通过科学的测量方法来获取的。他们也以其亲身的实践在教育测量领域做了大量积极的探索。

1859 年,贝恩(A. Bain)发表了《情感与意志》(The Emotions and the Will)一书,其最主要的理论贡献在于首次提出了能力结构的概念,并认为人的能力结构完全是可以测量的,强调要用严格的科学方法去研究心理学。

1864 年,费舍尔(G. Fisher)发表了《量表集》(The Scale Book)。作为一校之长,他很容易在校内广泛收集学生的成绩样本,然后在对学生成绩样本进行大量的统计分析的基础上,他提出了一个 5 等级制的评价标准,编制了一本度量学生学业能力的量表,从而为学生学业评价提供了一个相对客观的尺度。

1870 年,巴尔托洛姆(Bartholomai)专门实施了一项针对 2 000 名新进小学学生的大规模调查,以充分了解和掌握这一年龄阶段儿童的身心发展特点。

1879 年,冯特(W. Wunldt,1832—1920)在莱比锡大学建立了第一个心理学实验室,其本人也由此获得了"心理学之父"的美誉。

1885 年,通过对学生学习过程的长期研究,艾宾浩斯(H. Ebbinghaus)提出了著名的"艾宾浩斯遗忘曲线理论"。

1890 年,美国心理学卡特尔(J. M. Cattell)首次提出了智力测试的概念。

1894 年,莱斯(Rice)则完成了首次真正意义上的教育测试,其主要工作就是利用其巴尔的摩市教育行政主管的身份对该市 20 所学校 16 000 名小学生进行拼

---

① 斯塔夫里阿诺斯:《全球通史:从史前史到 21 世纪》,北京大学出版社 2005 年版,第 477 页。

写测试。

1897 年,艾宾浩斯首创句子填充测试,从而形成了今日智力测试和能力考试的基本模式和框架。

1905 年,第一个智力测验量表——法国的《比奈－西蒙量表》发表,以后被各国纷纷翻译和修订。

1909 年以后,美国心理学家桑代克(E. L. Thorndike)用统计学上的"等距原理"相继编写完成了"书法量表"、"拼字量表"、"作文量表"等首批标准化的教育测检量表,从而使教育测量开始走上了科学化的道路。事实上,早在 1904 年桑代克就曾出版了《心理与社会测量》(Mental and Social Measurements)一书,首次系统介绍了统计方法和编制测验的基本原理,强调凡存在的事物都是可以用数值来测量的,从而奠定了教育测量的理论基础,他本人也被誉为"世界教育测量之父"。

1916 年,美国斯坦福大学心理学教授推孟(L. M. Terman)在对比奈－西蒙量表进行修订以后发表了更为完善的智力测验量表——《斯坦福比奈智力量表》,首次引入了智商的概念,使智力测量有了比较科学的计算方法,标志着心理测验已达到了比较成熟的阶段。

1918 年以后,教育测量的使用范围逐渐从小学发展到中等以上学校,许多大学也开始设立了有关教育测量学的课程。至 20 世纪 20 年代末,教育测量已发展到全盛期,教育测量在学力检测与教育成就的定量化、客观化、标准化等方面都取得了很大的成绩。尤其值得关注的是,1934 年到 1942 年间美国俄亥俄州立大学泰勒(R. W. Tyler)教授受卡内基基金会的资助领衔开展了历时 8 年之久的课程与评价研究,这就是教育评价发展史上著名的"八年研究"。在对以往的测验进行认真的总结和扬弃的基础上,泰勒提出了一整套以教育目标为核心的测验编制原则,并由此正式提出了教育评价的概念,即认为教育评价就是衡量教育活动达到教育目标程度的一种活动,而测量只是它的手段。这样,泰勒就在原来教育测量的基础上进一步形成和完善了教育评价理论及一整套的工作模式。

二、中国教育测量运动的发展

中国很早就开始了教育测量实践。早在晚清末年,刚刚诞生不久的心理学[①]就很快传播到了中国。1914 年,民国刚刚成立后不久据传就有人在广东针对 500 名儿童开展了儿童记忆和比喻理解的测量。1917 年,在蔡元培的指导下,北京大学成立了中国第一个心理学实验室。1918 年,北京清华学校美籍教师瓦尔科特在校内尝试着用推孟修订的最新的斯坦福比奈智力量表对该校高等科四年级的学生

[①] 通常人们都是把 1879 年冯特在德国莱比锡大学建立世界上第一个心理实验室,用自然方法研究各种最基本的心理现象;感觉这一事件当作心理学开始从哲学中脱离出来、成为一门独立的科学——科学心理学诞生的标志的。

进行了测量;同年,时任南京高等师范学校教育科教授兼附小校长的俞子夷又仿造桑代克的"书法量表"体例编制了4种小学生国文毛笔书法量表,这是我国最早的以现代科学心理测量学思想为指导编制的学科能力测验①,距西文编制成的同类测验只晚了10年。

俞子夷②(1886—1970),又名旨一、迺秉,江苏吴县人,当代著名的教育家。1918年就职南京高等师范学校(1923年并入东南大学)教育科教授,同时兼任该校附小校长。南京高等师范学校是当时中国教育研究的重镇,积聚了一大批教育名家,教育科的其他教师还包括陶行知、程其保、朱斌魁、陆志韦、艾伟、郭任远、程湘帆、陈鹤琴、郑宗海、赵叔愚、汪典存、程锦章、汪懋祖、董任坚、廖世承、孟宪承等,声名显赫,大多出身美国各大著名高校,尤其是美国教育学科第一流的哥伦比亚大学师范学院③,其中陶行知等人甚至还是杜威的亲传弟子。众所周知,哥伦比亚大学师范学院是当时国际教育研究的一大重镇,也是美国实用主义教育思潮的大本营,代表了当时国际教育学、心理学科发展的最高水平④。正是因为师出名门,南京高等师范学校教育科拥有了如此出众的大批一流师资,正是因为这些师资的学缘关系,从而使得南京高等师范学校教育科一时成为当时中国教育研究的中心,也成为中国引进和推广国际教育发展最新成果的窗口和源头,南京高等师范学校附小自然也就成为南京高等师范学校教育专家们推广和实践其教育理想最佳的试验田,成为中国教育改革的窗口与基地。

南京高等师范学校附小,在近代中国教育发展中的引领与示范作用非常突出,其影响也相当深远,时人对此曾有很高的评价:

> "参观南高附小的,络绎不绝,做南高附小参观笔记的,也不知有多少,在中国小学教育界的刊物上,到处都有他们的教学概况。"⑤

---

① 曹日昌在《我国测验运动的回顾与展望》(《教育杂志》第30卷第7号)一文中曾说过:"国人自编测验,据笔者所知,最早是民国7年(1918年)俞子夷编造的《小学国文毛笔书法量表》"。

② 俞子夷曾先后发表过论著:《小学算术教学法》(商务印书馆1926年版)、《一个乡村小学教员的日记》(商务印书馆1927年版)、《一个小学十年努力记》(中华书局1928年版)、《怎样做教师》(中华书局1934年版)和《教算一得》(正中书局1945年版)等,2006年福建教育出版社版还重新翻印出版了俞子夷、朱晟旸著《新小学教材和教学法》一书。此外,董元骙、施斌英还编有《俞子夷教育论著选》(人民教育出版社1991年版),相关研究专著包括董元骙著《俞子夷教育思想研究》(辽宁教育出版社1993年版)和董元骙、董毅青编著《俞子夷教育实践研究》(浙江教育出版社2008年版)等等。

③ 有关南京高等师范学校教育科师资情况可参阅高恒文著《东南大学与"学衡派"》,广西师范大学出版社2002年版。

④ 作为哥伦比亚大学师范学院的毕业生,陈鹤琴曾如此评价他的母校——"哥伦比亚师范学院是世界上研究教育最著名的地方。教授学问之渊博,教育学科之丰富,学生人数之众多,世界上任何大学都找不出来的",语见陈秀云、陈一飞编:《陈鹤琴全集》第6卷,江苏教育出版社2008年版,第537~538页。

⑤ 沈百英:《参观南高附小杜威院、维城院记略》,《教育杂志》第15卷第11号。

南京高等师范学校教育科师生合影

俞子夷正是从 1918 年开始执掌南京高等师范学校附小校长职位的,先后任职共计八年时间,可以说主导了南京高等师范学校附小的教育改革实践,是引导当时中国教育改革实验的先驱之一。

俞子夷(后左三)与南高师附小学生合影

1918 年《小学国文毛笔字书法量表》的编制,同样也是俞子夷教育实验改革的一大创新。书法作为中国的传统艺术的一种,国人一向十分重视,因而通常也被纳入小学教育,要求学生们习练毛笔字。但是,作为教师要比较客观地给学生的毛笔字习作评判打分数却并不容易,教师的评判不可避免带有很大的主观倾向,随意性较大。有鉴于此,俞子夷便尝试着编制了毛笔字书法量表,具体做法是:首先,让许多学生都来书写规定要写的字,再把学生的毛笔字习作收集起来,交给 50 多位老师去批改,"然后求出每份字样的中数;另外选定一种最坏的字样作为起点,再从起点求出阶度相差半度的字样作为第二步,从第二步再去求阶度高半度的字样作为第三步,如此向上求出一个完全的量表"。当时,根据学生的不同年级曾设计过多种"毛笔字书法量表",其中有一个量表比较适合三年级到六七年级的学生,这个量表由"四隻小鳥他們在園中飛好像一個人字"这么十六个字组成,基本上包含了汉字的各种笔画和常用的框架结构,学生们自己写好这十六个字后拿来跟"毛笔字书法量表"比较,就很容易知道自己所写的字大致对应多少分数了。事实上,在南高师附小任内,俞子夷和他的同事们还曾先后编制过《初小算术四则测验》、《文语体缀法量表》、《小算术应用题测验》以及《小学社会自然测验》等多种教育测试量表①。

  作为教育测量实验的先驱者之一,俞子夷并不寂寞,事实上他的南京高等师范学校的同事们很多都在积极地参与和推动着教育测量运动的发展。1920年,南京高等师范学校成立了中国第一个心理学系,廖世承和陈鹤琴②开出了测验课程,并以心理测验量表直接运用于当年学校的招生考试,正式开启了我国应用科学心理测验的先河;翌年,廖世承和陈鹤琴两人又合作完成了《智力测验法》这部被学界公认为中国第一部的教育测量专著。

陈鹤琴在主持团体测验和个别测验

  《智力测验法》一书,共分3大部分14章节,作者首先从整体上详细论述了智力测验的性质、功能、标准和用法,然后分别列举了35种不同测量,对其测量与评价的方法与标准等详加说明。书中涉及语言、图形、算学、社会知识和品行道德等不同层面的测量方法,其形式既有团体测量,也有个人测量。35种不同测量方法

---

① 参阅董元骍、董毅青编著《俞子夷教育实践研究》,浙江教育出版社2008年版,第53～55页。

② 陈鹤琴(1892—1982),浙江上虞人,中国近现代著名教育家,论著等身,北京教育科学研究所曾编著有《陈鹤琴教育文集(上下卷)》(北京出版社1983年版),陈秀云、陈一飞编的《陈鹤琴全集》(江苏教育出版社2008年版)收录资料较全,可供参考。有关陈鹤琴的研究成果也相当多,主要有黄书光:《陈鹤琴与现代中国教育》(上海教育出版社1998年版)、夏秀蓉:《陈鹤琴与教育行政管理》(上海教育出版社2002年版)、王盛、徐惠湘著:《中国幼教之父——陈鹤琴》(南京师范大学出版社2004年版)以及柯小卫:《陈鹤琴传》(江苏教育出版社2008年版),等等。

中,有 23 种是直接引进的外国发明的测量,其他 12 种测量则是根据中国学生的特点自创的,而且所有 35 种测量方法此前都曾分别在南京、苏州和上海等地的幼儿园、小学、中学和师范学校中尝试过,测量对象包括 3 岁儿童到 20 岁的青年,测量人数共计 1 400 余人,男女各半。《智力测验法》既普及了教育测量理论知识,同时也是对此前中国教育测量工作的一次小结,充分反映了此前工作所取得的成绩及所产生的影响。《智力测验法》一书的出版,反过来又进一步推动了教育测量运动的发展,在当时产生了很大的影响,其价值诚如南京高等师范学校校长郭秉文所言:

> "南京高师心理学教授陈君鹤琴、廖君茂如,鉴于是项测验之重要,合著《智力测验法》一书,一方引起国人之注意,俾了然于其价值之所在,而一方又示明种种方法,俾用之者有所率循,将来纸贵一时,可无待言"。①

1921 年 12 月,新教育共进社、《新教育》杂志社、实际教育调查社三大教育团体合并,整合重组成立了中华教育改进社,一举网络全国教育人士,成为全国最大的教育学术机构②。

中华教育改进社董事合影

中华教育改进社成立后,进一步推进教育研究包括教育测量研究工作,2002 年还专门聘请美国哥伦比亚大学心理学系的著名教授麦柯尔(W. A. McCALL)③来华担任该社心理研究主任一职,负责指导和推广中国的教育测量工作。1922 年 8

---

① 语见陈秀云、陈一飞编:《陈鹤琴全集》第 5 卷,江苏教育出版社 2008 年版,第 279 页。

② 陶行知曾代表中华教育改进社汇报该社一年来的主要工作,称一年来"既有机关社员一百一十九个,个人社员四百七十九个人。以全国各省而论,尚有贵州、新疆、热河、川边、蒙古、西藏尚未有社员",除了少数边缘地区外,中华教育改进社的影响力几乎遍及了全国,语见陶行知:《报告本年社务》,载舒元晖主编:《中国近代教育史资料汇编》(教育行政机构及教育团体卷),上海教育出版社 2007 年版,第 579 页。

③ 相关研究参阅王剑:《麦柯尔与中国近代教育实验》,《淮阴师范学院学报(哲学社会科学版)》2001 年第 3 期。

月,中华教育改进社还举办了教育心理测验讲习会,专门聘请麦柯尔和其他一些教育专家为全国各省视学、教育局长、学校校长和师范学院教育心理学教师等共计295人作了专题辅导报告。在他的亲自指导下,中华教育改进社全力推进这项工作。1922年冬天,充分发动东南大学、北京师范大学教育科师生在查良钊、德尔曼、廖世承和陈鹤琴等人主持下在北京、天津、上海、长沙等22个城市和11个乡镇开展了大规模的教育调查,前后历时3个月,调查对象包括当地小学三年级以上直至初一年级的9.2万名学生,调查中充分运用了教育测量这样一种科学手段,对于客观评价各地的学校教育和办学成绩起到了十分重要的作用。

陶行知曾撰写《教育与科学方法》一文,专门解释过中华教育改进社之所以高度重视教育测量工作的理由。在他看来,"测验是看学生先天的聪明智慧怎样,使学校有个好的标准,由此可以晓得某级学生有什么成绩,如治病的听肺器一样,可以看出病来。欲知病之所在,非测量不可。"显然,教育测量是教育科学化改革的一个重要基础。与此同时,陶行知还认为,教育测量"此种工具是不能从外国运的(就是运来也不适用)"①,教育测量必须结合本国的基本国情,注重自创和发展。

所以,在1922年费培杰翻译比奈 - 西蒙量表并在江浙两省的一些小学开展过测验的基础上,中华教育改进社的同仁们还立足于自主创新,结合实际需要编制了多种教育测量方案,其中比较著名的有:1924年陆志韦主持修订的中国版的比奈 - 西蒙量表(1936年以后再次重新修改)、廖世承编制的团体智力测验、刘廷芳编制的中学智力测验、刘湛恩编制的非文学智力测验、陈鹤琴编制的图形智力测验以及艾伟和其他人士编制的小学各科测验及诊断测验等。据来华指导中国教育测量工作的美国专家麦柯尔评价,当时中国所编制的各种测验,其水平"至少都与美国的水平相等,有许多竟比美国的为优"②。与国外同行的工作成绩相比,20世纪20年代中国的教育测量工作毫不逊色,成果颇丰。

事实上,除了继续编制各种教育测量量表外,中国教育学者们还进一步加强了教育测量理论的研究,期间出版了一大批教育测验类理论著作,除了编译国外教育测量理论的译作如法国比奈(A. Binet)、西蒙(T. Simon)著、费培杰译的《儿童心智发达测量法》(上海商务印书馆1922年版)等书外,"五四"前后直至1928年间我国出版的测验理论著作还有张秉洁、胡国钰编《教育测量》(北京高等师范学校1922年版)、华超编《教育测验纲要》(上海商务印书馆1925年版)等。据《中华教育改进社第三次会务报告》汇报,截至1924年6月该社先后编译出版的各类学校测验类著作达19部、编著的教育著作30种。1925年,廖世承与陈鹤琴再度合作出版了《测验概要》一书。该书共分21章,详细介绍了"测验的性质、效用、种类,智力测验与教育测验的材料,实施的手续,统计的方法,图标的样式,编造测验的原

---

① 陶行知:《教育与科学方法》,载《陶行知全集》第1卷,四川教育出版社1991年版,第522~523页。

② 转引自郑日昌:《心理测量》,湖南教育出版社1987年版。

理与经验"等等,其中所涉及的测验,"大都专为适应我国儿童的"①。这部《测验概要》的问世,堪称"对中国学者开展测验工作以来所取得成绩的一个全面总结",它被教育界誉为"测验最简便的用书",成为反映二三十年代中国教育测量运动成果的经典之作②。

毫无疑问,"五四"前后直至 1928 年间,中国的教育测量运动迎来了一个高潮,也达到了一个相当的高度,可以毫不夸张地说中国的教育测量运动虽起步稍晚,但起点很高,在经历了一个引进与传播法国、美国、日本等多个国家的较为先进的智力测验理论与方法的短暂过程之后,就开始了自己独立的创新研究,无论是成果的数量还是研究方法、研究的广度及深度等与国外同行相比都毫不逊色。20 世纪 20 年代中国的教育测量运动,是世界教育测量运动的一个重要方面,以其出色的工作为国际教育测量运动的发展做出了自己的贡献。

当然,物极必反,在中国教育测量运动红极一时的背后也出现了一些偏差。由于过分夸大教育测量的作用,加之测量过程中又出现了一些不科学的做法等等,从而导致了教育测量运动在 1928—1930 年间一度陷于停顿。在认真地反省中国教育测量运动得失的基础上,艾伟、陆志伟、陈鹤琴、萧孝嵘等学者充分认识到必须加强教育测量的学术研究,因而 1931 年正式发起成立了"中国测验学会"这一我国教育测量和评价领域第一个学术研究组织,专门从事测验理论研究。1932 年,又正式创办了专业刊物《测验》。自此,我国的教育测量研究又开始重新起步。到抗日战争全面爆发前,这一阶段取得的主要成果包括:(1) 左任侠和萧孝嵘关于智力的研究;(2) 黄觉民关于幼童智力测验的编制、萧孝嵘古氏画人测验的修订以及陆志韦对比奈 – 西蒙量表的再次修订,等等;(3) 汤鸿矗著《教育测验》(上海大华书局 1933 年版)、王书林著《心理与教育测量》(上海商务印书馆 1935 年版)和吴天敏著《中国比奈西蒙智力测验之经过(第二次修订)》(上海商务印书馆 1936 年版)等研究专著的相继出版。然而,这一阶段的研究,无论在广度还是在深度上都大不如前,出现了青黄不接、进展缓慢的状况。抗战爆发后,我国的教育测量研究更是被迫中断;抗战胜利后虽说也有人继续相关研究,但零零星星,已难成气候③。

第二节 教育改造运动与教育评估理论的探索

一、对中国传统旧教育的批判与中国教育调查运动的开展

近代中国教育的发展是同对传统旧教育的批判与否定形影相随的,这种批判

---

① 语见陈秀云、陈一飞编:《陈鹤琴全集》第 5 卷,江苏教育出版社 2008 年版,第 479 页。
② 参阅田正平:《留学生与中国教育近代化》,广东教育出版社 1996 年版,第 274 页。
③ 参阅陈玉琨、李如海:《我国教育评价发展的世纪回顾与未来展望》,《华东师范大学学报(教育科学版)》2000 年第 1 期。

与否定与时俱进,到了"五四"前后更是达到一个高峰,许多学者纷纷加入到批判传统旧教育的行列。传统旧教育在"德先生"和"赛先生"面前,受到了猛烈的抨击和严厉的审判。

作为"五四"新文化运动的旗手,陈独秀就曾专门发表过《今日教育之方针》和《近代西洋教育》等檄文,强烈批判传统旧教育。在他看来,中国固然已经效法西洋办了多年的所谓新式教育,但是换汤不换药,从本质上来说"不过把学校毕业当作出身地步,这和从前的科举有和分别呢?"关键在于我们"教的人和受教的人,都不懂得教育是什么"。中国传统旧教育,在本质上犯了三个致命的错误,其一,不懂得教育应该是"自动的而非被动的,是启发的而非灌输的",我们的传统旧教育全然"不顾学生的心理状态,只管拼命教去,教出来的人物,好像人做的模型、能言的鹦鹉一般,依人作解,自家决没有真实见地,自动能力","实在是坑死人也"。其二,不懂得教育应该是"世俗的而非神圣的,是直观的而非幻想的",我们的传统旧教育教人"专门天天想做大学者、大书籍、大圣贤、大仙、大佛",而"连吃饭穿衣走路的知识本领也没有"。其三,不懂得教育应该是"全身的而非单独脑部的",我们的传统旧教育"大部分重在后脑的记忆,小部分重在前脑的思索",而不注重"全身的教育",其结果"未受教育的人,身体还壮实一点,惟有那班书酸子,一天只知道咿咿唔唔摇头摆脑的读书,走到人前,痴痴呆呆的歪着头,弓着背,勾着腰,斜着肩膀,面孔又黄又瘦,耳目手脚无一件灵活中用"①。著名文学家鲁迅甚至直接把传统礼教和旧教育简单地概括为两个字——"吃人"。

中国教育界的学者们也投入到了批判传统旧教育的行列,陶行知就是其中的重要一位。

陶行知②(1891—1946),中国近代史上最伟大的人民教育家,曾远渡重洋赴美国留学,在哥伦比亚大学师范学院主攻教育,得以亲聆杜威等众多大师的教诲,从

---

① 陈独秀:《近代西洋教育》,《新青年》第 3 卷第 5 号,1917 年 7 月。
② 有关陶行知的研究资料和成果相当多,参阅华中师范学院:《陶行知先生诞辰 90 周年纪念专辑》1981 年版;《陶行知书信集》,合肥:安徽教育出版社 1981 年版;《陶行知纪念文集》,成都:四川人民出版社 1982 年版;中央教科所:《陶行知年谱稿》,北京:教育科学出版社 1982 年版;戴伯韬:《陶行知的生平及其学说》,北京:人民教育出版社 1982 年版;安徽陶研会:《陶行知一生》,长沙:湖南教育出版社 1984 年版;江苏省陶研会:《纪念陶行知》,长沙:湖南教育出版社 1984 年版;华中师范学院:《陶行知全集》(6 卷本),长沙:湖南教育出版社 1984 年版;朱泽甫:《陶行知年谱》,合肥:安徽教育出版社 1985 年版;[日]斋藤秋男:《陶行知评传:政治抒情诗人的一生》,成都:四川教育出版社 1987 年版;周洪宇:《陶行知研究在海外》,北京:人民教育出版社 1991 年版;《陶行知全集》(10 卷本),成都:四川教育出版社 1991 年版;童富勇、胡国枢:《陶行知传》,北京:教育科学出版社 1991 年版;章开源等:《平凡的神圣:陶行知》,武汉:湖北教育出版社 1992 年版;《陶行知全集(补遗 1 卷)》,成都:四川教育出版社 1998 年版;余子侠:《山乡社会走出的人民教育家陶行知》,武汉:湖北教育出版社 1999 年版;周洪宇:《陶行知与中外文化教育》,北京:人民教育出版社 1999 年版;徐明聪:《陶行知评传》,合肥:安徽教育出版社 2001 年版,等等。要了解国内学术界关于陶行知研究的近况,可参考上海图书馆中国文化名人手稿馆、丽水师范专科学校图书馆编的《20 世纪陶行知研究资料索引》,上海:上海科学技术文献出版社 2001 年版。

而对国际教育学科发展的最新动向有着深刻的了解与把握。早在1914年在金陵大学求学之际，他就认定"人民贫，非教育莫与富之；人民愚，非教育莫与智之；党见，非教育不除；精忠，非教育不出"，"教育实建设共和最要之手续"，曾发下过要"施以相当之教育，而养成其为国家主人翁之资格焉"的宏愿①。1917年学成归国以后，陶行知信守自己的承诺，积极投身教育事业；同时，深谙西方教育发展之道的陶行知，也更真切地看清了中国传统旧教育的弊端与不足，他曾撰文直斥中国的传统旧教育是"先生是教死书，死教书，教书死；学生是读死书，死读书，读书死"②，其结果是"他教人离开乡下向城里跑，他教人吃饭不种稻，穿衣不种粮，做房子不造林；他教人羡慕奢华，看不起务农；他教人分利不生利；他教农夫子弟变成书呆子；他教富的变穷，穷的变得格外穷；他教强的变弱，弱的变得格外弱。"一句话，中国的教育完全"走错了路"③，是一种完全远离生活的"伪教育"。但是，陶行知也反对盲目"仪型他国"，简单照搬别国教育经验的做法，提出要以科学方法进行教育改革和创新，为实现中国教育的普及化和近代化踏出一条新路。除了强调和重视教育测量试验外，陶行知还鼓励和坚持开展各种教育调查。

事实上，在教育学者的大力推动下，20世纪初叶的中国开展了多次不同规模的教育调查。几大教育团体和教育教学研究机构都纷纷组织各种形式和规模的教育调查，以便更客观、准确地把握中国教育发展的状况。还在南京高师教育科任教期间，陶行知就发动师生利用假期的机会回乡去做一次家乡教育状况的调研，共涉及13所学校、百余位教师和1 729名学生，陶行知曾利用这次调查结果发表了题为《江苏市乡教育状况之一斑》④的报告。严修、范源濂等南北教育家发起组织的教育学术团体，其名称就叫实际教育调查社。实际教育调查社成立以后不久，便于1921年9月专门聘请美国著名教育史家、比较教育学家、哥伦比亚大学师范学院保罗·孟禄(Paul Monroe, 1869—1947)教授来华从事中国教育调查、讲学和文化交流等活动。

1921年孟禄来华开展教育实地调查，是中国近现代教育发展历史上的一桩大事⑤。孟禄在华时间前后共计4个月零2天，历经9省27个城市及许多乡村，先后参观、调查了140余所大、中、小各级各类学校，其中甚至还包括了监狱学校与私塾。孟禄调查的内容涉及教育行政、各种学校教育、教师训练、学校经济与学校设

---

① 语见陶行知1914年撰写之毕业论文——《共和精义》，载《陶行知全集》第1卷，四川教育出版社1991年版，第221页。

② 陶行知：《教育的新生》，载《陶行知全集》第3卷，四川教育出版社1991年版，第594页。

③ 陶行知：《中国乡村教育之根本改造》，载《陶行知全集》第1卷，四川教育出版社1991年版，第100页。

④ 载《陶行知全集》第1卷，四川教育出版社1991年版，第248～253页。

⑤ 孟禄来华调查一事，可参阅陈竞蓉：《孟禄与20世纪20年代的中国教育》，《河北师范大学学报(教育科学版)》2004年第1期。

备等各个方面,陶行知、王文培、凌冰、王卓然、汤茂如等5人随同参与调查①。在大量实地调查的基础上,孟禄对中国教育状况作了客观而全面的分析,在此基础上进而又针对中国教育改革及新学制建设等提出了一系列十分中肯而具体的建议。在华期间,孟禄还就调查情况与中国学者做了大量的沟通与交流,曾受邀参加了全国教育联合会第七届年会,在会上与各省代表共同讨论中国教育问题②,因而他的见解与思想为许多中国学者所熟知,并且他的相关意见和建议最终还被制订中的新学制大量吸收与采纳。

实际教育调查社6人调查团

客观地说,孟禄的教育调查对中国教育改革和发展的影响是深远的,对此全程陪同孟禄调查的陶行知最有发言权。在为孟禄举行的饯行会上陶行知高度评价道,"此次博士来华,以科学的目光调查教育,以谋教育之改进,实为我国教育开一新纪元"③。一方面,孟禄通过言传身教使得中国学者更为重视科学的教育调查工作,事实上1921年12月新教育共进社、《新教育》杂志社、实际教育调查社三大教育团体合并组建中华教育改进社后,就明确了教育调查作为其主要职能之一,并全面部署和组织实施了1922年度及1923年度两年的教育调查计划,等等④。另一方

① 《郭秉文记实际教育调查社》,载陈元晖主编:《中国近代教育史资料汇编》(教育行政机构及教育团体卷),上海教育出版社2007年版,第561页。
② 参阅陶行知:《孟禄博士与各省代表讨论教育之大要》,载《陶行知全集》第1卷,四川教育出版社1991年版,第389~399页。
③ 陶行知:《在实际教育调查社为孟禄举行的饯别会上的讲话》,载《陶行知全集》第1卷,四川教育出版社1991年版,第400页。
④ 陶行知曾汇总过民国成立后直至1930年之前,中国教育界所开展实施的主要教育调查工作,详见其《教育改进》一文,载《陶行知全集》第2卷,四川教育出版社1991年版,第356页。

面,通过调查,进一步加深了对中国教育问题的把握,进一步推动了改革和改造中国教育运动的开展。

二、中国教育改造运动的推进与陶行知教育评估理论与实践

1921 年 12 月,中国最大的教育团体"中华教育改进社"在原来新教育共进社、《新教育》杂志社、实际教育调查社等三大教育团体的基础上合并起来了,三个教育团体之所以最终能够走到一起,就在于他们共同服膺于"中华教育改进"这面鲜明的旗帜。事实上,20 世纪 20 年代之后,中国教育界不乏矢志教育改革的勇士,最为著名的有陶行知、梁漱溟和晏阳初等人。

陶行知

自 1917 年秋怀抱着"要使全中国人都受到教育"的宏愿学成返国之后,陶行知就慨然以"教育救国"为己任,义无反顾地投身于中国的教育事业。然而,教育实践的亲身经历以及对国内各省市及南京等城市教育状况的切实调查,都一再清楚地告诉陶行知——所谓的新教育,不过是新瓶装旧酒而已,依旧是换汤不换药,这种教育空疏无比,只能制造"字纸篓"式的"书呆子",根本不足以负救国的重任。

为力矫旧教育之弊,陶行知积极致力于引进西方先进的教育理念、制度和模式,在担任南京高等师范学校教务主任期间就曾提出过将"教授法"一律改为"教学法"和推行"选科制"等改革方案。在实践过程中,陶行知强调"我们受人民的托付,办理地方的教育,费了这多钱,用了这多人。教了这多学生"[1],其效果究竟如何是应当进行教育评估的,并进而提出了评估学校、校长、教师和学生等不同对象的具体标准。事实上,壮怀激烈、满腹理想的陶行知出任新成立的中华教育改进社的总干事后,他就曾自觉地担负起组织教育评估的重任,虽然起初陶行知主要还是以其师从的西方教育理论为蓝本来指导其评估实践,尚未完成其"中国式"的教育评估理论的建设工作。

陶行知"中国式"的教育评估理论的实践与探索,是与其中国教育改造实践紧密联系在一起的。1925 年以后,陶行知在 8 年多的教育实践中最终发现,将其所师从的杜威实用主义教育理论简单地移植到中国,只能导致南桔北枳的结局,"是不会结出成功之果的"。事实证明,"此路不通"。因此,他决心要从中国的社会实际出发,努力探索出一条"真正适合中国国情并为中国服务"[2]的教育新路,勇敢地担起了"为中国教育寻觅曙光"的历史重任。这条道路,就是他殚心竭虑并身体力

---

① 陶行知:《地方教育行政为一种专门事业》,载《陶行知全集》第 2 卷,四川教育出版社 1991 年版,第 579～580 页。

② 陶行知:《民国十三年中国教育状况》,载华中师范学院教育科学研究所:《陶行知全集》第 2 卷,湖南教育出版社 1984 年版,第 357 页。

行达 20 年之久的"生活教育"之路。

　　起初,陶行知把改造中国教育的主要精力放在从事平民教育方面,随后他逐渐深切地认识到中国以农立国,住在乡村的人要占到全国人口总数的 85% ,因此"中国的根本问题,便是中国乡村教育之根本改造",把乡村学校视为"今日中国改造乡村生活之唯一可能的中心","一心一德的来为中国一百万个乡村创造一个新生命"。这样,陶行知找到了中国教育改造的方向,也找到了中国社会改造的方向,他发下宏愿,要"征集一百万个同志,创设一百万个学校,改造一百万个乡村"①。为了建立一支合格的乡村师资队伍,1926 年陶行知与东南大学教授赵叔愚等人一起在南京远郊偏僻荒凉的晓庄(原名小庄)筹建乡村师范学校,这就是后来驰名中外的晓庄师范,由陶行知亲自担任校长。晓庄师范也成为陶行知实践其"生活教育"理论的实验窗口。

晓庄师范犁宫

　　为了全面推动全国乡村教育改造运动,在国内造成更大的声势;同时,也为了帮助乡村教育工作者们更好地理解中国教育改造的目标与任务,更好地组织和实施乡村教育,中华教育改进社特地于 1926 年在全国范围内发起了一项"乡村学校大比赛",陶行知亲自拟定了《全国乡村学校比赛办法》和《乡村小学比赛表》等指导性文献。通过 8 年多的教育实践,陶行知不断调整与修订着《乡村小学比赛表》,并最终于 1935 年 3 月 1 日在《生活教育》杂志第 2 卷第 1 期上予以发表。《乡村小学比赛表》的发表,标志着陶行知教育评估理论的正式形成,同时也是对他多年来孜孜于教育评估实践的总结。其教育评估理论,是陶行知在理性地审视传统教育的弊端和艰辛地探索中国教育新路的过程中逐渐形成的,是其教育思想

　　① 陶行知:《中国乡村教育之根本改造》,载《陶行知全集》第 2 卷,四川教育出版社 1991 年版,第 335~341 页。

的一个重要组成部分,鲜明地体现了"生活教育"思想的特质。

(一)教育评估的内容和标准

在《乡村小学比赛表》中,陶行知提出了一个完整的学校评估指标体系,涵盖了 11 个一级指标和 107 个二级指标,并对每项指标予以赋值(总计得分为 1 000 分),内涵涉及学校教育中有关师生状况、课程设置、经费使用和教学设施等各方面内容。综合陶行知的其他教育论著,我们发现陶行知尤其注重通过对学校、校长、教师和学生等各层面具体评估标准的精心设定,来体现"生活教育"理论的宗旨和精神,确保办学方向的正确。

1. 学校评估的标准与要求

陶行知固然承认,经济问题的解决,是教育事业发展的重要条件。但是,他也清楚地看到:在中国这样一个贫困的国度,"必得用穷的方法来普及穷人们所需要的粗茶淡饭的教育"①。如果竟如胡适所言教育普及必待经济发展之后方得实现的话,则中国教育永无发展之时日。所以,陶行知在积极谋求学校基本建设发展的同时,并未将校舍等办学条件的好坏视为评估学校优劣的唯一标准;相反,他对没有钱却仍然办得很"精彩"的南京江宁县师范学校和无锡开原乡立第一小学等学校倍加赏识。事实上,陶行知认为评估学校最重要的标准并不在于其校舍和设备情况如何,而在其办学思想是否正确,认为传统教育的最大弊端就在于与社会实际的严重脱节。从"生活教育"思想出发,陶行知提出了"社会即学校"的命题,主张每所学校都应当既能培养团体生活,又能运用科学知识以改造天然环境,克服天然势力②,从而明确提出了学校评估的具体标准,即学校教育在改造社会和征服自然过程中的作用和价值。在陶行知眼里,理想的乡村学校就应当是"中国改造乡村生活之唯一可能的中心"③!

2. 校长评估的标准与要求

陶行知认为,"校长是一个学校的灵魂",因而"要想评价一个学校,先要评价他的校长"④。正由于校长肩负着"千百人的学业前途",关系着"国家与学校之兴衰",因而在决定校长人选时必须慎重而又认真。他指出,作为一校之长,首先必须具备强烈的事业心和责任感,既然"国家把整个的学校交给你,要你用整个的心去做个整个的校长"⑤,你就应该全身心地投入。陶行知坚决反对校长兼职或分任现象。

---

① 陶行知:《中国普及教育方案商讨》,载《陶行知全集》第 3 卷,四川教育出版社 1991 年版,第 281 页。

② 陶行知:《无锡小学之新生命》,载《陶行知全集》第 1 卷,四川教育出版社 1991 年版,第 77 页。

③ 陶行知:《中国乡村教育之根本改造》,载《陶行知全集》第 2 卷,四川教育出版社 1991 年版,第 337 页。

④ 陶行知:《半周岁的燕子矶国民学校》,载《陶行知全集》第 1 卷,四川教育出版社 1991 年版,第 47~48 页。

⑤ 陶行知:《整个的校长》,载《陶行知全集》第 1 卷,四川教育出版社 1991 年版,第 61 页。

其次,校长应当具备渊博的学识和开拓创造的精神。不学无术者,不配当校长;因循守旧者,当不好校长。陶行知认为,缺乏专业知识,固然会因"能力不够"而当不好校长;但倘若缺乏开拓进取的精神,同样也只能袭人故智,步人后尘,谈不上学校的发展和教育的进步。在实践过程中,陶行知发现:中国教育的出路既不是盲目地乞灵于古人,也不是简单地效仿外国,唯有靠自己坚实的足迹才能踩踏出一条"生路",因而要求校长们必须具备"敢探索发明的新理"的创造精神,目光要深远,能"不怕障碍,不怕失败"①,勇于探索,敢于试验,这是搞好学校工作的重要基础。在他眼里,燕子矶国民学校的丁超校长,正是这样一位"能就事实生理想,凭理想正事实②"的典型楷模。

最后,陶行知不仅将校长们视为具备渊博学识和创造精神的专业教育管理人才,还要求他们努力成为改造社会、克服自然的社会活动家。在乡村学校,陶行知强调校长们必须具备"社会改造家的精神"③。这也同样体现了陶行知"生活教育"理论的宗旨。

3. 教师评估的标准与要求

陶行知认识到,"要有好的学校,先要有好的教师"④,视师资建设为学校教育的关键,向教师们提出了很高的标准和要求。

首先,必须具备忠诚教育事业的奉献精神。陶行知要求教师们必须充分认识教育之与造就"新国家、新国民、新社会"之间的密切关系,坚定地"信仰国家教育事业为主要生活"⑤,并自觉地投身于这项伟大事业中,在明知"教育是无名利且没有尊荣的事。教育者所得的机会,纯系服务的机会、贡献的机会,而无丝毫名利尊荣之可言"⑥的情况下能够依然故我,怀抱着"鞠躬尽瘁死而后已"之心无私地点燃自己去照亮别人,而且无论身处何等逆境都能动心忍性,毫不动摇。事实上,陶行知本人就以其"捧着一颗心来,不带半根草去"⑦的无私和"背着爱人过河"的忠诚,为广大教师树立了一面光辉的旗帜。

其次,必须具备科学的头脑。陶行知发现,当时有不少教师不思进取,对所传授的知识全无研究,只是"照着别人编的书本,自己抄的老笔记,依样画葫芦的教去"⑧,在课堂上仅仅充当一名"搬运工"。他希望教师们能够就此幡然改过,切实

---

① 陶行知:《第一流的教育家》,载《陶行知全集》第1卷,四川教育出版社1991年版,第25~26页。

② 陶行知:《半周岁的燕子矶国民学校》,载《陶行知全集》第1卷,四川教育出版社1991年版,第48页。

③ 陶行知:《天将明之师范学校》,载《陶行知全集》第1卷,四川教育出版社1991年版,第63页。

④ 陶行知:《试验乡村师范学校答客问》,载《陶行知全集》第1卷,四川教育出版社1991年版,第104页。

⑤ 陶行知:《女师大与女大问题之讨论》,载《陶行知全集》第2卷,四川教育出版社1991年版,第274页。

⑥ 陶行知:《教育者之机会与责任》,载《陶行知全集》第1卷,四川教育出版社1991年版,第359页。

⑦ 载《陶行知全集》第7卷,四川教育出版社1991年版,第1170页。

⑧ 陶行知:《学生的精神》,载《陶行知全集》第2卷,四川教育出版社1991年版,第271页。

加强自身的知识修养,注重不断充实和提高,渐次达到"学而不厌,诲人不倦"的理想境界。在此,陶行知尤其注重教师社会科学知识的修养,要求他们能"把基本的政治问题、经济问题、世界大势、社会的历史的发展和正确思想方法弄清楚"①。

复次,必须具备传道授业的能力。陶行知强调,一名称职的教师必须能够充分了解和熟悉学生"生长历程中之能力需要",做到因材施教,除了授以各种必需的知识之外,尤其应当着力"养成学生独立思想的能力"②。他告诫说,教师无论多高明也不可能把世界全教给学生,必有许多奥妙留待学生自己去探索,与其灌输死知识,不如培养活能力。只有如此,"学生才能探知识的本源,求知识的归宿,对于世界一切真理,不难取之无尽,用之无穷了"③。显然,陶行知视能否培养创新性人才为评估教师的关键。

另外,必须具备改造社会的志向和本领。既然教育要肩负起改造社会的责任,教师则理应成为"改造乡村生活的灵魂"。除了敬业精神、知识水平和教学能力之外,陶行知还向教师提出了更高的要求,希望他们"一年能使学校气象生动,二年能使社会信仰教育,三年能使科学农业著效,四年能使村自治告成,五年能使活的教育普及,十年能使荒山成林,废人生利"④,创造出美好的社会。

4. 学生评估的标准与要求

陶行知之所以如此强烈地抨击中国的传统教育,正是缘于对传统教育模式下学生成长状况的忧虑。他认为,教育的目的不是为了制造"两脚书橱",而是为了造就"新国民",明确指出在评估学生时要对其"身体和精神,要全体顾到,不可偏于一面。譬如在体育上,耳目口鼻手足,统要使他健全;在智育上,既要使他自知,又要使他能够利用天然界的事物;在德育上,公德和私德,都不可欠缺的"⑤。1929年,陶行知在《第二年的晓庄》一文中进而提出了学生评估的五条具体标准:"一、康健的体魄;二、农人的身手;三、科学的头脑;四、艺术的兴趣;五、改造社会的精神"⑥。虽然,在具体的文字表述上陶行知前后的论述有所差异,但其注重学生德、智、体、美、劳诸方面全面发展的精神和宗旨却是一以贯之的。

(二)教育评估的原则和方法

陶行知强调,要正确而又客观地评价一所学校,单凭主观、零星的印象不足为据,必须依靠科学的方法,实施全面的、系统的综合评估。在评估实践过程中,他要求人们正确地运用相对评估和绝对评估相结合、自评与他评相结合、定量评估与定

① 陶行知:《学校教育与民主运动》,载《陶行知全集》第4卷,四川教育出版社1991年版,第633页。

② 陶行知:《试验教育的实施》,载《陶行知全集》第1卷,四川教育出版社1991年版,第310页。

③ 陶行知:《教学合一》,载《陶行知全集》第1卷,四川教育出版社1991年版,第22页。

④ 陶行知:《试验乡村师范学校答客问》,载《陶行知全集》第1卷,四川教育出版社1991年版,第104页。

⑤ 陶行知:《新教育》,载《陶行知全集》第1卷,四川教育出版社1991年版,第314页。

⑥ 陶行知:《这一年》,载《陶行知全集》第2卷,四川教育出版社1991年版,第444页。

性评估相结合以及学校教育评估与社会效益评估相结合等方法,遵循科学性和系统性等原则要求。

1. 相对评估和绝对评估相结合的方法

1926 年冬,陶行知在《全国乡村学校大比赛方法》中明确规定:比赛系"以各本校现实与理想乡村学校比较。比赛准备期限以一年为度。在此一年之内,各本校进步多少,即为各该校之成绩",既以理想乡村学校为样板向全体参赛学校提出了共同奋斗的绝对评估目标,又充分顾及各参赛学校的实际状况恰如其分地提出了各自相应的评估标准与要求,以鼓励学校在各自不同的起跑线上共同奋进,尤其注意保护相对落后学校的办学积极性和进取心。

2. 自评和他评相结合的方法

1926 年秋,陶行知在主持中华教育改进社组织的"全国乡村学校大比赛"时规定:各参赛学校除了自评之外,还要接受中华教育改进社"函请各该县教育局派员视察现状,并于一年后视察改造成绩"①,十分强调自评与他评的结合。陶行知认为,定期的自评有助于学校随时总结自己的工作,而客观的他评则有利于提高评估结果的信度。当然,这是以具有高度素养的专业教育人才为前提的。因此,他历来重视教育评估专业人员的培养,要求他们不断充实自己,成为博识多学的专家——"在普通学问方面,至少须学哲学、文学、近世文化史、科学精神与方法、社会问题、经济学、美术等课";"在工具学问方面,须于国文之外,至少学习外国语一门",并得掌握统计法和科学管理理论";"专门学问方面,至少须学教育哲学、教育概论、教学法、教育心理学、中等学校之组织及行政、初等学校之组织及行政、地方教育行政问题、学务调查及报告法、学校建筑与卫生"②等。

3. 定量评估和定性评估相结合的方法

在 1926 年冬拟就的《乡村小学比赛表》中,陶行知采用了二级指标直接打分制,他先按导师、学生、切合乡村生活的课程、指导法和教具等大类确定了十一个一级指标,然后又在一级指标下分类列出了九十七个二级指标,每项指标都明确标出了具体的数值以便定量分析。在此基础上,再根据累计总分"分别等级",采用了模糊判断的定性分析方法。这种建筑在定量评估基础上的定性评估,既有效地发挥了定量评估的长处,又充分考虑到教育的复杂性,能够更加客观、科学、全面而又系统地反映评估对象的真实状况。

4. 学校教育评估和社会效益评估相结合的方法

陶行知在拟就《乡村小学比赛表》时,既精心设定了导师、学生、切合乡村生活

---

① 陶行知:《中华教育改进社拟订全国乡村学校大比赛办法》,载《陶行知全集》第 2 卷,四川教育出版社 1991 年版,第 697 页。

② 陶行知:《地方教育行政为一种专门事业》,载《陶行知全集》第 2 卷,四川教育出版社 1991 年版,第 357 页。

的课程、指导法和表册报告及教具、校舍等学校教育评估指标,又匠心独运新创了"改善天然环境之提倡"以及"改造社会环境之提倡"等社会效益评估指标,从而将教育评估的范围由校内扩展到了社会。通过教育评估促使学校教育发挥其改造自然与社会的功能,破除教育与社会间的藩篱,正体现了陶行知"生活教育"理论有关"社会即学校"观念的精神实质。

(三)教育评估理论的特点和价值

20世纪初叶,陶行知首次从美国引进了新近的教育评估理论,并注意结合中国的社会实际创造性地予以"扬弃",从而初步建立起一套"中国式"的教育评估理论。其筚路蓝缕之功,自不待言。而其理论上的特见,则更具学理价值和现实意义。

1. 注重与中国具体国情相结合

早在20世纪初叶,回国伊始的陶行知就已洞悉:外国的教育制度,不管他们在本国如何富有成效,如果盲目地照搬到中国都"是不会结出成功之果的"。简单地"仪型他国",无异于东施效颦,而唯有"透彻地研究自己的需要和问题"[1],并有所选择地借鉴和吸收国外的先进经验,融会贯通,独出心裁,才有可能"在半殖民地半封建的国家建立争取自由平等之教育理论与方法"。事实上,陶行知正是在立足中国的具体国情、扬弃外国的教育理论的基础上,经过长期的艰苦探索后才最终形成和建立起他的"中国式"的教育评估理论体系的。比如,他在拟就《乡村小学比赛表》编制学校评估指标时,将教具、校地、校舍和经费等四项一级指标的赋值仅限为全部指标总值的24%,正体现了陶行知"穷不是没有办法,最怕穷而想不出办法"[2],"要用最少的经费办理最好的学校"[3]的观点,反映了作为贫困的发展中国家中国的实际状况。时至今日,我们仍应秉持和发扬陶行知先生的精神,在大力开展对国外各种评估理论与技术的研究与介绍的同时,不忘结合中国教育的实际探索出符合中国国情的教育评估理论体系。

2. 注重体现办学的社会效益

陶行知教育评估理论的又一个重要的贡献是:从"生活教育"理论出发,打破传统学校教育与现实社会间的藩篱,注重跳出教育圈子而由其社会效益来评估学校教育。陶行知认为,"不运用社会的力量,便是无能的教育;不了解社会的需要,便是盲目的教育",学校必须"运用社会的力量,以应济社会的需求"[4]。因此,在《乡村小学比赛表》中,除了在第一类指标中要求教师们"能领导劳动的生活"、"能

---

① 陶行知:《民国十三年中国教育状况》,载华中师范学院教育科学研究所:《陶行知全集》第1卷,湖南教育出版社1984年版,第510页。

② 陶行知:《与柳湜的谈话》,载华中师范学院教育科学研究所:《陶行知全集》第3卷,湖南教育出版社1984年版,第611页。

③ 陶行知:《我们的信条》,载《陶行知全集》第1卷,四川教育出版社1991年版,第88页。

④ 陶行知:《教育的新生》,载《陶行知全集》第3卷,四川教育出版社1991年版,第594页。

领导改造社会的生活"，在第三类指标中列出了"自食其力的园艺、畜牧、养蚕、养蜂、养鱼及农艺竞进团"、"己立立人，己达达人之儿童自动工学团"等多门"切合乡村生活的课程"，在第六类指标中规定"校园每生分半地(家庭有地可替代)"等外，他还特意新增了"改善天然环境之提倡"和"改善社会环境之提倡"等两类指标，相关指标赋值占到全部指标体系的三分之一。强调学校服务社会，是陶行知教育评估理论一个重要特点和核心内容。在积极推进教育现代化、努力实践创新型国家建设的今天，我们的教育只有适合社会发展的实际需要，才能找到生存之道和发展之道。所以，我们只有结合学校教育的社会效益实施综合评估，才能更为客观、科学地认识教育工作的现状，明确发展方向。

3. 注重形成性评估对学校办学的推动作用

教育评估的终极目的，不在于简单地衡量和鉴定学校的办学成绩，更重要的则在于借此帮助学校找到办学过程中尚存的问题，让学校更好地发展。正是基于这一考虑，陶行知才会提出要以学校的进步程度作为评估学校的依据和结果，并把评估的权力交给了实际办学的学校和感受教育成果的当地教育主管部门。自评与他评相结合、相对评估与绝对评估相结合的评估原则与方法，正体现了陶行知"以评促建"的良苦用心。

4. 注重培养"手脑双全"、全面发展的创新型人才

陶行知在《乡村小学比赛表》中，不仅要求教师"能领导健康的生活，能领导劳动的生活，能领导科学的生活，能领导艺术的生活，能领导改造社会的生活，能领导小学生即知即传人"，从德、智、体、美、劳五个方面全面塑造学生;而且规定学生必须"即知即传人，肯做事，身体好，有礼节，容貌服饰整洁"，并通过培养学生能"制御自然势力之科学"、"陶冶性情、发表心灵之音乐、图画"、"自卫之武艺"、"自食其力的园艺、畜牧、养蚕、养蜂、养鱼及农艺竞进团"、"己立立人，己达达人之儿童自动工学团"、"高尚娱乐之游戏、运动"、"处世待人之应对进退"、"培养身心健康之卫生、体育"[①]等具体课程的设置以确保学生的全面发展。事实上，培养"手脑双全"、全面发展的创新型人才，才是陶行知教育评估的主要目标所在。

陶行知的教育评估思想是 20 世纪 20 年代中国教育改造运动的重要成果。它的提出，固然汲取了西方教育科学发展的最新成果，但同时也是对中国教育理性反思的结晶，就时间而言甚至更比泰勒所领导的赫赫有名的"八年研究"还早了五六年。陶行知在批判地继承了西方教育评估理论的基础上结合中国的具体国情进行了创造性的试验和发展，在中国近现代教育史上首次提出了"中国式"的教育评估理论，为我们今日教育评估实践和研究提供了很好的范式，在教育评估史上也应占据重要的一页。

---

① 陶行知:《乡村小学比赛表》，载《陶行知全集》第 3 卷，四川教育出版社 1991 年版，第 328～333 页。

中国历来都有重教的传统，而在面临亡国灭种空前危机的时刻，许多人都把教育视为救国的重要法门，不惜抛家舍业远渡重洋去学习教育，如饥似渴地吸取着西方教育理论发展的最新成果。应该说，近代教育测量和评估理论与实践在西方的发展同样也处于刚刚起步阶段，中国学人敏锐地把握住了教育理论发展的最新成果，结合中国教育发展的实际需要积极探索，大胆实践。"五四"运动前后直至1928年间，也就是中国近代学制探索与建立的关键时期，中国教育界开启了一个教育测量运动的高潮期，在经历了一个引进与传播法国、美国、日本等多个国家的较为先进的智力测验理论与方法的短暂过程之后，就开始了自己独立的创新研究，无论是研究成果的数量还是研究方法、研究的广度及深度等与国外同行相比都毫不逊色。20世纪20年代中国的教育测量运动，也由此成为世界教育测量运动的一个重要组成部分，为国际教育测量运动的发展做出了自己的贡献。在此过程中，还有一些中国学者将教育评估实践与实现改造中国教育乃至中国社会的宏大目标和努力紧密地结合在了一起，他们希望改造传统旧教育使之能够适应现代中国社会发展的需要，并由此出发批判地继承了西方教育评估理论成果、创造性地提出和实践着其中国式的教育评估理论。陶行知就是这样一位杰出的代表人物，他以自己的亲身实践诠释了中国教育评估理论建设必须服务与服从于探索中国特色教育发展之路的价值与使命。

第三编
中国当代教育评估的复苏与创新

新中国成立以后的相当长一段时间里,中国教育评估理论与实践基本陷于停滞状态。基础教育领域,建国初期延续和建立了教育督导制度。1949年11月1日新中国成立中央人民政府教育部时,专门设立了视导司,成为教育部"一厅(办公厅)五司"架构下的重要组成部分之一。视导司的主要任务就是检查各大行政区执行中央人民政府各项教育政策、决议、指示的情况,并根据检查的结果加以分析批判,从而有系统、有重点地解决一些重大问题。1953年,教育部又正式明确了视导司的九项工作职责,即对各级教育部门执行中央有关教育方针、政策、法令、决议的情况组织视察;对各级各类学校的教学工作进行视察和研究;组织力量进行重点视导与典型调查;有关教育政策、法令、制度、编制及教育行政问题的研究;部长交办的专题视导工作;各种教育工作总结、报告与重大问题的研究和处理;部内各业务司、处工作情况的了解及研究改进工作;涉及几个业务司、处的重大问题的组织处理;其他有关视导方面的工作[1],等等。当时,省、县两级人民政府教育主管机构也相应地设立了视导机构,并开展视导工作。但时隔不久,由于受到"左"倾思想的影响,1953年以后中央和地方政府都陆续撤销了视导机构的专门建制,而将相关工作职责转交给其他职能司、处处理;1958年,更是彻底终止了教育视导工作。

高等教育领域,建国初期在"全面学习苏联"的精神指导下,全盘引进苏式成绩考评法,而将过去相对比较成熟的教育评估理论与方法统统打上了"腐朽的资产阶级"的标签而予以否定。这样,包括经过20世纪20年代教育测验运动中国在教育评估领域积累下来的人才、方法、技术、资料等诸多宝贵成果,不仅没有得到继承,反遭彻底的抛弃,从而进一步拉大了中国教育评估与世界各国的距离,导致中国高等教育评估的理论与实践远远落后于世界发展水平。20世纪60年代以后,由于中苏交恶,苏式成绩考评方法也被视为"修正主义"的东西而遭到放弃,中国高等教育评估遂之陷入一种无所适从的困境而被迫中断。1966年开始的"文化大革命",更是彻底颠覆了整个教育秩序,教育评估理论与实践更是没有立足之地。受此挫折,中国高等教育评估已经被世界远远地甩在后面,直到1977年恢复高考和随后的教育拨乱反正,中国高等教育评估发展才逐渐起步。

本编着重记述改革开放以来三十余年间中国教育评估发展的概况并预测和展望了其未来发展的主要趋势。在改革开放之后的三十余年间,中国教育评估大致经历了恢复发展、蓬勃发展与体系化建设等三个历史发展阶段。恢复发展阶段,中国教育评估实践的主要特征是恢复教育评估专门机构和相关制度,并配合改革开放大环境积极开展教育评估对外交流,为教育评估的发展营造氛围、提供学习借鉴的依据;蓬勃发展阶段,中国教育评估实践的主要特征是推动教育评估制度法制化

---

① 转引自石灯明:《我国教育督导制度的发展历史及其经验教训》,《教育督导》2005年第10期,第7页。

建设进程,在法律保障下的中国教育评估发展得有声有色,启动了教育评估实践、逐步形成了教育评估理论,并拥有了教育评估专业队伍。体系化建设阶段,中国教育评估的主要特征是实现了教育评估体系化建设的突破,基础教育完成了质量监测体系的构建,而高等教育领域也正在抓紧开展高等教育质量保障体系建设。最后,我们还从教育评估的重心转移、教育评估主体转变及教育评估研究的新发展等三方面论述了当代中国教育评估未来发展的主要趋势。

第八章　教育评估的恢复发展

第一节　教育督导制度的恢复

"文革"结束后,在邓小平同志的倡导下,我国教育督导制度开始恢复重建。邓小平同志在1977年9月19日《教育战线的拨乱反正问题》的谈话中,提出了建立督导机构和制度的构想与建议,他对教育部负责人说,"要健全教育部的机构,要找一批四十岁左右的人,天天到学校里去跑。搞四十个人,至少搞二十个人专门下去跑。要像下连队当兵一样,下去当"学生",到班里听听课,了解情况,监督计划、政策的执行,然后回来报告。这样才能使情况反映得快,问题解决得快"。[①] 在当时的背景下,这段话的内涵非常丰富,归结起来主要有以下几个方面:(1)建立督导制度是拨乱反正、重视和加强教育工作的一项重要措施;(2)教育督导机构建设是建立健全教育督导制度的主要举措;(3)对督导人员的素质、年龄做了具体的要求;(4)对督导人员的工作方式与工作任务有明确的规定。从这些内涵看,当时教育督导作为监督计划、政策执行的功能被提到了相当的高度,对"督政"的价值看得更重一些。

1977年10月,当时的国务院副总理王震根据邓小平恢复教育督导制度的指示精神,提名具有丰富教育管理经验的几位老教育工作者郭明秋、苏灵扬、杨宾、张珣、王季清以及当时在人民日报社工作的姚文同志到教育部"做督学、巡视员"。1978年初,这几位老同志正式担任教育部巡视员,同时教育部在中学司设立了视导室,由教育部长直接领导他们根据小平同志指示精神,"天天到学校里去跑",主要是重点中小学,包括重点大学,做了大量的调查研究工作,并撰写了一批调查报告,有的还直接呈送给中央领导包括小平同志阅示。这些调研工作与报告对当时教育战线拨乱反正,恢复正常秩序起到了重要的作用。

1983年,当时的教育部部长何东昌在全国普教会上明确提出要恢复我国教育督导制度,要求"县以上教育行政部门都要设立督导机构",并提出省、自治区、直辖市和地(市)、县的主任督学,应相当于同级厅局长级干部,受同级和上一级教育行政部门的双重领导。督学具有一定的权力,负责对中小学教育进行检查、督促和指导。1984年8月,国务院批准教育部设视导室,负责巡视、检查和指导帮助全国

---

① 郭振友著:《教育督导与素质教育》,人民教育出版社2006年版,第14页。

各地的普教工作。视导室建立后,教育部即于 1985 年 6 月聘请了第一批 12 位视导员①。1985 年 3 月 25 日,六届全国人大四次会议正式通过了"七五"计划的报告,报告中也提出"要加强教育事业的管理,逐步建立系统的教育评价和监督制度"。这说明党中央和国务院已经把建立教育督导制度作为一项制度、一个体系提出来,并正式列为"七五"计划所要实施的一项重要政策和措施。1985 年,我国教育事业发展的纲领性文件《中共中央关于教育体制改革的决定》也明确提出了对教育进行评价的问题。随着中央对教育督导工作的日益重视和明确指示,教育督导制度建立已水到渠成②。

第二节　高等教育评估的理论准备

1977 年 8 月,根据中央指示精神,教育部在北京召开全国高等学校招生工作会议,会议确定了《关于 1977 年高等学校招生工作的意见》,规定自 1977 年起进行高等学校招生制度改革,将采取"自愿报名,统一考试,地市初选,学校录取,省、市、自治区批准"的办法,这标志着时隔 11 年之久高考制度的再度恢复,极大地刺激了高等教育评估的发展,它对如何解决考试的客观、公正、可靠及有效性问题提出了现实需求,并为其积累了必要的实践基础和研究素材。事实上,这一时期进一步推动中国高等教育评估的发展也的确事出有因:一是反思历史、重建秩序的需要。在经历了建国以来高等教育发展的大起大落和重大失误后,有必要认真反思和评价过去的高等教育政策和实践,探究高等教育发展的客观规律,而我们在实际工作中究竟应该如何及时、科学地评估教育秩序整治、重建工作的成效,又以什么标准、何种方式进行评估等,都是急需研究的重大课题。由于高等教育评估具有系统收集信息、检查改革与发展目标的达成度、对教育工作过程及质量做出科学价值判断、为科学管理和决策提供依据等功能,因此日益受到关注。二是国际高等教育评估发展的影响③。从 20 世纪 80 年代初开始,中国陆续译介了国外有关高等教育的文章及专著,邀请国外教育评估专家来华讲学,加强了国内外高等教育评估界的联系和交流,使中国全面了解国际高等教育评估的动态,并学习了国外的先进评估经验。1984 年,中国正式参加了国际教育评价协会(IEA),并且教育部还确定河北、山西、北京和天津等省市参加 IEA 组织实施的第二次自然科学(包括物理、化学、生物、地球科学等)的教育成就评价研究活动④。通过中西交流、加大对国外高等教育评估成果的译介和引进,为中国教育评估理论的研究和实践活动奠

---

① 郭振友著:《教育督导与素质教育》,人民教育出版社 2006 年版,第 15 ~ 16 页。
② 杨军:《20 年来我国教育督导理论与实践的新探索》,《西北师范大学学报》(社会科学版)2001 年第 2 期,第 36 ~ 37 页。
③ 刘尧:《中国高等教育评估的历史与现状述评》,《高教发展与评估》2005 年第 9 期,第 38 页。
④ 吴钢:《我国教育评价发展的回顾与展望》,《教育研究》2000 年第 8 期,第 28 页。

定了必要的基础。

"文革"结束后,百废待兴,在教育领域最重要也是最迫切的工作就是拨乱反正,遵循教育规律,理顺教育秩序。教育督导制度的恢复重建工作就是在这样的背景下被迅速提到议事日程的,当时的中央领导与教育部负责同志非常重视这一工作,对教育督导的机构建立、人员安排、工作方式与任务、作用与效果等都做了明确而具体的要求,这对教育督导的恢复重建起了重要的推动作用。高等教育评估兴起与发展则起因于以下两个背景:1977年高考制度的恢复为高等教育评估的发展提供了现实需求和实践素材;改革开放大环境下高等教育评估的国际交流所产生的推动作用。这一时期教育评估的诸项活动都为中国教育评估日后的蓬勃发展奠定了必要的基础。

第九章 教育评估的蓬勃发展

1985 年中共中央正式下发《关于教育体制改革的决定》,这进一步推动了中国教育的改革发展,从而也为中国教育评估实践的发展提供了广阔的空间和舞台。在前一阶段恢复发展的基础上,从 1985 年到 20 世纪末,中国教育评估逐渐进入了蓬勃发展的轨道。基础教育领域的教育督导历经法制化建设,最终在国家层面上形成以教育督导为核心的基础教育评估制度;高等教育评估通过一系列的实践探索、理论研究与国际交流、借鉴,掀起了两次全国性的高等教育评估高潮,在高等教育评估蓬勃发展的过程中提升了理论研究水平、积累了实践经验,并造就了一支专业队伍。

第一节 以教育督导为核心的基础教育评估制度的确立

一、教育督导的法制化建设历程

伴随着教育拨乱反正而来的中国教育督导制度,自 20 世纪 80 年代中期之后更是开启了法制化建设进程,而揭开这崭新一页的是《中华人民共和国义务教育法》的应时出台和对《中华人民共和国义务教育法》的全面实施。1986 年,《中华人民共和国义务教育法》正式颁布实施,国务院办公厅随即又转发了《关于实施义务教育法若干问题的意见》(国办发[1986]69 号,以下简称《意见》)。《意见》再次强调,要逐步建立起基础教育的督(视)导制度。同年 10 月,经国务院批准,教育部视导室正式更名为国家教委督导司,成为独立的司局,这标志着新中国教育督导制度的正式恢复和重新建立。

1991 年,国家教委又正式出台了《教育督导暂行规定》(以下简称《暂行规定》),这是我国教育督导制度恢复以后第一部部门法规文件。《暂行规定》共 6 章、23 条,明确了教育督导的任务是对下级政府的教育工作、下级教育行政部门和学校的工作进行监督、检查、评估、指导,保证国家有关教育的方针、政策、法规的贯彻执行和教育目标的实现;教育督导的范围主要是中小学教育、幼儿教育及其有关工作,同时可根据本级政府或同级教育行政部门的委托,对其他的教育工作进行督导。《暂行规定》还同时明确各级教育督导机构应设相应的专职督学,并可根据工作需要聘请兼职督学,享有同等的职权。督学的任职资格是必须坚持四项基本原则,坚持改革开放,忠诚于社会主义教育事业,熟悉国家有关教育的方针、政策、法规,有较高的政策水平,具有大学本科学历或同等学力,有10年以上从事教育工作的经历,熟悉教育教学工作业务,深入基层,联系群众,遵纪守法,办事公道,敢说真话,身体健康,并且必须接受必要的培训。

《暂行规定》把教育督导分为综合督导、专项督导和经常性检查三种不同的种类,并赋予教育督导机构和督学相应的职权。《暂行规定》虽属部门规章,并且从现在的眼光来看还很不完善,但它毕竟是新中国第一也是唯一的一部国家级教育督导法规,为全国的教育督导工作提供了可以遵循的基本准则。《暂行规定》出台后,教育部同全国人大、全国政协一起连续几年开展以实施义务教育法为中心的专项督导检查。在全社会宣传义务教育法,增强广大干部群众的教育法律意识,同时宣传教育督导的地位和作用,树立教育督导工作的权威。

二、教育督导制度法律地位的确立

为了全面贯彻落实《中华人民共和国义务教育法》,中央和地方各级政府都把“两基”(基本普及九年义务教育和基本扫除青壮年文盲的简称)建设放到了很高的位置,教育督导的工作重心也由此转到这方面来。

国家“两基”督导检查

“两基”督导评估制度的建立成为推进《中华人民共和国义务教育法》顺利实施的有力保障,也保证了“两基”重中之重地位的落实;而在此过程中,教育督导工作也取得了相当的成效,社会影响逐步扩大。在“两基”督导评估和对学校包括对职业学校、社会力量举办中小学等的督导评估工作中,各地创造和积累了宝贵的经验,特别是找到了推动政府教育执法行为全面落实,提高区域性教育发展水平,提高教育质量和效益的有效机制。这一时期中小学普遍建立督导评估制度,发展了有中国特色的教育督导内容和工作方法,极大地推进了学校全面贯彻教育方针,实施素质教育,推动了教育管理水平、办学质量和效益的提高。这些都为创建有中国特色的教育督导制度奠定了坚实的基础。

1995 年 3 月,第八届全国人大第三次会议审议通过了《教育法》,明确规定"国家实行教育督导制度和学校及其他教育机构教育评估制度",从而奠定了教育督导不可撼动的法律地位。1998 年 7 月,国务院批准教育部设立独立的教育督导团办公室,成为教育部 18 个职能司(厅)之一,主要职责是承办教育督导团的日常工作,组织国家督学对全国中等及中等以下教育的督导评估和检查验收,并宏观指导各地的教育督导工作。

三、中国特色教育督导制度的发展与完善

以教育部加强教育督导机构和"教育部教育督导团"更名为"国家教育督导团"为标志,中国教育督导机构进入了一个新的历史阶段,即面向 21 世纪,发展和完善中国特色教育督导制度的阶段。

在 1998 年机构改革中,独立的教育督导团办公室的设立,标志着教育部对教育督导工作重要地位和作用的深刻认识;体现了党的十五大所提出的加强执法监管的精神。1999 年第三次全国教育工作会议上,中共中央、国务院的有关决定更是进一步强调了教育督导的地位和作用,特别指出了教育督导要对实施素质教育发挥"保障"作用。2000 年,经中编办批复,原国家教委教育督导团正式更名为"国家教育督导团",主要职能是研究制定教育督导与评估的方针、政策、规章制度,对省级政府贯彻执行国家有关教育方针、政策的情况进行指导、监督、检查、评估。从此,中国教育督导的"督政"职能得到了确认。2001 年的全国基础教育工作会议进一步强调了加强教育督导工作,并明确指出,要实施督政、督学相结合,推进基础教育改革与发展。此后,全国大多数地方陆续将原来教育行政部门的督导机构更名为政府的教育督导机构,并赋予了它更大的督政职能,从而在新的世纪开创了教育督导工作的新纪元(表 9 - 1)。据统计,全国已初步形成了中央、省、市、县四级教育督导体系,建立了一支由 8 000 多名专职督学、20 000 多名兼职督学、30 000 多名专职工作人员组成的专兼结合的教育督导队伍(表 9 - 2),近三分之二的省、市、自治区和部分计划单列市已经出台了地方教育督导法规和规章,教育督导在推动教育的改革与发展中发挥了不可替代的重要作用。[①]

---

① 石灯明:《我国教育督导制度的发展历史及其经验教训》,《教育督导》2005 年第 10 期,第 8 页。

表 9 - 1　全国教育督导机构情况表①

省级机构名称	地(市、州、盟)				县(市、区)及县级单位			
	总数	已建数	占%	政府称谓	总数	已建数	占%	政府称谓
北京市人民政府教育督导室	13	13	100	13	5	5	100	5
天津市人民政府教育督导室	14	14	100	8	4	4	100	2
河北省人民政府教育督导室	11	11	100	3	173	172	99.42	59
山西省人民政府教育督导室	11	11	100	10	119	119	100	92
内蒙古自治区人民政府教育督导团办公室	12	12	100	4	101	101	100	30
辽宁省人民政府教育督导团办公室	14	14	100	8	100	100	100	48
吉林省人民政府教育督导团办公室	9	9	100	9	60	60	100	60
黑龙江省人民政府教育督导室	13	13	100	13	134	134	100	134
上海市人民政府教育督导室	19	19	100	19	0	0	0	0
江苏省教育督导室(待更名)	13	13	100	5	109	106	97.25	34
浙江省人民政府教育督导室	11	11	100	11	88	88	100	77
安徽省人民政府教育督导团办公室*	17	16	94	9	106	86	81	42
福建省人民政府教育督导室	9	9	100	1	86	86	100	12
江西省人民政府教育督导室	11	11	100	0	98	94	96	19
山东省人民政府教育督导室	17	17	100	16	139	138	99	120
河南省人民政府教育督导团办公室	18	18	100	8	158	158	100	67
湖北省人民政府教育督导室	17	17	100	17	101	101	100	101
湖南省人民政府教育督导室	14	14	100	14	122	122	100	116
广东省人民政府教育督导室	21	21	100	12	121	121	100	31
海南省教育督导办公室	2	2	100	0	20	20	100	0
广西壮族自治区教育督导团办公室	14	14	100	8	110	101	91.8	63
四川省教育厅督导室	21	21	100	14	180	167	92.7	124
重庆市人民政府教育督导室	0	0	0	0	40	40	100	38
贵州省人民政府教育督导室办公室	9	9	100	9	87	86	98.5	79
云南省人民政府教育督导团办公室	16	16	100	4	128	120	93.8	24

① 参见中华人民共和国教育部网站教育督导专题资料,http://www.moe.gov.cn/edoas/website18/85/info6985.htm。

省级机构名称	地(市、州、盟)				县(市、区)及县级单位			
	总数	已建数	占%	政府称谓	总数	已建数	占%	政府称谓
西藏自治区教育督导委员会	7	7	100	0	0	0	0	0
陕西省人民政府教育督导团	10	10	100	10	107	107	100	81
甘肃省人民政府教育督导团办公室	14	14	100	9	86	86	100	47
青海省教育厅普通教育督导室	8	8	100	3	46	46	100	10
宁夏回族自治区教委督导室(已报更名)	4	4	100	1	24	23	88.5	1
新疆维吾尔自治区人民政府教育督导室	16	16	100	15	93	93	100	87
新疆生产建设兵团教育督导室	14	5	35.7	0	0	0	0	0
合计	399	389	97.5	253	2 745	2 684	97.77	1 503

* 安徽省有 17 个市辖区没有教育行政部门,亳州市因 2000 年下半年才成立,教育局正在组建中。

表 9 – 2　全国教育督导队伍情况表①

名称	省、自治区、直辖市				地(市、州、盟)				县(市、区)			
	实有人数	专职督学	兼职督学		实有人数	专职督学	兼职督学		实有人数	专职督学	兼职督学	
			总数	特约			总数	特约			总数	特约
北京	12	6	32	12	80	79	137	19	24	23	13	0
天津	9	9	24	8	383	74	309	54	146	21	125	0
河北	4	1	34	0	46	37	55	14	560	414	233	0
山西	3	0	55	0	212	52	160	5	521	310	211	22
内蒙古	3	3	13	0	26	25	25	4	291	249	66	1
辽宁	5	5	0	0	81	68	28	5	426	370	124	38
吉林	5	5	7	0	51	45	6	0	538	336	202	0
黑龙江	4	4	4	2	107	54	53	27	734	341	393	49
上海	5	4	51	10	164	153	263	79	0	0	0	0
江苏	4	3	53	8	257	48	229	49	1 088	375	738	163
浙江	5	4	53	0	52	45	260	44	235	208	1 167	104

---

① 参见中华人民共和国教育部网站教育督导专题资料,http://www.moe.gov.cn/edoas/website18/85/info6985.htm。

名称	省、自治区、直辖市				地(市、州、盟)				县(市、区)			
	实有人数	专职督学	兼职督学		实有人数	专职督学	兼职督学		实有人数	专职督学	兼职督学	
			总数	特约			总数	特约			总数	特约
安徽	3	1	50	5	82	47	35	2	380	221	159	9
福建	9	9	49	24	151	54	96	51	626	404	288	86
江西	11	0	0	0	44	15	68	18	379	139	379	70
山东	6	1	49	0	61	44	110	24	631	417	1 286	304
河南	5	2	33	0	61	37	411	81	510	376	2 320	142
湖北	5	0	22	0	63	8	358	85	340	278	2 180	378
湖南	4	4	59	2	65	58	139	19	414	254	1 054	45
广东	4	4	48	0	65	65	130	0	271	271	672	0
海南	5	5	21	9	3	3	17	0	31	31	35	4
广西	4	4	62	0	41	39	164	27	188	179	594	20
四川	3	2	24	10	106	62	166	39	718	397	966	157
重庆	4	3	18	5	0	0	0	0	158	132	321	19
贵州	9	4	20	8	39	19	32	0	484	213	472	51
云南	4	4	38	0	25	17	85	8	239	109	370	41
西藏	4	0	13	0	12	1	3	0	0	0	0	0
陕西	3	2	48	0	52	47	80	0	432	285	359	0
甘肃	5	1	34	5	51	45	170	11	366	268	736	50
青海	13	11	19	0	29	28	65	2	147	131	195	3
宁夏	2	2	0	0	15	15	0	0	95	73	22	2
新疆	8	7	30	5	82	74	195	23	336	309	561	77
兵团	5	5	35	0	41	21	20	0	0	0	0	0
合计	175	115	998	124	2 547	1 379	3 869	692	11 308	7 134	16 241	1 835

注:此表数字未统计国家教育督导团 73 位国家督学(含总督学顾问 4 人、特约教育督导员 4 人、专职督学 3 人)和督导团办公室 6 名工作人员。

在教育督导制度保障下全国已基本实现"两基"目标的基础上,2001 年国务院召开全国基础教育工作会议,颁发了《关于基础教育改革与发展的决定》,又提出经济发达地区要高水平、高质量地普及九年义务教育(即"双高普九")。在此之前,部分经济、教育发达的地市就已对基础教育提出了更高的验收标准,即要实现区域内高水平、高质量、均衡化的基础教育,满足广大市民追求平等、优质教育的需求。如上海 1999 年正式启动上海市中小学标准化建设工程(以下简称"达标工程"),达标工程的目标是:经过 3~5 年努力,实现全市所有初中、小学校舍与装备标准化配置,整体提高学校教师队伍的合格水准;加强和改善学校管理,大面积提高教育教学质量,使每一个适龄学生接受到良好而又充分的义务教育。至 2002 年年底,达标工程已全面完成。三年中,上海共投入 40 余亿元资金,对每一所学校进行定位和标准化建设,这是建国以来上海基础教育建设中投资最大的工程。通过"达标工程",使校舍建设、装备配置以及师资队伍、教育教学质量等方面均有了显著的改善和提高。

福建省在 1998 年成为全国第 9 个实现"两基"的省份后,根据国务院的统一部署又于 2001 年对"双高普九"进行全面动员部署,明确将"双高普九"作为教育督导工作的重点,建立"双高普九"评估体系,制定了《福建省高水平高质量普及九年义务教育评估标准和验收办法》,评估内容涉及普及程度、师资水平、办学条件、教育经费、教育管理与质量等五大项 43 个指标(其中包括 7 个"一票否决"项目)。为促进评估验收工作规范、有序,福建省还编制了《"双高普九"基础数据统计报表》等评估验收的必备工具,建立了信息采集机制。"双高普九"督导评估验收制度的建立,为福建省义务教育的巩固提高工作创设了新的项目载体,保证了义务教育的健康发展,政府教育督导机制的监督作用也得到了进一步发挥。

第二节 高等教育评估的理论研究与实践探索

这一时期高等教育评估的特点主要有两个:理论研究与实践探索同步进行并互相促进;国际经验的借鉴、交流与根据中国国情自主建设相结合。

一、标志着中国高等教育评估正式启动并迅速发展的第一次高等教育评估高潮的兴起

我国有领导、有计划地开展高等教育评估的研究和实践活动,是 1985 年 5 月 27 日《中共中央关于教育体制改革的决定》(以下简称《决定》)颁布之后的事情。《决定》第一次以文件的形式正式提出了在深化高等教育体制改革的过程中开展高等教育评估的要求,多次提出"要扩大高等学校的办学自主权"、"国家及其教育管理部门要加强对高等教育的宏观指导和管理。教育管理部门还要组织教育界、知识界和用人单位定期对高等学校的办学水平进行评估,对成绩卓著的学校给予荣誉和物质上的重点支持,办得不好的学校要整顿以至停办"、"为了增强科学研究的能力,培养高质量的专门人才,要改进和完善研究生培养制度,并且根据同行评议、择优扶植的原则,有计划地建设一批重点学科。重点学科比较集中的学校,

将自然形成既是教育中心,又是科学研究中心"①,等等。由此可见,高等教育评估是作为贯彻中共中央关于教育体制改革,"加强对高等教育的宏观指导和管理"的重大措施而提出的。其主要目的有四:保障高等教育的基本质量,重点扶持一些专业和学科,指导推动教育改革,服务于社会主义建设②。这就指明了在我国开展高等教育评估工作的方向。

1985 年 6 月在黑龙江省牡丹江市镜泊湖召开的"高等工程教育评估问题专题研讨会",被国内学术界公认为我国高等教育评估正式开始的起点,具有里程碑意义。

(一)高等教育评估实践与探索

1985 年黑龙江镜泊湖研讨会召开的目的,是为了加强高等工程教育评估理论的研究和为高等工程教育评估方案的出台做好准备。1985 年 11 月,国家教委颁布了《关于开展高等工程教育评估研究和试点工作的通知》([1985]教高二字 020 号),接着国家教委又发出了《关于正式开展高等工程教育评估试点工作的几点意见》([1987]教高二字 012 号),全面部署了对高等工程教育的评估研究工作与试点工作。之后,全国性的高等工程教育评估委员会和科学评估小组正式成立。1985 年 12 月,在广州召开了高校教学改革研讨会,会议确定由华东师范大学、北京师范大学、复旦大学、南京大学、武汉大学等高校组成教育评估试点工作联络组,要求各校制订评估指标体系。

1986 年 5 月,在合肥举行了全国性的"教育评估讲座与研讨会"。6 月,在北京召开了"评估高等学校工作状态理论与方法学术讨论会",参加会议的有 30 所高校、6 个部委、3 个省市以及中央教科所的代表 80 人。会议提出了高校评估的一些重要概念,如区分合格评估与选优评估、指标体系的简化、自评的作用、评估的心理状态等。会议还对美国和苏联的教育评估作了比较研究。会后出版了《教育评估的理论与实践》(北京航空学院出版社 1987 年版)一书。

1986 年 12 月,国家教委在成都召开了"高等工程教育评估试点工作会议",集中讨论了 4 个部委、35 所工科院校提出的学校专业、课程评估的指标体系、标准与方法,以及德育、体育评估的指标体系。会后,相关成果以《高等工程教育评估》(浙江人民出版社 1987 年版)的名义结集出版;与此同时,整个会议也为此后我国高等工程教育评估试点工作的开展打下了基础。

1987 年 6 月,国家教委再次在西安召开了全国高等工程教育评估试点工作会议,在总结以往研究成果的基础上,会后以本科教育评估为中心的学校评估、专业评估、课程评估等三个层次的评估试点工作正式全面启动。这次评估试点共涉及

---

① 《中共中央关于教育体制改革的决定》,载《人民日报》1985 年 5 月 29 日。

② 董秀华:《努力建设具有中国特色的现代高等教育评估体系》,《中国高等教育评估》1998 年第 2 期,第 61 页。

138

全国 80 多所工科院校,到 1989 年第一季度,基本完成了预定的各项试点任务。与此同时,国内其他科类的高校以及没有被选入试点范围的一些工科院校也相继开展了评估试点工作。

1989 年 4 月,在国家教委的委托下,国家电子部、建设部、煤炭部,以及北京市、上海市、黑龙江省和陕西省在有关专业和课程教学指导委员会的配合下,又选择了 80 多所高等工业学校进行了机械制造工艺与设备、供热通风与空调工程、计算机及应用等 3 个专业和数学、物理、理论力学、材料力学等 4 门课程的教育评估试点工作。

1989 年 12 月,国家教委在郑州召开"全国高等教育评估工作会议",对实施中的高教评估试点工作进行了认真的总结,并讨论形成了《普通高等学校教育评估暂行规定》建议稿。经过几番征求意见,《普通高等学校教育评估暂行规定》最终于 1990 年 10 月由国家教委主任李铁映签发。

《普通高等学校教育评估暂行规定》的编制和出台,是对 1985 年以来我国广泛开展高等教育评估研究和试点工作实践经验的一次全面总结,也是根据我国高等教育发展的具体实际情况消化发展国际高等教育评估理论与经验的一份重要成果,明确规定了我国高教评估的性质、目的、任务、指导思想和基本形式等,确立了我国高教评估制度的基本框架,是规范我国高等教育评估工作的重要指南。《普通高等学校教育评估暂行规定》强调,我国高等教育评估的基本任务,是根据一定的教育目标和标准,通过系统地搜集学校教育的主要信息,准确地了解实际情况,进行科学分析,对学校的办学水平和教育质量进行评价,为学校改进工作、开展教育改革,为管理部门改善宏观指导、管理提供依据;开展高等教育评估的主要目的,是在扩大高等学校办学自主权的条件下,加强国家对高等教育的宏观指导和管理,建立学校主动适应社会需要的机制,不断提高办学水平和教育质量,使高等教育工作更好地为社会主义现代化建设的实际需要服务①。它的问世标志着 90 年代我国高教评估将进入稳步发展的新时期。

据 1990 年不完全统计,这一时期我国高等学校评估活动的范围相当广泛,至少涉及 8 个部委,6 个省市教委和近 500 多所普通高等院校,其范围之广、规模之大就以往而言是空前的②。这一时期的评估实践探讨了在我国开展高等学校教育评估的目的、作用、理论和方法,有效地促进了高校办学水平和教育质量的提高。高等教育评估开始被高等学校及其教育主管部门视为进行自我调节和改善宏观管理、主动适应社会需要的有效手段。

(二)高等教育评估理论研究

在高等教育评估实践逐步展开的同时,为了更好地推进实践探索,为实践提供

---

① 李化树:《中国高等教育评估制度及其发展趋势》,《中国高等教育评估》1995 年第 2 期,第 40 页。

② 顾明远:《高等教育学会高等教育评估研究会筹备工作报告》,《中国高等教育评估》1994 年第 1 期,第 8 页。

有力的理论支撑,高等教育评估理论研究也在深入进行。

1. 破解难题,重点立项

高等教育评估试点工作的推进,更凸显了高等教育评估的理论价值与实践意义,而在具体工作中又遇到不少难题需要集中力量共同破解。为此,全国教育科学规划领导小组和全国哲学社会科学领导小组专门重点立项予以支持。

1987 年 10 月,由国家教委高教二司和北京航空航天大学等机构申报的"具有中国特色的高等教育评估制度的研究与实践"课题,被全国教育科学规划领导小组批准正式列为"七五"期间国家教委的重点研究项目,这是我国高等教育评估系列研究的开始。课题组成立后,开展了一系列的评估研究与实践,提出了《普通高等学校教育评估暂行规定(建议稿)》。此后,由国家教委高教研究中心和天津大学申报的"具有中国特色的高等教育评估制度和政策研究"课题,又被批准为全国哲学社会科学"八五"规划国家级重点研究课题;由南京大学、北京师范大学申报的"高等学校评估和高校教学评价理论与实践"课题,也被批准为全国教育科学"八五"规划国家教委级重点课题。

2. 群贤毕至,共谋大局

这一时期,有五次会议对于推动我国高等教育评估试点工作起到了关键的作用。第一次,就是 1985 年 6 月国家教委在黑龙江省镜泊湖召开的"高等工程教育评估问题专题研讨会",在我国当代高等教育评估史上具有里程碑的意义。这次会议,共汇集了全国 38 所高校及 7 个部委、5 个省市的近百名代表,就我国高等教育评估的目的、作用、理论和方法等问题进行了研讨;交流、论证和汇总了各种评估方案;并交换了开展评估试点的意见。经过讨论,决定通过开展以高等工程本科教育评估为重点的研究和试点实践活动,将教育评估的普遍规律与我国国情结合起来,探索建立中国特色高等学校教育评估体系和制度,提高高等学校的办学水平,改进政府对高等教育工作的宏观管理。这是我国有组织、有计划地开展高等教育评估理论研究的起点,也是从实践上进行高等教育评估准备的开始,会后出版了《高等教育评估的理论与方法初探文集》(华中工学院出版社 1985 年版)。

除镜泊湖会议以外,其余四次全国性的高等教育评估学术研讨会分别是:1986 年 6 月在北京工业大学举行,由北京市高教学会、北京航空学院等部门联合召开的"评估高等学校工作状态理论与方法学术讨论会";1988 年 6 月在天津大学举行,由"具有中国特色的高等教育评估制度和政策研究"课题组牵头单位召开的"高等教育评估学术讨论会";1991 年 6 月在天津大学举行、由全国高等教育研究协作组召开的"全国高等教育评估第三次学术讨论会"[①];1992 年 11 月 26 日至 12 月 1 日,由国家教委高教研究中心与全国高等教育评估研究协作组联合在广东省江门五邑大学举办的"全国高等教育评估第四次学术讨论会"。

---

① 伊继东等编著:《高等教育评估理论与实践》,科学出版社 2009 年版,第 5~6 页。

3. 齐心协力,联合攻关

在以往长期合作的基础上,"中国高等教育评估研究协作组"于 1991 年 6 月正式成立,顾明远被选举为协作组组长。协作组成立后,即确定"八五"期间需要共同攻克的主要研究课题为:(1) 高等教育评估的基本理论和方法;(2) 具有中国特色的高等教育评估制度和政策;(3) 高等学校教学评价;(4) 高等教育评估和高等学校教学评价的比较研究,等等。为了加强信息沟通,协作组还委托北京大学教育评估室编印《高教评估信息导报》,每年出二期。

4. 创办杂志,搭建平台

1988 年,受国家教委委托,上海高教研究所创办了《高教评估信息》,专门反映高等教育评估试点工作的经验及理论研究成果,该刊从第 6 期开始更名为《高教评估》。《高教评估》由中国高等教育评估研究会、上海市教育科学研究院高等教育研究所、原国家教委高教研究中心合办,1994 年又更名为《中国高等教育评估》,是国内高等教育评估领域最早的专业刊物。

5. 著书立说,奠定学基

这一时期,一批教育专家潜心研究高等教育评估理论,出版了不少有关高等教育评估方面的专著,代表性的有刘盛纲主编的《美国加拿大高等教育评估》(浙江大学出版社 1987 年版)、许建钺主编的《高等学校教育鉴定与水平评估》(中国科学技术出版社 1992 年版)、陈玉琨编著的《教育评估理论与技术》(广东教育出版社 1987 年版)、张大经等著的《高等教育评估理论与实践》(中山大学出版社 1989 年版)、北京市教育局等编著的《教育评估理论与实践》(北京航空学院出版社 1987 年版)、李汉玉主编的《高等工程教育评估》(浙江人民出版社 1987 年版)、陈漠开主编的《高等教育评价概论》(吉林教育出版社 1988 年版)和王致和等著的《高等教育评估新探》(天津大学出版社 1989 年版),等等。这些专著的出版,为我国高等教育评估工作奠定了坚实的理论基础①。

(三) 对外交流与合作

1. 举行三次大型国际学术研讨会②

1987 年 8 月,由北京大学和美国美中教育服务机构(ESEC)发起,在北京大学召开第一次中美教育评估研讨会,会议就教育评估的概念、意义与作用等进行了热烈的交流,并就课程评估、学生学习质量评定与测试以及评估工作在改进教学和提高师资水平方面如何发挥作用等方面进行了重点探讨。

1990 年 8 月,由北京大学、北京师范大学、北京航空航天大学、华东师范大学、武汉大学及 ESEC 共同主持的第二次中美教育评估研讨会在北京师范大学召开,同时还分别在华东师范大学和武汉大学分设了两个分会场,会议集中讨论的主题

① 伊继东等编著:《高等教育评估理论与实践》,科学出版社 2009 年版,第 6 页。
② 周起钊:《在交流中作比较,在比较中找借鉴》,《中国高等教育评估》1994 年第 1 期,第 38~39 页。

是:(1) 教育评估工作在促进教育质量提高和指导教育管理方面能发挥什么作用?
(2) 如何评价高等学校办学的社会效益?

这两次会议共汇聚了 300 余人次的中外嘉宾,其中来自美国州际教育委员会、美国高教协会、美国全国高等教育管理中心和美国高等院校以及英国等外籍来宾 20 余人次,来自国家及中央部委、各省市教育主管部门、研究机构和高校的代表 320 余人次,可以说规模相当大,且国内代表的范围也相当广泛,从而使得两次会议对我国高等教育评估事业的发展产生了相当巨大的影响。

1993 年 6 月,中美双方共同主持发起在美国夏威夷召开了环太平洋国家高等教育评估研讨会。这次会议既是前两次会议的继续和发展,同时又将交流研讨的范围进一步扩大。这次会议共有来自中国、美国、日本、加拿大、澳大利亚、新西兰、菲律宾、斐济等地共 250 多名代表参加,其中中国共派出 18 位代表出席,并向大会提交了 20 多篇论文。

会议集中讨论两个主题:(1) 教学评价,重点交流环太平洋国家大学本科教育教学评价的做法和规章、教学评估中应用各种评估手段的效果、各种课堂评估的方法以及改进教育的教学策略,等等;(2) 学校评估,重点交流各环太平洋国家学校及专业鉴定的做法与过程及各自的优劣、如何发挥学校评估的作用,将评估结果与计划、经费、专业及服务的改进结合起来的作法以及政府在学校评估中的地位与作用,等等。会议分别安排了中美双方各三位代表作大会主题发言,美方发言代表是美国全国高等教育管理中心的 P. Ewell 博士(演讲主旨是:评估是高教政策的一个要素)、美国加利福尼亚(伯克利)大学的 K. P. Cross 教授(演讲主旨是:课堂教学评价)和美国印第安纳州普渡大学的 T. W. Banta 博士(演讲主旨是:通过专业评估改进高等教育),中方发言代表是:中国高等教育研究中心王冀生教授(演讲主旨是:中国的学校评估)、北京师范大学顾明远教授(演讲主旨是:中国高校中的教学评估)以及北京大学周起钊教授(演讲主旨是:北京大学的教学评估)。通过交流,中国的专家学者们不仅从国外同行那里了解和学习了高等教育评估领域发展的最新成果,而且也把中国的经验与国际同行分享,充分展示了中国高等教育评估理论与实践的成就。

2. 组织三次大型考察交流[①]

1986 年 11 月,国家教委高教二司组成中国高等工程教育评估考察团赴美国、加拿大考察,考察目的是较深入系统地了解两国高等工程教育评估的制度、组织、标准、方法与政策,特别是其实际运作的方法与经验、教育评估的实际作用,通过倾听各方人士对教育评估的反映进一步把握教育评估发展的趋势。考察期间,考察团分别拜访了两国负责高等教育评估的主要机构以及一些著名大学的工学院,收集到两国比较系统的、最新的高教评估资料,并选择其中一部分回国后编辑整理成

---

① 周起钊:《在交流中作比较,在比较中找借鉴》,《中国高等教育评估》1994 年第 1 期,第 39 页。

《美国、加拿大高等教育评估》一书。《美国、加拿大高等教育评估》共四册,内容涉及美国、加拿大两国高等学校的评估、高等学校工科类专业的评估、研究生学科的评估等方面,十分丰富,对当时国内开展高等工程教育评估实践起到了很好的推动作用。

1989年5月,北京大学组团赴美考察美国的教育评估,先后走访了设在丹佛市的美国州际教育委员会以及科罗拉多大学、加州大学(洛杉矶分校、伯克利分校)、斯坦福大学、夏威夷大学等高等院校,集中考察相关高校如何自主开展专业评估,了解教学评价的方法和作用,等等。考察团访问归来后,将有关情况整理成文发表,引起国内同行的关注,产生了一定的影响。

为执行国家教委国际合作司批准的"环太平洋地区、国家高等教育评估的合作交流"课题计划,国家教委高等教育研究中心、中国高等教育评估研究协作组、北京大学、北京师范大学及清华大学再次组团对美国的高等教育评估进行考察。考察团先后访问了加州大学洛杉矶分校、加州州立大学北岭分校、科罗拉多大学三个分校、空军学院、丹佛大学、夏威夷大学和九个教育领导机构及研究所(NCHRMS、ECS、CFAT、ETS、ACE、AAHE、COPA、ORDE、ESEC),进一步学习、借鉴美国高等学校开展教学评估的作法和经验,加大对外介绍与宣传近几年来中国开展高等教育评估、建立高等教育评估制度的情况,组织与落实1993年在夏威夷召开的第三次研讨会的会议安排。

3. 加强区域间学术交流

在这方面,沪港间教育评估交流做得比较成功,其历史可以上溯到1991年。初次接触之后,双方于1992年4月在同济大学举行首次香港-上海教育评估学术交流会,香港方面派出了香港学术评审局、香港工程师学会等代表出席会议,分别介绍香港学术评审局的创建及其作用和任务、香港高校院校评审和专业甄审制度以及学术(性)评审(academic accreditation)与专业(性)评审(professional accreditation)的做法,等等;分别来自市高教局、各高校和建设部的上海方面的代表与香港同行面对面进行了直接的交流。

会后,香港学术评审局向大陆方面正式发出邀请。1993年3月,分别由来自上海和北京两地的高校专家、教育行政部门领导等组成的考察团访问了香港,继现场考察香港学术评审局主持对香港理工学院机械工程荣誉学士学位兼读专业的三天甄审活动(coure validation)后,考察团又出席了香港学术评审局组织召开的"内地和香港质量保证和高等教育学术研讨会"。会上内地和香港的代表轮流宣读论文并展开讨论。香港代表介绍了香港的教育概况、当今国际上质量保证的最新进展、各种应用方法和有关同行专家评审与指标体系的应用研究以及香港高校内部专业评估的指导思想、目的、政策、方法、准则及组织等情况;而内地代表也交流了大陆高等教育改革与发展、高等教育质量保证和教育评估等各项动态。这次交流成果十分丰富,香港学术评审局为此专门编印了一本 200 页的报告集①。

这一时期,高等教育评估实践所取得的又一项重要成果就是培养了一批掌握理论知识及实际操作技能的从事高等教育评估理论和实践的骨干力量和专门人才。1993 年 8 月,在国务院外国专家局支持下,中国高等教育评估研究协作组、国家教委高等教育研究中心、国家教委高等工程教育管理干部培训中心及美国美中教育服务机构(ESEC)共同组织了全国高等教育评估讲习班和中美高等教育评估研讨班、讲习班。教员除了聘请国内专家外,还聘请了美国州际教育委员会高级顾问 C. H. Frazier 教授、美国本科教育鉴定联合委员会(COPA)代理主席 D. Fenwick 博士、美国明尼苏达威诺拉州大学校长 D. Krueger 博士和香港学术评审局总干事 A. Sensocle 博士等,他们全面、系统地教授中国和美国的教育评估理论、制度、方法、实例,比较内地及香港的高等教育质量保证体系的得失等。与此同时,20 多位中国专家还组成研讨班,分别就学校、政府、社会在高等教育评估中的地位、作用及其相互关系、各国高等教育评估制度的比较、高等教育评估的类型与方法、高等教育评估的国际化与本国特色以及学校内部质量保证系统的建立等共同感兴趣的问题展开热烈的交流与深入探讨。

二、标志着中国高等教育评估进入规范发展和深入发展的第二次评估高潮的兴起

1992 年,邓小平南方讲话以后,社会主义市场经济体制在我国初步确立,与之相适应,我国高等教育改革进入了一个新阶段,高等教育管理体制改革的条件已经基本上成熟。

1993 年 2 月,中共中央和国务院发布了《中国教育改革和发展纲要》(以下简称《纲要》),要求"深化高等教育体制改革。进行高等教育体制改革,主要解决政府与高等学校、中央与地方、国家教委与中央各业务部门之间的关系,逐步建立政府宏观管理、学校面向社会自主办学的体制";"政府要转变职能,由对学校的直接行政管理,转变为运用立法、拨款、规划、信息服务、政策指导和必要的行政手段,进行宏观管理。要重视和加强决策研究工作,建立有教育界和社会各界专家参加的咨询、审议、评估等机构,对高等教育方针政策、发展战略和规划等提出咨询建议,形成民主、科学的决策程序";"设置高等学校,由全国高等学校设置评议委员会评议,国家教委审批"和"建立各级各类教育的质量标准和评估指标体系。各地教育部门要把检查评估学校教育质量作为一项经常性的任务"以及"对职业技术教育和高等教育,要采取领导、专家和用人部门相结合的办法,通过多种形式进行质量评估和检查。各类学校都要重视了解用人单位对毕业生质量的评价",并提出了实施高等教育评估的指导方针。

---

① 毕家驹:《从信息交流走向国际接轨》,《中国高等教育评估》1994 年第 1 期,第 46 页。

上述精神同样也在 1995 年 3 月颁布的《中华人民共和国教育法》和 1998 年 8 月颁布的《中华人民共和国高等教育法》中再次得到确认与强调,高等教育评估被提到政府转变职能、建立新型高等教育运行机制的高度,并被视为政府对高等教育进行宏观管理、宏观指导与宏观调控的重要手段。与此同时,20 世纪 80 年代末至 90 年代初,我国高等学校本科教学工作也面临着十分严峻的局面,相当一部分高校的本科教学质量出现了滑坡现象,即便是部分办学历史较长、基础比较好的高校也存在着质量滑坡的潜在危险①。为了切实解决这一问题,高等教育评估被赋予了很高的期望,其探索实践已刻不容缓。

（一）中国高等教育评估实践

1. 探索、建立高等学校设置评议制度

为了加强对高等教育的宏观管理,提高重大决策的科学性和民主性,保证我国高等教育事业持续、稳定、协调的发展,不断提高教育质量和办学效益,国家教委决定设立全国高等学校设置评议委员会。1992 年 7 月 25 日,国家教委颁布了《国家教委关于成立全国高等学校设置评议委员会及有关事宜的通知》（教计［1992］161 号）,明确高等学校设置评议委员会的职责是:接受国家教委的委托,对各省、自治区、直辖市及计划单列市和中央有关部门申报设置的普通高等学校和成人高等学校进行专家评议,为国家教委提供决策咨询意见;必要时,受国家教委的委托可以对现有普通高等学校和成人高等学校的重大变更进行评议、咨询。至此,高等教育领域设置的国家级的相关评议机构有国务院学位委员会学科评议组、全国高等学校设置评议委员会、国家教委普通高等学校教育评估协调小组,等等。

2. 分门别类,组织实施三种不同类型的高校评估

这一时期,根据高等学校办学的不同情况,分别组织实施了三类不同类型的高校评估。

合格评估。1995 年,国家教委出台了《首批普通高等学校本科教学工作评价实施办法》,明确对 1976 年以后新建的、本科教育历史较短、基础较薄弱、基本教学条件较差、基本教学质量存在问题的高等学校开展合格评估,其目的旨在促进这类高校及其主管部门更加重视本科教学工作,进一步明确办学指导思想,理清教学工作的总体思路,加大对本科教学工作的投入以改善教学条件,推进教学改革,加强教学基本建设,提高教学管理水平,保证基本教学质量并逐步提高,使这类高校能够达到国家规定的基本办学水平和质量标准,得到国家和社会的认可。合格评估（鉴定）,成为国家对新建高等学校是否具备基本办学条件和是否达到基本教育质量的一种认可制度,由国家教委在相关院校有第一届毕业生时开始组织实施,其评估标准按文、理、工、农、医分别制定,不定期进行。鉴定结论为合格、暂缓通过和不合格三种。鉴定合格的学校由国家教委公布名单并发给鉴定合格证书;暂缓通过

① 许茂祖:《高等教育教学工作评估的理论与方法》,高等教育出版社 2008 年版,第 57 页。

的学校,需要在规定的期限内采取措施改善办学条件,提高教育质量,并需重新接受鉴定;经鉴定不合格的学校,由国家教委区别情况,责令其限期整顿、停招生或停办。到2001年年底,共有179高校接受了合格评估,其中一次性通过的高校143所,暂缓通过的高校36所。

优秀评估。在成功地进行了合格评估后,1996年开始又针对100所左右国家重点建设的本科教育历史较长、基础较好、办学水平较高的高等学校进行了优秀评估,评估目的旨在防止这类学校可能出现(有的学校已经不同程度地存在)的忽视本科教学工作的问题,促进这类学校不断加强教学基本建设,深化教学改革,强化教学管理,进一步提高本科教学工作的水平和人才培养质量,特别希望通过评估使这类学校着力进行教学改革,改革我国本科教学工作存在的弊端,并努力办出特色。被评学校由原国家教委根据学校申请确定,评估结论分为优秀、暂缓通过、没有达到优秀三种[①],根据选优结果排出名次或确定优选对象名单,予以公布,并对办学成绩卓著高校予以表彰和奖励。到2000年年底,共有16所高校参加了优秀评估,其中一次性通过14所,暂缓通过2所。

随机性水平评估。自1999年开始,教育部在除新建或新升格本科院校和国家重点建设院校以外的普通院校中随机抽取部分高校开展了随机性水平评估,旨在加强政府对相关高校教学工作的指导、引导高校更自觉地按照教育教学规律办学、努力提高教学质量。随机性水平评估由国务院有关部门及省市教育主管部门组织实施,不定期进行,评估结论分优秀、良好、合格、不合格四种,不排名次。到2001年年底,共有26所高校参加了随机性水平评估,其中评估结果为优秀的高校9所,评估结果为良好的高校16所,评估结果为合格的高校1所。

2002年,教育部将合格评估、优秀评估和随机性水平评估三种方案合并为一个方案,即《普通高等学校本科教学工作水平评估方案》。普通高等学校本科教学工作水平评估的结论分为优秀、良好、合格和不合格四种。

除了以上国家层面组织的高等教育评估之外,政府还鼓励和引导高校开展学校内部评估,即由高校自行组织实施评估,是高校加强管理、提高办学效益的重要手段,通常以单项评估为主,其基础是常规性的教学评价活动以及毕业生调研评价,等等。[②]

(二)中国高等教育评估理论研究

这一时期,我国进一步推进高等教育评估的理论研究,尤其是以高等教育评估研究会成立为标志,在研究会的组织和领导下取得了丰硕的成果。

1994年1月7日至10日,中国高等教育学会高等教育评估研究会成立大会

---

① 刘杨:《凝心聚力 以评促建 努力开创学校工作新局面——在本科教学工作水平评估第一次工作会议上的讲话》,http://www1.dqpi.edu.cn/pinggu/readldjhs.asp? id =12。

② 李晓群:《高等教育质量评估的比较研究》,《中国高等教育评估》1995年第3期,第53页。

146

暨第五次学术讨论会在长春举行,会上中国高等教育评估研究会(以下简称研究会)正式成立,聘请黄辛白同志为荣誉理事长,选举顾明远为理事长。研究会的主要任务是围绕我国高教评估的理论和实践问题,开展专题研究,提供专题咨询服务和组织国内外学术交流。研究会每年定期举行年会,选取高等教育评估领域最为重要的议题召开全国性研讨会;受原国家教委高等教育司的委托,与原国家教委高等教育研究中心、上海市高等教育研究所共同承办了《中国高等教育评估》刊物,加强编委会和编辑部建设,较好地发挥了"理论研究和工作探讨相结合"的作用,初步形成了指导性、学术性和应用性的特色,在全国产生了积极的影响。

《中国高等教育评估》杂志

　　研究会的成立,有利于整体规划和协调中国高等教育评估研究工作,整合全国的力量攻克重大课题。"九五"期间,研究会牵头承担了"新形势下系统的高等教育评估制度的研究与实践"、"高等学校教学质量保障体系的理论与实践研究"以及"高等学校教育评估信息系统的研究与开发"等3项国家教育科学"九五"规划教育部重点项目,并自筹资金设立了43项自拟研究课题,组织会员单位开展研究工作。"十五"期间,研究会进而承担了4项全国高等教育科学"十五"规划研究课题。

　　在中国高等教育评估研究会的有力组织和领导下,这一时期取得了一系列的成果,出版了一批代表性的研究成果,如陈玉琨的《中国高等教育评价论》(广东高等教育出版社1992年版)、王冀生的《中国高等教育评估》(东北师范大学出版社1993年版)、王致和主编的《高等学校教育评估》(北京师范大学出版社1995年版)、安心的《高等教育质量保证体系研究》(甘肃教育出版社1999年版)、陈玉琨等的《高等教育质量保证体系概论》(北京师范大学出版社2004年版)等。这些著作反映了中国高等教育评估理论的研究水平,对高等教育评估实践具有一定的指导意义。在此基础上,20世纪90年代后国内部分高等学校开始培养高等教育评估研究方向的硕士研究生和博士研究生。

（三）推进海内外学术交流

这一时期的高等教育评估海外交流活动十分活跃。经过认真筹备,1996年4月,中国高等教育评估研究会(以下简称研究会)与美国美中教育服务机构、国际教育质量保证中心和香港学术评审局在北京师范大学联合召开了以"高等教育评估与质量保证"为主题的国际学术会议,共有250多位代表参加了会议,其中来自18个国家和地区的境外代表共计107名。

此外,中国高等教育评估研究会作为团体会员于1995年参加了"高等教育质量保证机构国际网络"(INQAAHE);分别支持同济大学和香港学术评审局在上海联合召开的"工程师鉴定制度与教育质量评估国际讨论会",支持北京大学和美国威努纳大学合作在北京举办高等教育评估讲习班[1];与台湾大学教育评估界建立了联系与合作,应邀参加了1998年6月在台北召开的"海峡两岸大学教育评鉴学术研讨会",并合作编写了在台湾公开出版的《海峡两岸大学教育评鉴》[2]。中国高等教育评估研究会还与香港学术评审局建立了长期的合作关系,2000年与香港学术评审局联合在香港举办了以"高等学校内部教学质量保障"为主题的国际会议。

自2001年9月首届全国教育评估机构协作会议在南京召开以后,每年定期召开一次年会,便于高等教育评估机构间的充分交流与合作。协作会的成功举办,为我国高等教育评估研究提供了稳定的交流机制[3],为我国高等教育评估的合作研究和广泛交流提供了新的平台。

2006年9月全国教育评估机构第六次协作会议在辽宁召开

---

① 王冀生:《在中国高等教育评估研究会第一届第三次理事会扩大会议上的工作报告》,《中国高等教育评估》1998年第4期,第2页。
② 王冀生:《在中国高等教育评估研究会第一届第三次理事会扩大会议上的工作报告》,《中国高等教育评估》1998年第4期,第2页。
③ 伊继东等编著:《高等教育评估理论与实践》,科学出版社2009年版,第8页。

1985 年《中国教育体制改革的决定》的颁布开启了中国教育评估发展的新篇章。教育督导在前期制度建构、机构健全及人员安排的基础上，完成其法制化建设过程，即国家教委 1990 年正式出台的《教育督导暂行规定》，此后，教育督导制度地位又在《教育法》中得到明确。这有力地推动了基础教育"两基"目标的实现。至上世纪末，我国已经形成中央、省、市、县四级健全的教育督导体系。在顺利实现"两基"的基础上，部分发达省市已经开始注重基础教育"硬件"与"软件"并举发展，实施中小学标准化工程建设，成效显著。这一时期的高等教育评估发展异常活跃，先后出现两次高等教育评估高潮，即标志着中国高等教育评估正式启动并迅速发展的第一次高潮，此间，在探索破解一系列高等教育评估实践命题的基础上，深入进行理论研究，涌现了一批标志性的理论成果，以学习与借鉴国际教育评估理论为主题的对外交流与区域交流活跃。社会主义市场经济体制的确立将我国高等教育评估发展带进了第二次高潮，大规模的高等教育评估实践逐步展开，理论研究继续推进，在著书立说、出版学术刊物、课题研究、设专业点招收研究生等方面都有长足进展。国际交流、海峡两岸交流更加频繁，为我国高等教育评估的广泛合作研究提供了新平台。

第十章　教育评估的体系化建设

这一时期教育评估的特点:进入新世纪以来,随着教育评估理论研究的积累与实践探索的深入,中国正在构建并形成具有自身特色的教育评估体系框架。这表现在基础教育领域形成以教育督导为主要手段的教育评估制度基础上,正在构建基础教育质量监测体系;高等教育评估在这一时期完成制度化建设的基础上,进一步探索构建高等教育评估质量保障体系。

第一节　基础教育质量监测体系的构建

随着九年义务教育的普及、职业教育的巨大发展以及高等教育大众化的实现,基础教育正处在实现两个重要转变的关键转折关头,一是由解决办学条件和规模向全面提高教育质量转变;二是学校教育由升学取向向促进学生全面发展转变。按照教育部周济部长在教育部基础教育质量监测中心揭牌仪式上的讲话就是,"当前,我国教育呈现出新的阶段性特征:有学上的问题已经基本解决,上好学的问题成为突出矛盾;数量和规模的问题已经基本解决,质量和结构的问题成为主要矛盾"[①]。这就迫切需要构建一种新型的基础教育质量监测评价体系,彻底扭转基础教育片面追求升学率、违背教育规律和素质教育要求的现状,对基础教育质量进行全面的监测和科学的评价,从而为基础教育提供质量保障。

根据温家宝总理、陈至立国务委员的指示,教育部基础教育质量检测中心于2007年9月批准设立。教育部基础教育质量检测中心,是在教育部直接领导下依托北京师范大学建立的专业机构,于2007年11月30日在北京师范大学正式挂牌,这是我国基础教育改革和发展实现重大转变的一个标志性的工作机构。

基础教育质量监测工作主要依据党的教育方针和政策,推动全面实施素质教育,促进学生全面和谐发展,提高基础教育质量。工作原则是:依法监测,服务决策。基础教育质量监测的重点落在"质量"上,其内涵包括对学生品德、智力、体质、美育等方面的全面监测,以及学生独立思考能力、创新意识和实践能力等的监测。此外,监测工作还将对影响学生全面发展的环境因素进行重点分析。监测方式是抽样监测,不对学生或学校进行个体评价,不排名次、不公布分数、不评优评级。

[①]　周济:《全面开展质量监测 建立健全基础教育质量保障体系》,载2008年2月14日《中国教育报》。

教育部基础教育质量监测中心揭牌仪式

2007年10月11日,教育部召开全国基础教育质量监测浙江试点工作培训会,决定2007年在陕西、湖北、浙江3省启动学生数学学习质量和心理健康状况的监测试点工作,为全面深入开展国家基础教育质量监测工作提供依据和积累经验。这次试点为国家首次试点监测,时间为10月23日,共选取3个省各5个县(市、区)和所属的100所小学、初中为样本县和样本学校。[1]

在实施2007年3省监测试点工作的基础上,2008年教育部决定进一步扩大抽样监测范围,推进监测工作。2008年5月9日,国家教育督导团办公室下发了《关于开展九省(直辖市)基础教育质量监测工作的通知》,决定在北京、甘肃、广东、贵州、海南、河南、湖北、山东、上海等九省(直辖市)开展基础教育质量监测工作。2008年6月30日,基础教育质量监测工作会议在北京师范大学举行,就该项工作做了具体部署,进一步明确监测内容为:(1)学生数学学习质量状况;(2)学生心理健康状况;(3)影响学生数学学习质量和心理健康状况的主要因素等,决定在各样本省(直辖市)内各选取4~8个样本县(区),共抽取54个样本县(区)、972所(其中小学648所,样本初中324所)样本学校,学生样本总量为38 880名。[2]

通过试点,进一步指导各地开展基础教育质量监测工作,逐步推动并最终形成国家、省、市、县四级基础教育质量监测网络。

第二节　高等教育评估的体系化建设

1999年开始,我国高等教育进入了超常规的快速发展通道,高等教育在很短

①　朱振岳:《教育部:3省份今年试点基础教育质量监测工作》,《中国教育报》2007年10月12日。
②　《2008年九省(直辖市)基础教育质量监测组织工作启动》,http://jyxh. mdjetr. cn/Article_Show. asp? ArticleID = 18。

的时期内实现了由精英教育阶段向大众化教育阶段的过渡。然而,由于高等教育规模在短时间内的急速膨胀,也导致了高校教学经费、师资队伍、仪器设备、图书资料、校园校舍等办学条件的全面紧张,高等教育质量又一次面临严重的挑战。因此,运用评估手段防止在新的形势下再次出现教学质量滑坡,便成为推进高等教育评估的一个重要动因。而这一时期高等教育评估又带上了新的发展特质:第一,随着高等教育办学规模的急剧扩张和办学形式的日趋多样,有针对性地开展分类评估以更好地体现分类指导便成为新时期高等教育评估实践的重要原则;第二,"通过内外部相结合,宏观微观相结合的评估制度的建立,逐步形成具有中国特色的高等教育质量保障监控体系"①,是新时期中国高等教育评估实践的重要目标;第三,从 2003 年起,我国的高等教育评估进入制度化与常规化阶段,即建立周期性高等教育评估制度的阶段。2003 年,教育部为加强高等教育教学评估工作,决定采取两项重大措施:一是在《2003—2007 年教育振兴行动计划》中明确提出实行"五年一轮"的普通高等学校教学工作水平评估制度,包括每年一度的教学基本状态数据公布制度。二是 2004 年 8 月成立教育部高等教育教学评估中心,全面负责本科教学评估工作。建立五年一轮的评估制度及成立教育部高等教育教学评估中心,标志着中国高等教育的教学评估工作开始走向规范化、科学化、制度化和专业化的发展阶段,推动了评估理论研究和实践的进一步结合。

一、本科教学工作水平评估实践

2003 年 11 月 20 日,教育部下发《教育部办公厅关于对 592 所普通高等学校进行本科教学工作水平评估的通知》(教高厅[2003]9 号),提出"建立五年为一周期的全国高等学校本科教学质量评估制度",正式开始了我国普通高等学校本科教学工作水平评估。教育部于 2004 年 8 月又颁布《普通高等学校本科教学工作水平评估方案》(教高厅[2004]21 号),进一步明确该轮评估的指导方针是"以评促建、以评促改、以评促管,评建结合、重在建设"。考察的重点是学校保障教育质量的措施以及检验有关教学质量效果的指标。

评估指标体系包括办学指导思想、师资队伍、教学条件与利用、专业建设与教学改革、教学管理、学风、教学效果、特色项目等 8 个一级指标和 19 个二级指标(其中重要指标为 11 项、一般指标 8 项)及若干个主要观测点,其设计力图体现科学性与系统性相结合、通用性与兼容性相结合、导向性与激励性相结合、简明性和可操作性相结合的原则。2007 年 10 月 19 日,教育部下发了《普通高等学校本科教学工作水平评估学校工作规范(试行)》和《普通高等学校本科教学工作水平评估专

---

① 《大力加强教学工作,切实提高教学质量——周济同志在第二次全国普通高等学校本科教学工作会议上的讲话》,见《教育部关于印发〈关于进一步加强高等学校本科教学工作的若干意见〉的通知》(教高[2005]1 号)。

家组工作规范（试行）》，进一步规范了我国普通高等学校本科教学工作水平评估体制。评估结果分优秀、良好、合格、不合格四种。

高校接受教育部本科教学工作水平评估

截至 2008 年年底，列入首轮评估计划的 592 所普通本科院校全部评估完毕。从整体上看，教学评估使高校进一步理清了办学思路，明确了办学定位；强化了高校教学工作的中心地位；极大地促进了教学投入，显著改善了高校的办学条件；明显加强了高校教学和管理的规范，成效还是显著的。但与此同时也必须清醒地认识到，这样大规模的高校教学评估在我国还是第一次，实践中还存在许多问题或不足需要在发展中不断完善和解决，比如：（1）评估方案的针对性有待完善。现行的普通高校本科教学工作评估指标体系偏重水平评估，没有充分考虑学校的发展速度；指标体系太过统一，没有充分考虑普通高等学校的多样性，不利于分类指导；部分指标的可测性比较差，没有充分考虑专家评估时的可操作性；部分指标的独立性不强，没有充分考虑指标设计的科学性。（2）评估过程中的形式主义和弄虚作假问题。少数高校在评估过程中有形式主义和弄虚作假的现象，主要表现在：兴师动众；影响正常教学秩序；超标准超规格接待评估专家；在材料上弄虚作假等[1]，造成了不良的社会影响。

为进一步改进与完善本科教学工作水平评估，切实把高等教育重点放在提高质量上，经报国务院同意，教育部、财政部于 2007 年 1 月 22 日联合下发《教育部财政部关于实施高等学校本科教学质量与教学改革工程的意见》（教高［2007］1号），投资 25 亿人民币，决定实施"高等学校本科教学质量与教学改革工程"（以下

---

① 高思平：《高校教学评估的回顾与展望》，《评价与管理》2008 年第 6 期，第 76～77 页。

简称质量工程），为我国高等学校教学质量提高开启一条新的发展道路。

质量工程突出"分类指导、鼓励特色、重在改革"的原则，明确其建设目标是：提高高等学校教学质量，基本形成高等教育规模、结构、质量、效益协调发展和可持续发展的机制；人才培养模式改革取得突破，学生的实践能力和创新精神显著增强；教师队伍整体素质进一步提高，科技创新和人才培养的结合更加紧密；高等学校管理制度更加健全；高等教育在落实科教兴国和人才强国战略、建设创新型国家、构建社会主义和谐社会中更好地发挥作用，以适应我国经济社会发展的需要。

为此，教育部充分调动和整合全国的学术力量加强新一轮本科教学工作水平评估方案及相关项目的研制，专门设立高等学校本科教学工作分类评估方案和全国高校教学基本状态数据库系统等项目，批准北京师范大学、复旦大学（与武汉大学共同）分别牵头成立课题组，承担高等学校本科教学工作分类评估方案项目建设；中山大学（与北京师范大学共同）、华中科技大学分别牵头成立课题组，承担全国高校教学基本状态数据库系统项目建设；批准同济大学牵头，与中山大学共同承担"高等学校本科专业设置预测系统项目"。

二、高职高专评估实践

对高职高专院校人才培养工作进行评估，始于上世纪 90 年代中期。自 1996 年起，国家教委高等教育司在湖南等 4 省市开展了普通高等专科学校教学工作合格评价试点，在沈阳电力专科学校进行了普通高等专科学校教学工作优秀评价试点。根据教育部党组关于加强对各级各类高等教育质量监控工作的决定，2004 年起教育部正式启动了高职高专办学水平评估。经各省市推荐并报教育部批准，当时共有 26 所院校（其中包括 7 所高等专科学校和 19 所高等职业技术学校）参加评估，其中不乏在当地乃至全国深具影响的名校，也包括一些新建院校或刚刚从成人高校转制或中专升格的院校，代表了不同类型和水平的高职高专院校，评估结果有 8 所院校被评为优秀，15 所院校被评为良好，3 所院校被评为合格。

为积极贯彻《国务院关于大力发展职业教育的决定》（国发〔2005〕35 号）的精神，进一步促进高等职业教育的健康发展，教育部于 2006 年 11 月 16 日颁布了《关于全面提高高等职业教育教学质量的若干意见》（教高〔2006〕16 号），强调要深刻认识高等职业教育全面提高教学质量的重要性和紧迫性；加强素质教育，强化职业道德，明确培养目标；服务区域经济和社会发展，以就业为导向，加快专业改革与建设；加大课程建设与改革的力度，增强学生的职业能力；大力推行工学结合，突出实践能力培养，改革人才培养模式；校企合作，加强实训、实习基地建设；注重教师队伍的"双师"结构，改革人事分配和管理制度，加强专兼结合的专业教学团队建设；加强教学评估，完善教学质量保障体系；切实加强领导，规范管理，保证高等职业教育持续健康发展。

《关于全面提高高等职业教育教学质量的若干意见》具体规划了高等职业教育

发展的方向,对新时期我国高职高专院校教学评估工作也作了明确的要求。据此,教育部又于2008年4月9日正式颁发了《高等职业院校人才培养工作评估方案》(教高[2008]5号)(以下简称新方案),按照"以服务为宗旨,以就业为导向,走产学结合发展道路"的办学要求,坚持"以评促建、以评促改、以评促管、评建结合、重在建设"的方针,重点加强对领导作用、师资队伍、课程建设、实践教学、特色专业建设、教学管理和社会评价等7个主要评估指标和22个关键评估要素进行评估,强调评估过程中评与被评双方的平等交流,注重共同发现问题、分析问题,共同探讨问题的解决办法,引导全国所有高等职业院校把工作重心真正放到内涵建设上来。

高职高专评估新方案研讨会

新方案对评估组织程序和实施办法等作了规定,明确评估工作由省级教育行政部门按照教育部的要求组织专家和专业评估机构负责组织实施,并对评估院校的整改工作进行指导和检查,同时教育部也将不定期地对各地评估工作进行检查。就评估程序而言,新方案规定先由相关院校根据评估要求进行自评,在全面总结学校办学成绩的同时也要找出学校发展中存在的主要问题,提出解决的对策,并形成自评报告。与以往不同的是,这次评估,还要求高校为"高等职业院校人才培养工作状态数据采集平台"填报学校发展的相关数据,并及时将自评报告、"高等职业院校人才培养工作状态数据采集平台"最新的原始数据、学校发展规划、特色专业建设规划等相关材料按要求在专家组进校前30天在校园网上公开对社会公布。专家组随即进驻学校进行为期2~3天的现场考察,在与学校领导班子充分交流和对学院填报的"高等职业院校人才培养工作状态数据采集平台"数据进行深入分析的基础上形成考察评估工作报告,交由省级教育行政部门予以审定、公布,并将评估结论(包括专家组评估考察意见)及时反馈给学校,要求学校根据评估意见制定并实施整改措施。

此轮评估结论,共分"通过"和"暂缓通过"两档。对暂缓通过的院校,省级教育行政部门要在一年时间内对其进行再次评估,并相应减少其招生计划;如果第二次评估仍未通过,对相关院校省级教育行政部门则采取暂缓安排招生计划等行政措施,以促进其尽快达到人才培养基本要求。

相比以往的高职高专评估模式,新方案显然有不少不同,其显著特色按照有关专家的归纳主要体现在这样几个方面:第一,评估从事务走向精神。新方案的一个重要特色是"高等职业院校人才培养工作状态数据采集平台"的建立和运行,要求参评学校自主填写采集平台的各项数据,这对参评学校是一种挑战,但也有助于促进相关高校管理理念的更新和管理规范化程度的提高,起到了以评促建、以评促管的作用。第二,评估工作从普查走向重点。进校前,评估专家通过学校的自评报告和采集平台的各项数据,已经对学校情况有所了解,进校后就可以有针对性地集中力量重点关注学校发展中的瓶颈问题,加强与学校的沟通与交流,提高评估的有效性。第三,管理从封闭走向开放。学校通过采集平台公布学校的办学情况,使得学校直接置于社会的监督之下;而随着信息平台系统的进一步完善,更将使学校随时处在迎评状态,为建立评估长效机制提供一个良好的途径。第四,专家从"裁判"变为"医生"。专家组进驻学校开展评估,不是为了要"整"学校,而是强调通过与学校的互动交流,共同发现问题并探讨解决问题的办法,为学校的改革与发展提出建设性的思路与办法①。正因为如此,新方案一经推出并试点施行,便得到了好评和欢迎。

三、学位与研究生教育评估实践

1980年2月12日,《中华人民共和国学位条例》经第五届全国人民代表大会常务委员会第十三次会议审议通过,标志着我国学位制度的建立,并在此基础上逐步产生了研究生教育评估。1981年2月,国务院学位委员会正式颁布了《关于审定学位授予单位的原则和办法》,要求加强学位授权审核工作,确保学位授予质量。1995年9月,国务院学位委员会决定在数学、化学、力学、电工、计算机科学与技术等5个比较成熟的一级学科进行按一级学科实施博士学位授予权审核试点工作,其中一级学科选优评估是最基本也是最重要的一环,各申请单位在其各二级学科评估合格的基础上根据自身实际情况自愿申请参加②。截至2005年年底,国务院学位委员会已先后进行了10次硕士、博士学位授权审核工作。

除了学位授权审核工作外,自1985年2月起我国正式建立起各级各类学位授予质量的检查和评估制度。当年,国务院学位委员会在哲学、经济学、理学、工学、农学、医学等学科门类选择了22个学科、专业进行学位授予质量的检查和评估试点。1990年,国务院学位委员会第九次会议决定,争取用五六年的时间对已有的

---

① 何锡涛:《试论高职新评估方案的特色》,《高教发展与评估》2008年第4期,第100～103页。
② 赵瑜、王战军、周学军:《一级学科选优评估及其分析》,《高等教育研究》1997年第6期,第30页。

博士、硕士学位授予单位及其学科、专业检查一次,并对博士、硕士学位授予质量进行评估①。1991 年 10 月,国务院学位委员会与国家教委联合下发《关于 1991—1992 年理工科进行学位与研究生教育评估工作的通知》,对博士、硕士学位授予点及其研究生教育状况进行评估。1992 年开展了对物理学、动力工程及工程热物理、航空与宇航技术 3 个一级学科的全部 31 个二级学科专业点的评估②。为了转变政府职能,1994 年专门从事学位与研究生教育评估的事业性机构——"高等学校与科研院所学位与研究生教育评估所"正式成立,学位与研究生教育质量检查评估的组织和实施工作由此逐步由事业性机构来承担。

2005 年,国务院学位委员会发布了《关于开展对博士、硕士学位授权点定期评估工作的几点意见》,决定从 2005 年起开展对获得学位授权满 6 年的博士、硕士学位授权点实行定期评估制度。定期评估制度使我国首次打破了培养单位对学位授权的"终身制"。评估的内容包括:导师和学术队伍的有关情况、科研水平、教学培养质量、管理水平、毕业研究生的学位论文水平等等。评估工作的步骤一般分为:学位授予单位根据评估指标体系进行自评;聘请专家组对受评单位提供的材料进行同行专家评议;根据需要,组织专家实地考察;国务院学位委员会有关学科评议组对检查评估结果进行审核认定;由国务院学位委员会或授权组织评估工作的部门公布检查评估结果。学位与研究生教育质量的检查和评估,促进了学位授权点的建设,提高了研究生教育水平和学位授予单位的管理水平,对保证学位授予质量

北京林业大学接受工程硕士研究生培养质量评估

① 董秀华:《我国学位与研究生教育评估的发展及其基本特点》,《学位与研究生教育》2000 年第 5 期,第 34 页。

② 伊继东等编著:《高等教育评估理论与实践》,科学出版社 2009 年版,第 118~119 页。

起到了重要作用。

除此之外,自1995年起我国还相继开展了研究生院评估,从1998年起启动全国优秀博士学位论文评选工作。

四、普通高等学校独立学院教育质量评估实践

自1999年创建以来,全国已有300多所独立学院,成为高等教育领域的一支生力军,为中国高等教育规模的扩大立下了汗马功劳。据不完全统计,1999年至2005年高校本科招生新增人数的1/3靠独立学院①。为此,其教育质量问题也日益成为教育主管部门、教育专家以及社会各界普遍关注的焦点。2004年,教育部组织专家先后对全国249所独立学院的办学条件和教学工作进行了专项检查,并在此基础上,开始研制独立学院教育工作质量评估指标体系。

2006年1月,教育部在对浙江大学城市学院、吉林建筑工程学院装饰学院、重庆工商大学派斯学院等3所独立学院进行评估方案的测试的基础上,于当年5月在江苏省江南大学太湖学院召开"第3次普通高等学校独立学院教育工作评估方案研究课题组工作会议",专门研究与修订了独立学院的评估方案。

《普通高等学校独立学院教育工作合格评估实施方案(征求意见稿)》于2006年6月形成后,教育部高等教育教学评估中心于2007年正式介入普通高等学校独立学院的评估试点工作,评估对象是有1届(含)以上本科毕业生的普通高等学校独立学院。其评估内容遵循"科学合理、简单明了、标准适当、重在发展"的设计原则,参照教育部《普通高等学校本科教学工作水平评估方案》(教高厅[2004]21号)精神并结合独立学院"优、民、独"的实际特点制定,具体涉及办学指导思想、师资队伍、教学条件与利用、专业建设与教学改革、教育教学管理、教学效果等6个一级指标和19个二级指标及41个主要观测点;另外,改革与创新点等项内容单列。其主要特点,一是着力体现"六个独立"要求,即"独立的法人资格"、"独立的校园和基本办学设施"、"独立进行财务核算"、"独立进行招生"、"独立颁发文凭"和"相对独立的教学组织和管理";二是体现培养应用型人才的目标要求,即明确独立学院定位为教学型大学,并主要面向地方和区域培养应用型人才;三是强调以社会需求为导向的教育思想观念。独立学院教育工作的评估结论分"合格"、"不合格"两种。

普通高等学校独立学院教育工作合格评估,贯彻"积极发展、规范管理、改革创新"的指导方针,坚持"以评促改、以评促建、以评促管、评建结合、重在建设"的原则。通过评估,进一步加强国家对独立学院本科教学工作的宏观管理和指导,促使地方教育主管部门、申办学校和学院投资方重视和加强独立学院的教育教学工作,促进独立学院进一步明确办学指导思想,积极改善办学条件,加强教学基本建

---

① 《教育部将启动普通高校独立学院教育工作合格评估》,http://news. china – b. com/jyxw/20090220/230055_1. html.

设,严格教育教学管理,深化教育教学改革,全面提高教育教学质量和办学效益,更好地为社会与经济建设服务。

　　近年来,我国全面实施了本科教学评估、高职高专评估、独立学院评估以及各类专业评估及认证等一系列高等教育评估实践,成立了高等教育教学评估中心,并在开展周期性评估的制度设计等方面取得诸多富有成效的改革成果。随着质量保障运动的深入,政府明确提出了将建立中国高等教育质量保障体系作为当前和今后一个时期我国高等教育事业发展的一项重要任务,诚然也是中国高等教育事业发展的战略选择①。相对于高等教育质量保障这一宏观体系来说,评估仅仅是高等教育质量保障体系中的一个环节②。而构建高等教育质量保障体系必然要取决于我们对高等教育质量内涵的认识、质量标准的理解、高等学校分类的研究、高等教育管理体制与运行机制的改革以及对我国高等教育发展阶段规律与特点的把握等一系列重大理论问题的解决,也包括质量保障模式的选择等一些具体的制度设计及相应的政策配套设计。相对于构建基础教育质量监测体系,高等教育由于其本身的特殊性、多样性与复杂性,其质量保障体系的构建过程要更为复杂,道路也将更加漫长。在这方面,中国高等教育学会评估分会牵头作了大量的研究与探索;同时,借助全国教育评估机构协作会议制度这一平台,进一步加强了国内同行的学术交流,有力地推动了我国高等教育评估的诸多实践探索和理论研究以及制度设计,为构建中国高等教育质量保障体系作了充分的准备。

　　新世纪以来,中国教育评估已逐步进入制度化建构阶段,基础教育在前期教育督导制度完善及中小学标准化建设实践的基础上,借鉴国外基础教育质量评估的先进理念和技术,结合中国教育实际,经过长期大量调研论证,构建的基础教育质量监测体系于 2007 年正式问世,试测与推广工作正在进行。高等教育评估的体系化建构更为复杂,教育部在 2003 年完成两项高等教育评估制度建设:一是实行"五年一轮"的普通高等学校教学工作水平评估制度,二是成立教育部高等教育教学评估中心,全面负责本科教学评估工作。在 1999 年开始的高等教育大发展的背景下和两项制度的保障下,实施的本科教学评估、高职高专评估、学位与研究生教育评估及独立学院评估等涉及了全部高等教育范围的评估实践。在多样化的评估实践中评估理论也得到了进一步加深,构建高等教育质量保障体系被政府作为一项战略任务提出,这也为以后高等教育评估理论研究指明了方向。

――――――――――

　　①　吴启迪:《中国高等教育评估体系的构建与完善》,《教育发展研究》2009 年第 3 期,第 38 页。

　　②　赵炬明:《超越评估(上)——中国高等教育质量保障体系建设之设想》,《高等工程教育研究》2008 年第 6 期,第 39 页。

第十一章　教育评估的趋势与展望

进入 21 世纪之后,教育评估实践日益凸显出教育评估的重心从条件评估转变为质量评估,教育评估的组织形式从单一的行政性评估转变为多元参与的社会化评估以及对教育评估工作本身的再评估——元评估日益得到关注等显著特点与发展趋势。

第一节　质量评估成为教育评估的核心内容

新世纪以来,在基础教育顺利实现"两基"目标之后,站在新的历史起点上,改进与提升教育质量便成为各级教育行政部门、学校和社会各界共同关注的核心问题,教育评估的重心也从以前关注办学条件转变为关注办学质量。国际范围而言也是如此,各国政府进行教育改革的核心目标便是推进教育质量的稳步提高,利用教学质量监控与评价手段提高教育质量成为世界各国的共同选择。2007 年我国设立教育部基础教育质量检测中心,着手构建基础教育质量监测体系就是学习和借鉴国际经验的结果。

一、国际教育质量评估发展状况

目前,越来越多的国家重视人力资源建设对于国家经济社会文化发展的巨大作用,相继制定和出台了一系列致力于加大教育投入、提高质量、改革课程、更新内容的教育发展战略,如 2001 年美国的《不让一个孩子掉队》计划和 2003 年德国的"未来教育和关怀"工程,即便是教育资源相对匮乏的发展中国家墨西哥也于 2002年通过了《提高教育质量社会契约》。制订和调整教育发展战略需要有效、可靠、及时的信息,因此对本国基础教育质量的监测与评估成为各国和地区关注的焦点[1]。

目前,不少国家都加大了教学质量监控与评价探索的力度,国际上也成立了相关的专门研究机构,联合开展了一些国际大型的基础教育比较项目,涉及数学、科学、阅读、公民教育、信息技术等领域。其中影响较大的项目主要有:国际教育成就评价协会(IEA)开展的第三次数学和科学成就比较研究(TIMSS)、经济合作与发

---

① 　辛涛、李峰:《基础教育监测的国际视野》,《人民教育》2007 年第 13—14 期,第 4 页。

展组织(OECD)发起的国际学生评价项目(PISA)项目以及美国组织的教育进展评价(NAEP),等等。

(一)国际数学和科学测评趋势［TIMSS］

1995年起,在美国国家教育统计中心和国家科学基金会的财政支持下,国际教育成就评价协会(IEA)发起并组织了第三次数学和科学成就比较项目,称为TIMSS。此后,国际教育成就评价协会每4年组织一次测试,到2007年已先后组织了4次测试。TIMSS的测验对象主要是4年级(9岁)和8年级(13岁)的学生,从各国课程中选择一致的问题分年级、分科目进行测试,主要采用测试和问卷调查的方法,并借助课程分析、课堂录像研究等方式重点考察各参加国学生数学和科学的成绩状况,帮助各国政府了解各自学校教育的优劣,向政策制定者提供权威的资料和数据,为教育改革提供评估服务①。目前,已有40多个国家和地区参与此项测试。

(二)国际学生评价项目［PISA］

PISA是经济合作与发展组织(OECD)于2000年首度发起并组织实施的评价项目,它是用一种跨国、跨文化的教育结果评估方法,调查主要工业化国家15岁学生学习知识和技能的情况,集中考察学生对各国通用课程中部分内容的掌握程度。第一次评估结果已于2001年12月出版,它所提出的早期教育评估指标获得各发达国家的认可。该评估每3年一次,以便各国定期监控教育评估的发展状况②。

基于终身学习的理念,PISA认为15岁的学生不可能在学校里获得一生所需的一切知识和技能,学生要拥有终身学习的能力,而学校教育必须为终身学习奠定稳固的基础。因此,PISA测评力图超越学业成绩,而是把着眼点放在实际社会生活情景中,反映更广范围的知识、技能和能力。这一点正是PISA与TIMSS的差异所在,其评估范围包括阅读、数学、科学等,但每次PISA项目考察的重点不同,从2006年开始更将学生对学习的兴趣、态度和参与度等非认知因素也纳入了评价的整体框架,以充分体现终身学习的要求③。

PISA项目得到了越来越多国家和地区的支持与响应,影响也越来越大,由2000年32个国家(包括28个OECD国家和4个非成员国)的26.5万名学生参加,增加到2006年有58个国家和地区近40万名学生参加,2009年预计将进一步扩展到68个国家和地区。我国教育部考试中心于2006年也引进并启动了PISA 2006中国试测研究项目。

---

① 马世晔:《从国外教育评价制度看我国基础教育评价体系的建设》,《中国考试》2008年第5期,第13页。

② 北师大国际与比较教育研究所:《OECD国际学生评估计划》,《基础教育参考》2003年第5期,第25页。

③ 陆璟:《PISA会成为评价改革的引擎吗?》,《上海教育》2009年第1期,第16页。

（三）美国国家教育进展评估（NAEP）

美国国家教育进展评估（NAEP）又称为国家教育报告卡（The Nation's Report Card），是目前美国国内唯一连续、长期坚持的中小学生学业成绩测量体系，由美国国会授权教育部所属的全国教育统计资料中心管理、教育考试服务中心（ETS）实施，专门评估 4、8 和 12 年级学生的学业水平，涵盖阅读、数学、科学、写作、美国历史、公民、地理和艺术等领域，其中最主要的是阅读、数学和科学。

根据 2001 年出台的"美国中小学教育法案"即《不让一个孩子掉队》（No Child Left Behind）法案，NAEP 每隔两年进行一次阅读和数学测试，在时间和资金允许的情况下，定期对其他学科进行测试，测试内容主要是学校课程和国家课程共同的知识和技能的掌握情况[1]；同时，NAEP 还负责收集学生的性别、年龄、种族、社会经济状况、父母受教育状况等方面的背景信息，而对教师和学校管理者的问卷调查、学校记录卡以及其他一些可靠的资料也都是相关背景信息收集的重要来源[2]。NAEP 分全国评价、州评价和试验城市评价三种不同的评价类型，均采用分层随机抽样的方式从公立学校和非公立学校选取样本，并按人口群体（如不同年级的学生）、学生性别、种族等类别报告最终的测验结果（包含学生学业成绩、教育体验、学校环境等相关信息），而不报告参与评估的个别学生或个别学校的信息，其目标是向美国公众、政策制定者和教育者报告学生的教育状况[3]，即提供学生在各个学科方面能力的描述性信息。

除此之外，还有一些较有代表性的国际性或国家性的教育评估项目，比如由国际教育成就评价协会（IEA）组织实施的国际阅读素养进展研究（PIRLS）、国际公民素养及公民教育调查（ICCS）、第二次信息技术教育研究（SITES），经济合作与发展组织（OECD）组织实施的成人读写能力与生活技能调查（ALL）、澳大利亚于 2008 年推出的全国性评价项目——澳大利亚的教育进展评价（NAP）、英国对全国 7 岁、11 岁、14 岁学生实施的国家课程评价（SATS）以及对全国 16 岁学生实施的中等教育证书考试（GCSE）等。所有这些大型教育评估项目都说明各国教育已越来越离不开大型教育评估，其对教育改革、教育决策以及教育研究产生的影响是巨大的。一方面，国际性或国家性教育质量评估成为改革国家教育、提升国家竞争力的直接动力源泉，如正是美国学生在 IEA 组织的第二次国际数学测评中的糟糕表现直接推动美国教育部于 1985 年发布《国家处在危险中》报告，2000 年德国学生在 PISA 项目上的糟糕表现也带来了 3 年后德国政府"未来教育和关怀工程"的正

---

[1]　马世晔：《从国外教育评价制度看我国基础教育评价体系的建立》，《中国考试》2008 年第 5 期，第 15 页。

[2]　辛涛、李峰、李凌艳：《基础教育质量监测的国际比较》，《北京师范大学学报（社会科学版）》2007 年第 6 期，第 7 页。

[3]　周红：《美国国家教育进展评估（NAEP）体系的产生与发展》，《外国教育研究》2005 年第 2 期，第 77 页。

式启动,德国政府计划在 2003—2007 年的五年间共投入 40 亿欧元将全德 1/3、约 1 万所的学校新建或改建为全日制学校,改善学校基础设施和教学条件,提高教育质量,彻底改革其过早分流的基础教育体制①,并计划成立一个检查各州教学质量的跨州的专门机构。另一方面,国际性或国家性教育质量评估也进一步推动了各国对于教育理念、教育模式以及教育评价的理论研究与思考。

二、国际教育质量评估对中国的启示

完成"两基"目标后,中国基础教育面临着进一步提高教育质量、为国家发展战略的实现提供人才和智力支持的迫切任务,因此中国也相当重视学习和借鉴国际上各种比较有代表性的教育质量监测项目的经验。2006 年,教育部考试中心引进并启动了 PISA 2006 中国试测研究项目,旨在学习、借鉴 PISA 先进的考试评价理念、理论、技术,了解国际的情况,通过实践锻炼队伍,构建符合中国国情的评价标准、手段、技术和方法体系;促进考试内容和形式的改革,特别是改进命题环节,全面推进素质教育②。

在 2006 年引进 PISA 项目评估试测取得较好的效果以后,上海于 2009 年 4 月正式参加 PISA 项目评估,从而使上海成为中国大陆第一个正式参与 PISA 的地区。参加此次 PISA 项目评估的学生,均出生于 1993 年 1 月 1 日至 1993 年 12 月 31 日间,是从全市 10 万名初、高中或三校生(中专、职校、技校)中随机抽取产生的,共计 5 000 名③。

借鉴和学习 PISA 项目评估等国际教育质量评估项目的经验,有助于我们进一步提升对评价理念、评价标准、评价程序、评价技术与评价结果处理等评价理论的认识,这对建立我国的基础教育质量监测体系具有重要的参考意义;而通过国际横向比较,可以帮助我们更好地了解我国义务教育阶段结束时青少年的能力表现情况,从而发现与分析我国教育制度的优势与不足,为推动我国的基础教育体制改革提供思路。

第二节　多元参与的社会化评估日益兴起

随着我国社会主义市场经济的不断完善及政府职能的逐渐转变,教育评价中介机构应运而生并发展迅速,未来必将还会赢得更大的发展空间,当然相关制度的健全与完善也是必不可少的。

---

① 辛涛,李峰:《基础教育监测的国际视野》,《人民教育》2007 年第 13—14 期,第 5 页。
② 王蕾:《PISA 在中国:教育评价新探索》,《比较教育研究》2008 年第 2 期,第 8～9 页。
③ 《沪 5000 学生今参加 PISA 测试》,http://sh. aoshu. com/200904/49ed2bf0dd7f6. shtml

一、多元参与的社会化评估的发展面临巨大的政策空间

1985 年《中共中央关于教育体制改革的决定》中首次提到,"教育管理部门还要组织教育界、知识界和用人部门定期对高等学校的办学水平进行评价";1993 年 1 月国务院批转《国家教委关于加快改革和积极发展普通高等学校的意见》(国发[1993]4 号)时重申,"社会各界要积极支持和直接参与高等学校的建设和人才培养、评估办学水平和教育质量。"这一文件肯定了民间实施高等教育评估的合法地位,也进一步激发了社会机构实际参与高等教育评估的热情和积极性。1994 年《国务院关于〈中国教育改革和发展纲要〉的实施意见》(国发[1994]39 号)中强调,"为保证政府职能的转变,使重大决策经过科学的研究和论证,要建立、健全社会中介组织,包括教育决策咨询的研究机构、高等学校设置和学位评议与咨询机构、教育评价机构、教育考试机构、资格证书等,发挥社会各界参与教育决策和管理的作用。"之后,教育的社会评价也日渐被提上教育改革和发展的议事日程。1995 年颁布的《中华人民共和国教育法》明文规定,国家实行教育督导制度和学校及其他教育机构教育评价制度。1999 年《中共中央国务院关于深化教育改革全面推进素质教育的决定》(中发[1999]9 号)更是明确提出鼓励发展社会评价,规定"在高中及其以上教育的办学水平评价、人力资源预测和毕业生就业指导方面,要发挥非政府行业协会组织和社会中介机构的作用","组织社会力量对学生家长进行科学的教育理论指导,鼓励社会各界、家长和学生以适当的方式参与对学校工作的评价",等等。

由此可见,教育评估中介机构在我国的发展有着巨大的政策空间,符合教育体制改革的需要,也体现了政府职能转变的要求,在政府教育管理模式由直接指令性行政管理转变为宏观指导性调控管理的过程中必将承担起更多的责任。事实上,随着中国教育国际化进程的持续推进,培育适应教育国际化要求的富有活力的社会中介组织同样已刻不容缓。

二、各级教育评估中介机构的兴起及其丰富的社会化评估实践

(一)教育评估中介组织的诞生及发展

我国专业教育评估机构诞生于 20 世纪 90 年代后期,当时随着政府职能的转变和学校办学自主权的扩大,我国出现了一些半官方的事业性中介评估机构。

1994 年,我国成立第一个全国性的教育评价专业机构——高等学校与科研院所学位与研究生教育评估所(The Evaluation Institute of Academic Degrees & Graduate Education in HEI),2003 年后更名为"教育部学位与研究生教育发展中心"(China Academic Degrees & Graduate Education Development Center, CDGDC),主要接受教育部、国务院学位委员会的委托,开展学位与研究生教育的评估、评审工作。2004 年,教育部成立了"教育部高等教育教学评估中心"(Higher Education Evaluation Center of the Ministry of Education, HEEC),负责组织实施高等学校本专科教育

的评估工作。目前,国家级的高等教育评估机构就这两家,而在基础教育领域全国性的教育评价专业机构则有 2007 年依托北京师范大学成立的教育部基础教育质量检测中心。

1996 年,上海成立了第一个社会评价中介机构——上海高等教育评估事务所(2000 年改为"上海市教育评估院")。随后,在政府职能转变、精简机构的过程中,江苏、辽宁、广东等地也相继成立了 16 家类似的半官方性质的省级专业性教育评价机构,比如 1997 年成立的江苏教育评估院、1999 年成立的辽宁教育评估事务所和 2000 年成立的广东省教育发展研究与评估中心等①。

表 11 - 1　全国教育评估机构名称与成立时间一览

	名　称	成立时间
国家级高等教育评估机构	全国学位与研究生教育发展研究评估中心	1994 年
	教育部高等教育教学评估中心	2004 年 8 月
省级教育评估机构	上海市高等教育评估所	1996 年(2000 年 11 月改为上海市教育评估院)
	江苏教育评估院	1997 年 4 月
	辽宁省教育研究院评价中心	1999 年
	广东省教育发展研究与评估中心	2000 年
	云南省高等教育评估事务所	2000 年
	云南省现代教育评估中心	2002 年 7 月
	浙江省新时代教育评估中心	2004 年 5 月
	山东省基础教育评估中心 山东省高等教育评估事务所 山东省高等教育评估中心	2004 年 9 月
	江西省基础教育评估中心 江西省高等教育评估所	2004 年 11 月 时间不详
	海南省高等教育评估中心	2006 年 5 月
	北京市教育评估院	时间不详
	黑龙江高等教育教学评估中心	时间不详
	天津市教育发展与办学水平评估中心	时间不详
	重庆市教育评估院	2009 年 6 月

① 康宏:《我国高等教育评估制度:回顾与展望》,《高教探索》2006 年第 4 期,第 20 ~ 21 页。

这些省级教育评估机构隶属情况各异,大致可分为三类:隶属于教育行政部门的非营利性教育评估机构(I类)、隶属于高校或科研院所的非营利性教育评估机构(II类)、私立的或纯民间的营利性教育评估机构(III类)。目前省级教育评估机构属于I类和II类的占居多数,如上海市教育评估院、江苏省教育评估院分别隶属于上海市教委、江苏省教育厅。云南省高等教育评估事务所挂靠云南大学,辽宁省教育评价事务所隶属于辽宁省教育研究院、山东省高等教育评估所隶属于山东省教育科学研究所等。属于III类的省级教育评估机构有江西省高等教育评估所、北京市教育评估院等。

由于隶属性质不同,经费及项目来源存在很大差异,因此各省级教育评估机构的业务范围也有很大不同,有的是综合性的教育评估机构,业务范围涉及本省市的各级各类教育评估事宜,如上海市教育评估院、江苏省教育评估院等;有的仅为单一层次的教育评估,如云南省高等教育评估事务所、山东省高等教育评估所、江西省高等教育评估所等专司高等教育领域的评估活动等。

上海教育评估院召开务虚会

近年来随着教育评估实践的不断深入与教育评估专业机构的发展壮大,各地教育评估专业机构呈现加强合作、联合攻关的趋势。2001年9月,全国专业性教育评估机构集聚南京,召开了第一次教育评估机构协作会议,确定了以后的合作与发展方向,决定筹建全国高等教育评估协作网①。据不完全统计,包括香港在内各地成立的省级教育评价专业机构约有十余家。这些教育评价机构的出现,既反映出我国教育行政部门转变职能的要求,也表明我国教育评价制度建设有了突破性的进展。在上海等地,一个上下沟通的完整的教育评估网络得以形成,赖于当时上海已有13个区县成立了17个教育评估中心或教育评估事务所。这些专业评价机构有的是全额拨款的全民事业单位,也有的属工商部门批准的民营有限公司,但大多数是经民政部门和教育行政部门批准的"民营非企业"自收自支单位,属于社会中介组织。2004年2月,上海成立了全国第一家具有行业性质的社会教育评价中

---

① 章建石:《创建规范的教学评估体系——我国高等教育评估工作20年回顾之二》,《科学时报》2007年6月12日。

介机构——上海市教育评估协会,主要职能是开展教育评价的标准研制和职业培训活动,着力于本市教育评价行业的自治、自律,积极开展学术交流和对外合作①。2008年5月在天津成立了"京、津、沪、渝教育评估机构协作体",以加强京、津、沪、渝四个直辖市教育评估工作的联系与合作。教育部高等教育评估中心领导正在积极筹建全国教育评估协会。中国教育评估事业将得到快速发展,因为国内的教育评估合作交流平台已经构建。

除此之外,还有中国管理科学研究院广东分院中国大学评价课题组、网大教育服务有限公司、中国校友会网大学评价课题组、上海交通大学高等教育研究院的世界一流大学研究中心、武汉大学中国科学评价研究中心等一些民间教育评估机构,这些机构一般业务面较窄,大多仅在大学评估排行领域具有较大影响。

(二)教育评估机构的评估实践

1997年,上海高等教育评估事务所受上海市教委和上海市旅游事业管理局委托组织实施了对上海普通高校旅游管理专业的评估,开了中国高等教育由社会评估机构实行评估的先河。这次评估的目的是:(1)了解和掌握全市普通高等学校已设置的旅游管理专业教育水平的实际情况,为社会用人单位和教育行政部门提供人才培养的信息和对人才供需结合加强宏观指导的依据;(2)鼓励和促进学校面向社会,适应需要,开展专业建设和深化专业改革,以评促建,以评促改,全面提高旅游管理专业人才的培养质量;(3)密切产学合作,加强旅游行业用人部门对学校旅游管理专业人才培养质量的监督,建立和完善毕业生质量的社会反馈体系和专业的社会评估制度。这次评估确立了培养目标、教学条件、教学管理、教学效果等4个一级指标和下属15个二级指标、30个三级指标的评估指标体系,通过学校申请和自评—对工作于旅游行业系统的旅游管理专业毕业生质量进行社会调查和评价—对被评学校的旅游管理专业教学工作进行专家实地评估—专家组提出评审意见—"评估事务所"提出评估报告—领导小组审定评估报告和公布评估结论—受理评估申诉—主管部门颁发铜牌和证书等评估程序,对全市旅游相关专业进行了全面的评估。虽然,这次评估就今天而言可能存在行政色彩依然过重、评价指标体系设计过于庞杂、考察方法与标准的科学性与有效性值得商榷等瑕疵,但就整体而言这次社会评估还是取得了很好的效果,其开创性贡献有目共睹。

此后,社会评估机构开展专业教育评估实践层出不穷,形式也十分多样,其中影响最大的当属大学排行研究。

按照刘伟等人的研究,国内最早对各大学进行研究与发展评价的是中国管理科学研究院科学学研究所。该所于1987年9月13日以《科学引文索引》(SCI)为数据源,在《科技日报》以《我国科学计量指标统计的排序》为题,用3项权重相等的指标公布了对我国87所重点大学进行的排序。1988年1月25日,该所又增加

① 顾志跃主编:《转型中的教育评价》,上海科技教育出版社2005年版,第135页。

了《工程索引》（EI）提供的数据源，在《光明日报》刊登了《用科学指标评估高校科研水平》和《科学教育必须面向世界——从科学计量排序结果看我国高校科研的某种封闭性》的文章：对我国 20 所重点综合性大学和 20 所重点工科大学按1983—1985 年被 SCI 和 EI 收录的科技论文数进行了排序。1992 年，湖南大学张英等根据国家教委科技司编写的 1985—1989 年《全国高等学校科技统计资料汇编》，在《科学学与科学技术管理》杂志 1992 年第 4 期发表题为《全国 86 所重点高校 1985—1989 年科技活动评价》的论文。文章以详细的量化手段对全国 86 所重点大学作了排序。该课题组首次使用了不同指标取不同权重的方法作大学研究与发展排序。同年 12 月，国家科委按照各大学在国内外刊物上发表的论文数和被引用的论文数在《人民日报（海外版）》以《中国排出大学四强》为标题，公布了中国大学四强及另外 10 所大学的名次，这是迄今为止唯一一次以政府名义发布的大学排名。1993 年 6 月 30 日，中国管理科学研究院广东分院武书连等按国家教委公布的数据，在《广东科技报》发表了《中国大学评价——1991·研究与发展》，排出以成果（产出）为主，投入产出比为辅的中国大学 1991 年研究与发展前 100 名。该评价是国内首次使用较大规模专家群体给定权重作为各项评价指标的权重系数，首次对包括社会科学（在本评价中，将哲学、人文科学、社会科学以及其他由国家教委社科司统计汇总的学科统称为社会科学）活动在内的大学科研情况进行定量评价[1]。一直到现在，该机构每年仍在公布大学排名。1996 年 2 月，《中国高等教育评估》杂志列出中国最佳大学 30 所，这是国内第一次大学综合排名。1997 年12 月，中国科学院文献情报中心的《中国科学报》发表了《中国科学引文数据库1996 年部分统计结果》。1998 年 4 月，中南工业大学蔡言厚研究员在《湖南研究生教育》（1998 年第 2 期）发表了论文《我国高校培养高层次人才的综合实力比较》，这是国内第一次大学高层次人才培养排名。1999 年 7 月莱比格信息技术有限公司发布了《1999 中国大学排行榜》。2000 年 5 月，南京大学《中文社会科学引文索引》课题组完成了 1998 年度各高校的中国社科论文统计。从 2000 年开始，网大有限公司在国内发表了大学排名。2000 年 6 月，《中国教育报》发表了《高校科技实力排名》。2001 年 1 月，中央教科所和《中国青年》杂志社共同发表《我心目中 10 所最好的国内大学》，这是第一次采用社会公众随机书面和在互联网上投票的方法产生的大学排名。总而言之，从 1987 年至今，我国有近 20 个单位发表了30 多个不同类型的大学排行[2]。

迅速发展起来的大学排行现象，日益引起社会各界高度的关注，人们认识不

① 武书连、吕嘉、郭石林：《中国大学评价——1995 年·研究与发展（摘要）》，《中国高等教育评估》1997 年第 4 期，第 1 页。

② 刘伟、叶显发：《我国大学排名的历史、现状及建议》，《湖北师范学院学报》（哲学社会科学版）2005年第 2 期，第 108 页。

一,其中不乏有猛烈批判者,对其科学性大加质疑;当然也有学者认为对社会评估和大学排行不能求全责备,即便其存在种种不足,但或多或少也推动了我国高等教育的发展,在提供求学参考、为教育"引入竞争机制"、推动高校锐意进取、提高办学的管理水平等方面无疑还是有其不容忽视的贡献的[①],不宜轻易否定。事实上,姑且不论各种大学排行的科学性如何,单就其所受社会关注之高至少就反映出社会各界对了解并参与教育评价的强烈需求,社会化评估作为教育评估必不可少的组成部分也是教育评估发展不可逆转的一种趋势。

(三)教育评估专业机构在国际交流合作中不断发展

我国的教育评估专业机构经过十多年的培育发展,逐渐壮大起来,随着教育评估实力不断增强,其国际影响力越来越大。以上海市教育评估院为代表的一批教育专业评估机构积极地活跃在国际教育评估合作交流的舞台上,将我国教育评估的国际交流从上一阶段主要以学习理论、汲取经验为主成功转变为全方位、双向合作,这一时期的国际合作交流主要有以下几方面的内容:

1. 加入国际教育评估组织,增强国际交流的话语权

上海教育评估院、江苏教育评估院等都是国际高等教育质量保障网络组织(INQAAHE)的正式会员,上海市教育评估院、云南省高等教育评估中心、香港学术与职业资历评审局、台湾财团法人高等教育评鉴中心等也是亚太地区质量保障网络组织(APQN)的正式会员。作为 APQN 的发起机构之一,上海市教育评估院继2007 年成为 APQN 的理事单位、江彦桥常务副院长被推选为 APQN 四名常任理事之一后,又于 2008 年 10 月成功申请承办 APQN 的秘书处。同年 5 月,上海市教育评估院又正式成为 INQAAHE 的理事单位,上海市教委副主任张民选被推选为 IN-QAAHE 唯一代表亚洲的理事。在 INQAAHE、APQN 等权威性的国际组织中担任要职,并承接 APQN 秘书处工作,这大大提高了我国在国际教育评估领域的话语权,同时也增加了世界对我国的教育质量保障进展的了解,便于我国更加快捷地获取国际最新资讯,对我国的教育评估事业发展起到积极的推动作用。

2. 签署合作协议,推进机构能力建设

教育评估专业机构积极开展与国际同行的交流,签订合作协议。以上海市教育评估院为例,2008 年 11 月和 2009 年 7 月,该院先后与菲律宾学校、学院和大学认证协会(PAASCU)和泰国国家教育标准与质量评估办公室正式签订合作协议,就信息交流、人员互访、技术共享等开展多方面的交流合作。

3. 举办国际学术会议,参与国际项目

教育评估专业机构为扩大专业影响力与社会知名度,充分利用人才优势,积极举办教育评估的国际学术会议。继 2006 年 3 月成功举办 APQN 第二届年会之后,上海市教育评估院又主办了题为"2007 中澳合作办学研讨会——跨国教育及其质

---

① 杜作润:《大学排行榜:动态比较与随想》,《中国高等教育评估》1994 年第 2 期,第 4 页。

量保障",上海市、澳大利亚有关官员及中外教育评估专家学者 150 多人受邀参加,不仅促进了中澳对各自合作办学政策的理解,也为未来中澳合作办学质量保证的进一步合作提供了良好契机和平台。2007 年 10 月,在世界银行的资助下,上海市教育评估院、云南高等教育评估事务所在昆明联合主办了以国内省级教育评估机构人员为主要对象的"外部教育质量保障工作坊",来自全国的 18 家单位共 40 多名代表出席,亚太地区质量保障网络组织主席 Concepcion V. Pijano、香港学术与职业资历评审局总干事张宝德、新西兰教育部教育专员 Tony Davies 等国内外专家莅会并作专题报告,对促进国内教育评估机构间的交流,提升各自质量保障能力以及加强与 APQN 联系与交流起了积极作用。

三、多元参与的社会化评估实践发展需要进一步的制度突破

虽然自上世纪 90 年代以来全国很多地区纷纷成立各种形式的教育评估中介机构,发展速度迅猛,但就整体而言仍显得势单力薄,尚未真正形成一定的"气候",而更为关键的是教育评价仍带有较为明显的计划经济的痕迹,政府仍旧牢牢地主导着教育评估,是不容置疑的评价主体,而社会中介组织仍处于尴尬的从属地位。处于半官方的事业单位性质的教育评估中介机构依然要借助政府的行政力量才有可能获得较好的"发展",而那些纯粹社会性质的教育评估中介机构在开拓教育评估市场的过程中更是面临着诸如接受委托问题、与行政部门的关系问题、评估市场开发问题、公平竞争的环境问题等"生存"困境①。当然,从教育评估中介机构自身发展来看,也存在着教育评估人员的专业化、行业自律以及教育评估的公信力等诸多问题。而所有这些,关键还在于我国教育评估法规体系建设的严重滞后。从《中华人民共和国教育法》明确提出国家实行教育评估制度以来,除了一部 1990 年颁布的《普通高等学校评估暂行规定》外,我们所见的只能是散见于其他法规的零星条款,更何况这一《暂行规定》仍带有明显的计划经济痕迹,其中关于评价主体、评价机构等有关规定显然已不符合政府实行宏观管理、学校面向社会自主办学的发展需要,也不利于非政府行业协会组织和社会评估中介机构作用的充分发挥,已经不适应社会主义市场经济体制下教育评估发展的新需要。这一局面使得教育评估中介组织对各级各类学校办学进行的评估监督缺乏必要的规章依据和坚实的法律基础,也预示着多元参与的社会化教育评估实践的发展需要进一步的制度突破。

第三节　元评估日益得到关注

随着教育评估的深入开展,人们对教育评估的认识变得越来越深刻,在通过教育评估促进教育质量提高的同时,对教育评估工作本身进行评估即元评估也成为

---

① 　顾志跃主编:《转型中的教育评价》,上海科技教育出版社 2005 年版,第 136～137 页。

必然的要求。元评估是按照一定的标准或原则对教育评估工作本身进行评估的活动,其目的是对评估工作的质量进行判断,规范与完善教育评估活动,充分发挥评估的积极功能。对元评估的重视是教育评估理论与实践走向成熟的重要标志①。

一、元评估的研究与实践

元评估的概念及实践最早起源于20世纪60年代的美国。1965年,美国颁布《中小学教育法案》(ESEA),联邦政府加强了对补偿教育项目的资助,并要求对这些项目的执行情况加以法定评估,评估活动的质量开始得到美国学术界的关注,在此背景下,元评估应运而生②。1969年,美国 M. Scriven 教授最早提出元评估概念,他将"meta – evaluation"(元评估)定义为对一项评估活动、评估系统或评估工具的评估。经过四十多年的发展,元评估研究开始从20世纪60年代至70年代末主要侧重于元评估的概念与模式等理论与方法的探索发展到20世纪80年代以后转向评估的标准化教育方案。在这方面,我国学者王云峰等人曾有过深入的研究③。

(一)元评估的标准与量表

1. 元评估的标准

从20世纪80年代开始,美国教育评估学者对编制教育和社会方案的评估做了许多尝试,其中学术界认同度较高是由美国教育评估标准联合委员会(Joint Committee on Standards for educational evaluation,简称 Joint Committee)在1981年正式公布和发表的元评估标准。这个标准是由 D. L. Stufflebeam 教授主持的17人委员会提出的。

表 11 – 2   Joint Committee 公布的元评估标准

类别	具体含义	详细标准(共30个)
实用性	确保评估为实际信息需求服务	(1)经费提供人的身份鉴别;(2)评估人员的可信度;(3)信息的范围和选择;(4)评估价值观的鉴别;(5)评估报告的透明度;(6)评估报告的时效性;(7)评估的影响。
可行性	确保评估是现实的和稳健的	(1)评估程序的实用性;(2)行政力量的支持程度;(3)评估的成本效益。
合理性	确保评估合法且合乎道德要求	(1)评估服务的方向性;(2)正式评估协议包含的项目;(3)公众的权利;(4)人际交往情况;(5)报告的公开性和坦率性;(6)评估结果的公示性;(7)评估中的利益冲突;(8)财政的责任。

①   王云峰等:《高等教育元评估理论模式探析》,《高教发展与评估》2008年第3期,第35页。
②   方鸿琴:《国外教育元评估的分析及对我国的启示》,《江苏高教》2004年第1期,第92页。
③   王云峰等:《高等教育元评估理论模式探析》,《高教发展与评估》2008年第2期,第31~35页。

类别	具体含义	详细标准(共 30 个)
准确性	确保评估揭示和传达专业上的充分信息	(1)评估的计划和执行;(2)评估的背景环境;(3)目的与程序的阐述;(4)信息来源的可靠性;(5)测量的效度;(6)测量的信度;(7)数据的系统控制;(8)评估信息的定量分析;(9)评估信息的定性分析;(10)评估结论的公正性;(11)评估报告的客观性;(12)评估的再评估。

2. 元评估量表

从 20 世纪 90 年代开始,以 M. Scriven 教授和 D. L. Stufflebeam 教授为代表的美国教育评估学者致力于评估量表的研究。他们按照不同的评估侧重点分别设计了不同的评估量表,包括方案评估量表及人员评估量表等,这些量表可以单独或结合起来使用。目前,涉及元评估的量表主要有三种(参见表 11 – 3)。

表 11 – 3　元评估量表比较

量表名称	作者	应用范围	参考评估标准	量表内容
方案元评估量表	D. L. Stufflebeam	项目、方案的评估	教育评估标准联合委员会——方案评估标准	实用性;可行性;合理性;准确性。
人员元评估量表	D. L. Stufflebeam	人员的评估	教育评估标准联合委员会——人员评估标准	实用性;可行性;合理性;准确性。
指导原则元评估量表	D. L. Stufflebeam L. Goodyear J. Marquart	项目、方案的评估	美国评估协会——美国评估协会指导原则	评估以系统和数据为基础;由有能力胜任并且正直的评估人员进行评估;评估要赋予参评和被评人以尊重和敬意;要考虑到可能与大众和公共利益相关的兴趣和价值观的多样性。

(二)元评估的实施

1. 元评估实施主体

从理论上讲,原来的评估者、被评估者以及评估信息的使用者这三类人都可以实施元评估。但应当指出,由于这三类人员存在着能力与利益上的差异,不同的元

评估主体所作的判断,其准确性和客观性会各不相同,各有利弊。三类元评估实施主体的具体情况分析如下表:

表 11 - 4　三类不同评估主体比较

元评估实施主体	优　　势	劣　　势
原评估者	熟悉与了解评估的全过程,能直接进入元评估。	缺乏充分的客观性和必要的旁证,受个人认识偏差和思维定势的影响,而降低元评估的可信度。
被评估者(评估资助者、评估报告接收者)	参与过评估,对评估有亲身体验。	与评估有利益相关,从而影响元评估的客观性;缺乏必要的评估理论与技术,从而影响元评估的专业性。
外部专业评估者	与评估本身无直接的利害关系,能保证元评估的公正和客观。具有坚实的评估理论和技术功底,丰富的评估实践经验,能就评估的关键问题和关键环节提出中肯的判断意见,提高元评估的效率与科学性。	实施元评估所花费的资源更多。

综上所述,在选择元评估实施主体时要考虑各方面的因素,根据元评估的具体要求选择最适当的元评估主体。在条件许可的情况下,采用由不同背景的元评估主体组成的外部专业评估小组为佳,这样更有利于收集多种信息,增强元评估的科学性和公正性,有利于提高元评估的水平和质量。

2. 元评估实施程序

一般来说,针对某一教育评估活动进行元评估的基本程序如下:(1) 明确元评估的对象及内容;(2) 确定实施元评估的主体;(3) 获得实施元评估的授权,元评估主体以协议或者合同的方式获得元评估组织者的授权,以确保实施元评估的合法性;(4) 制定或选择元评估的标准;(5) 将评估方案设计与元评估的标准相对照,并对评估方案设计进行详尽的分析;(6) 对评估方案设计做出整体性的价值判断,得出元评估结论;(7) 提出改进的建议。

二、中国对元评估理论的引进与实践

在我国,对元评估理论的研究还处于学习与借鉴的起步阶段,但目前已有少数具有前瞻性眼光的学者尝试引入元评估的理论,结合我国教育评估的实际提出自己的观点与认识,包括利用元评估理论反思我国的本科教学工作水平评估、提出在我国建立元评估机构的设想等。

结合教育部于2003年开始组织实施的五年一轮的本科教学工作水平评估,专家学者们尝试从不同角度对首轮评估的成效做出分析,其中有学者开始尝试从元评估的理论视角反思该轮评估,查找并揭示问题,提出政策建议。有学者运用元评估理论总结本科教学工作水平评估,认为存在着诸如由于评估主体单一化而造成的高等教育评估的行政行为化倾向、由于评估客体单一化而造成的评估对象——高等学校的缺位以及由于评估形式和指标体系单一化而造成的高校特色的消失和办学模式的雷同等问题①;也有学者专门制定了元评估策略与方案,强调要对评估专家与元评估专家评定的一致性程度做出评定和监控②。

还有学者则从制度设计的层面提出了构建和发展我国高等教育元评估机构的政策建议③。当然,这些观点和设想还只是初步的,很多仅停留在感性认识层面或只有零散的观点,这也说明元评估理论在我国教育评估实践中的运用以及对元评估理论的研究仍有很大的空间。

在对元评估理论研究的基础上,我国部分学者尝试将元评估理论应用于评估实践,比如对学科评估进行元评估、利用元评估理论审视体育评估实践等,收到了初步成效。

学科评估是高等教育评估的主要内容,也是高校进行学科建设和管理的重要手段。我国大规模开展学科评估十多年来,由于诸多因素的影响,评估操作中的问题及评估结果的偏差已经越来越多地暴露出来。河北工业大学学者王云峰等人尝试用元评估理论对"河北重点学科评估"项目进行元评估,研究目的在于监测"河北重点学科评估"的质量如何,分析探讨"河北重点学科评估"的实际水平与问题所在,同时也为我国重点学科评估工作的进一步开展提供有效参考。具体做法是:(1)元评估量表的引进与改造。针对我国高等教育评估的特点,研究团队对引进的国外元评估量表进行改进,随后多次邀请资深的学科评估专家教授对改进后的量表提出修改意见,几经修改最终定稿。(2)用最终定稿的量表对选取的100名参与过省级重点学科评估的评估专家进行问卷调查。(3)采用问卷调查法收集研究数据进行分析整理,统计评估专家打分情况,从"评估项目的实用性"、"评估方案的可行性"、"评估过程的合理性"和"评估结果的准确性"四个维度对原来的评

---

① 宛晓春,方明:《对本科教学工作水平评估的"元评估"》,《高等农业教育》2006年第7期,第7~8页。

② 张守臣:《论本科教学工作水平评估的元评估问题》,《中国高教研究》2009年第3期,第30页。

③ 朱淑华:《对构建和发展我国高等教育元评估机构的思考》,《煤炭高等教育》2009年第1期,第80~82页。

估进行元评估①。这种做法不失为解决学科评估的诸多问题提供了一个好的思路，对提高和完善学科评估的质量有重要的借鉴意义。

还有学者从我国普通高校"贯彻学校体育工作条例选优评估"、"普通高校体育课程评估"等体育评估实践出发，运用元评估理论，以元评估的三个重要组成部分：关注点、应用策略和应用方法为视角审视体育评估指标体系，检验体育评估实践中的偏差与问题②。

中国教育评估经过了改革开放后二十余年的快速发展，日益呈现出与国际教育评估发展较为一致的趋势，在以质量为核心的国际教育评估实践深入开展之际，中国的教育评估重心也逐步转向全面提升教育质量的轨道上来，在积极引进国际教育质量评估项目的基础上，致力于启动开发符合中国国情的教育质量监测评估体系；随着我国社会主义市场经济体制的不断完善与政府职能转变，教育评估中介机构诞生并不断发展壮大，其评估实践的社会影响也越来越大，专业性、社会化评估成为一种明显的趋势，但仍需根据我国实际实施政策设计与创新，以确保教育评估中介机构健康、快速的发展；随着教育评估实践的深入发展与教育评估理论的不断探索，教育评估工作者对教育评估本身的认识也越来越深刻，元评估理论应运而生。元评估理论始于 20 世纪 60 年代的美国，在西方经过近 50 年的发展，形成一定的理论与实践，而我国由于教育评估发展起步较晚，对元评估理论的研究还处于学习与借鉴阶段，新世纪以来我国已经有一些学者将元评估技术用在教育评估实践中，我们相信随着我国教育评估研究与实践的不断深入，我国教育的元评估理论研究与实践都有很大的发展空间。

---

① 王云峰、曲霏：《基于元评估理论的学科评估应用研究》，《科研管理》2009 年第 1 期，第 145 ~ 148 页。
② 徐明欣等：《元评估在学校体育评估实践中的应用研究》，《青岛大学学报》2000 年第 4 期，第 75 ~ 79 页。

参 考 文 献

1　北师大国际与比较教育研究所.OECD 国际学生评估计划.基础教育参考,2003(5).

2　毕乃德.洋务学堂.杭州:杭州大学出版社,1993.

3　陈谷嘉,邓洪波.中国书院史资料.杭州:浙江教育出版社,1998.

4　陈秀云,陈一飞.陈鹤琴全集.南京:江苏教育出版社,2008.

5　陈元晖.中国近代教育史资料汇编.上海:上海教育出版社,2007.

6　陈学恂.中国教育史研究.上海:华东师范大学出版社,1991.

7　陈玉琨.教育评价学.北京:人民教育出版社,1999.

8　陈玉琨,李如海.我国教育评价发展的世纪回顾与未来展望.华东师范大学学报(教育科
　　学版),2000(1).

9　崔允漷.试论建立国家义务教育质量监测体系的价值.教育发展研究,2006(3).

10　第一次中国教育年鉴.上海:开明书店,1934 年.

11　第二次中国教育年鉴.上海:商务印书馆,1948 年.

12　邓洪波.中国书院史.上海:东方出版中心,2006.

13　邓云乡.清代八股文.石家庄:河北教育出版社,2004.

14　董秀华.努力建设具有中国特色的现代高等教育评估体系.中国高等教育评估,1998(2).

15　董秀华.我国学位与研究生教育评估的发展及其基本特点.学位与研究生教育,2000(5).

16　董立骞,董毅青.俞子夷教育实践研究.杭州:浙江教育出版社,2008.

17　杜瑞军等.高等教育质量多元化与评估改革——中国高教学会教育评估分会 2006 年
　　学术年会综述.中国高等教育评估,2006(4).

18　杜作润.大学排行榜:动态比较与随想.中国高等教育评估,1994(2).

19　高恒文.东南大学与"学衡派".桂林:广西师范大学出版社,2002.

20　高思平.高校教学评估的回顾与展望.评价与管理,2008(6).

21　高时良.中国教育史纲(古代之部).北京:人民教育出版社,1991.

22　葛秋良.我国研究生院评估的现状、问题与对策.航海教育研究,2005(4).

23　顾明远.高等教育学会高等教育评估研究会筹备工作报告.中国高等教育评估,1994(1).

24　顾志跃.转型中的教育评价.上海:上海科技教育出版社,2005.

25　郭振友.教育督导与素质教育.北京:人民教育出版社,2006.

26　侯光文.教育评价概论.石家庄:河北教育出版社,1999.

27　黄丹凤,赵中建.基于问题的美国 TIMSS 研究.全球教育展望,2007(7).

28　江铭.中国教育督导史.北京:人民教育出版社,1994.

29　金观涛,刘青峰.兴盛与危机——论中国封建社会的超稳定结构.长沙:湖南人民出版
　　社,1984.

30 康宏.我国高等教育评估制度:回顾与展望.高教探索 2006(4).

31 柯小卫.陈鹤琴传.南京:江苏教育出版社,2008.

32 李化树.中国高等教育评估制度及其发展趋势.中国高等教育评估,1995(2).

33 李鸿章.李文忠公全书.奏稿卷二十四.台北:文海出版社,1980.

34 李国钧,王炳照.中国教育制度通史.济南:山东教育出版社,2000.

35 李晓群.高等教育质量评估的比较研究.中国高等教育评估,1995(3).

36 李亚东,张行.教育评价发展的历史轨迹及其规律.江苏高教,2000(3).

37 梁漱溟.梁漱溟全集.济南:山东人民出版社,1990 年.

38 林梦泉,龚桢梽.我国学位与研究生教育评估新趋势探析.中国高教研究,2007(2).

39 刘本固.教育评价的理论与实践.杭州:浙江教育出版社,2000.

40 刘海峰,李兵.中国科举史.上海:东方出版中心,2006.

41 刘伟,叶显发.我国大学排名的历史、现状与建议.湖北师范学院学报(哲学社会科学版),2005(2).

42 刘尧.中国高等教育评估的历史与现状述评.高教发展与评估,2005(9).

43 刘尧.现代教育评价的发展历史与观念嬗变.江苏大学学报(高教研究版),2005(1).

44 马世晔.从国外教育评价制度看我国基础教育评价体系的建设.中国考试,2008(5).

45 毛礼锐,沈灌群.中国教育通史.济南:山东教育出版社,1985.

46 莫景祺.我国中小学评估政策的演变及发展趋势.教育发展研究,2008(13).

47 盛冰.教育中介组织:现状、问题及发展前景.高教探索,2002(3).

48 石灯明.我国教育督导制度的发展历史及其经验教训.教育督导,2005(10).

49 舒新城.中国近代教育史资料.北京:人民教育出版社,1979.

50 孙崇文.学生生活图景:世俗内外的教育冲突.北京:教育科学出版社,2008.

51 田正平.留学生与中国教育近代化.广州:广东教育出版社,1996.

52 王德华.对我国传统高等教育评价的实践反思.湖北经济学院学报(人文社会科学版),2005(5).

53 王坤庆.20 世纪西方教育学科的发展与反思.上海:上海教育出版社,2002.

54 王蕾.我国大规模教育评价项目探索与实践.教育科学研究,2007(11).

55 王蕾.PISA 在中国:教育评价新探索.比较教育研究,2008(2).

56 吴钢.我国教育评价发展的回顾与展望.教育研究,2000(8).

57 武书连,吕嘉,郭石林.中国大学评价——1995 年研究与发展(摘要).中国高等教育评估,1997(4).

58 辛涛,李峰,李凌艳.基础教育质量监测的国际比较.北京师范大学学报(社会科学版),2007(6).

59 许宝元等.上海普通高等学校旅游管理专业评估方案.中国高等教育评估,1996(4).

60 徐波.国际教育成绩评估的发展历程、研究项目及争论.比较教育研究,2008(10).

61 许茂祖.高等教育教学工作评估的理论与方法.北京:高等教育出版社,2008.

62 薛人仰.中国教育行政制度史略.北京:中华书局,1939.

63 严莉群.古代教育评价思想的历史启示.重庆工商大学学报(社会科学版),2006(2).

64 颜丙峰,宋晓慧.教育中介组织的理论与实践.上海:上海人民出版社,2006.

65 杨军.20 年来我国教育督导理论与实践的新探索.西北师大学报(社会科学版),2001(2).

66 杨东平.艰难的日出:中国现代教育的 20 世纪.上海:文汇出版社,2003.

67 杨晓江.教育评估中介机构五年研究述评.高等教育研究,1999(3).

68 杨学为.中国考试史文献集成.北京:高等教育出版社,2003.

69 杨应崧.高等职业院校人才培养评估新方案解析.中国高等教育评估,2008(4).

70 杨应崧.高职高专院校人才培养工作水平评估实践回顾与思考.中国职业技术教育,2006(6).

71 伊继东.高等教育评估理论与实践.北京:科学出版社,2009.

72 詹华琴.我国教育督导制度的历史、特色、问题与对策.教育探索与实践,2006(3).

73 张红伟等.以人为本:通过学生评教推动高等院校和谐发展——中国高教学会教育评估分会 2007 年学术年会综述.高教发展与评估,2008(1).

74 章建石.创建规范的教学评估体系——我国高等教育评估工作 20 年回顾之一.科学时报,2005 - 05 - 29.

75 章建石.创建规范的教学评估体系——我国高等教育评估工作 20 年回顾之二.科学时报,2007 - 06 - 12.

76 章建石.教育质量评估的发展历程——我国高等教育评估工作 20 年回顾之三.科学时报,2007 - 07 - 10.

77 赵瑜,王战军,周学军.一级学科选优评估及其分析.高等教育研究,1997(6).

78 郑日昌.心理测量.长沙:湖南教育出版社,1987.

79 中国基督教教育调查会.中国基督教教育事业.上海:商务印书馆,1922.

80 周红.美国国家教育进展评估(NAEP)体系的产生与发展.外国教育研究,2005(2).

81 周起钊.在交流中作比较,在比较中找借鉴.中国高等教育评估,1994(1).

82 周琴.TIMSS 科学素养监测报告——兼于 PISA 比较. http://www. uniwant. com/show. aspx? & id = 1632 & cid = 358.

郑 重 声 明

高等教育出版社依法对本书享有专有出版权。任何未经许可的复制、销售行为均违反《中华人民共和国著作权法》,其行为人将承担相应的民事责任和行政责任,构成犯罪的,将被依法追究刑事责任。为了维护市场秩序,保护读者的合法权益,避免读者误用盗版书造成不良后果,我社将配合行政执法部门和司法机关对违法犯罪的单位和个人给予严厉打击。社会各界人士如发现上述侵权行为,希望及时举报,本社将奖励举报有功人员。

反盗版举报电话:(010)58581897/58581896/58581879

传　　真:(010)82086060

E - mail:dd@ hep. com. cn

通信地址:北京市西城区德外大街 4 号

　　　　　　高等教育出版社打击盗版办公室

邮　　编:100120

购书请拨打电话:(010)58581118